勋重臣系列

黄中业 刘孟骧 著

大汉开国元勋

萧何 张良

辽宁人民出版社

© 黄中业　刘孟骧　2025

图书在版编目（CIP）数据

大汉开国元勋：萧何　张良 / 黄中业，刘孟骧著.
沈阳：辽宁人民出版社，2025．4．--（历代开国重臣
系列 / 赵毅主编）．-- ISBN 978-7-205-11314-8

Ⅰ．K827=341；K825.2

中国国家版本馆 CIP 数据核字第 2024VG9615 号

出版发行：辽宁人民出版社
　　　　　地址：沈阳市和平区十一纬路 25 号　邮编：110003
　　　　　电话：024-23284191（发行部）　024-23284304（办公室）
　　　　　http：//www.lnpph.com.cn

印　　刷：嘉业印刷（天津）有限公司

幅面尺寸：165mm×235mm

印　　张：21.75

字　　数：240 千字

出版时间：2025 年 4 月第 1 版

印刷时间：2025 年 4 月第 1 次印刷

责任编辑：刘　明

封面设计：乐　翁

版式设计：一诺设计

责任校对：耿　珺

书　　号：ISBN 978-7-205-11314-8

定　　价：68.00 元

"历代开国重臣系列"序

　　展示在读者面前的这套"历代开国重臣系列",共收录了中国帝制时代由秦至清辅佐开国皇帝创立基业的重臣李斯、萧何、张良、王导、高颎、魏徵、赵普、耶律楚材、李善长、刘基、多尔衮、范文程12人的传记,除东晋王导外,其余11位传主均为统一型王朝之开国重臣。共计10册,由10余位史学工作者分别撰写完成。

　　自秦灭六国,一统天下,至清军入关,定鼎中原,2000余年的帝制时代,王朝更迭反复无常,国运盛衰纷纭不定,形形色色的人物轮番登上历史舞台,演出了一幕幕人间悲喜剧。

　　时代造就了这些历史人物,历史就在这幕起幕落中悄然前行。没人怀疑人民是创造历史的动力这一至理名言,中华民族勤劳、勇敢、睿智绝非虚语,杰出人物只有在顺应历史潮流和民众意愿的前提下,才能在时代变革中运筹于帷幄之中,决胜于千里之外。

但是，历史不可能将每个人的活动都详尽地加以记载，翻检正史、政书、实录，唯帝王将相、英雄豪杰之履历和业绩而已。因此，当今天的人们追溯历史、探究历史，只能披阅典籍，循着那些杰出人物的足迹去把握历史发展的脉动。

不仅如此，杰出人物的活动并非只是历史潮流、人民意愿的被动反映。他们是历史的灵魂、人民的代言，当关键时刻来临，他们敢于挺身而出，拔剑而起，建立不朽的功勋和皇皇伟业。

倘若没有这些杰出人物，历史将黯然失色，民众将无所适从。从这层意义来说，书写、研究杰出人物的活动虽然是我们认识历史的被动选择，但也是必然选择。

本套书所收录的12位开国重臣，是这类人物中的典型。他们或来自旧王朝的世家豪族，或出身旧王朝的基层属吏，或属于旧王朝的达官显宦，或是旧王朝失意的知识分子。他们所面临的形势正值新旧王朝交替。当是之时，沧海横流，匹夫兴志，群龙无首，兆庶失归，社会需要新的理念，群黎需要新的代言。

这些人物起于山泽草莽、陇亩幽隐之间，得逢明主，风云际会，展布平生大志。有人挟聪睿之资，经天纬地，一言兴邦；有人荷新主眷顾，克己尽忠，死而后已；有人以持重著称，审时度势，力挽狂澜；有人以刚正名世，规谏君主，勇揭逆鳞，以诤臣流芳后世；有人以博通经史为本，申明典章，恢宏治道；有人以勇略见长，深谋远虑，克敌制胜。

他们佐开国之君于基业草创，拯倒悬之民于水火，成就大业，建立奇勋，垂名当世，贻范后昆。从这一视角观察，他们是成功人物，是时代骄子。但是，从另一视角观察分析，他们中的许多人又是失败人物，难以逃脱悲剧结局。他们所生活的时代，正值专制皇权日渐强化，尊君卑臣日益泛滥。

当大业未就的创业阶段，历史与社会的局限使他们不可能完全按照理想模式重建公平与正义，如此局面之中，委曲求全，已是不可避免；当新朝既立，新皇位加九五之后，这些人虽身处国家权力核心，但地位往往微妙，甚至尴尬。功高震主，兔死狗烹者不乏其人；在权位角逐中，为佞臣诬谄，落职除爵，被赶回"高老庄"者大有人在；而因亲故失检、子孙败德受到牵连，身败名裂者更为常见。像西汉开国重臣张良佐高帝创大业，功成名就，急流勇退，保持令名者并不多见。

本套书作者探微索幽，铺排史实，目的并非仅仅在于重现 12 位传主的一生主要经历和功过是非，还在于透过这些人的升降浮沉，展示由秦至清 2000 余年间中国历史发展演变的大体脉络和基本规律；不仅使读者了解上述杰出人物对社会发展带来的推进和影响，也要使读者了解社会现实和文化环境印在这些杰出人物思想与行为上的烙印，从而获得对中国帝制时代历史较为深刻而具体的认识。该书若能在全民普及历史教育的活动中发挥作用，则是作者和编辑最大的心愿。

　　本套书曾在多年前刊印行世。此次，由辽宁人民出版社再度修订出版。书中所叙述的内容，基本依据典籍所载史实并参酌部分民间传说。对问题的看法及对传主的评价，或基于作者个人的研究探索，或吸纳学界同行的成果，力求科学、实事求是，反映本领域的最新学术认知。

　　为了使传主形象生动、丰满，使文本富有可读性，在修订过程中，尽力搜求文献资料、披阅同行论著，对传主政治、经济、军事和文化方面的建树乃至生活细节都进行了尽可能详尽的研究。在语言文字方面，力求清新流畅、简洁明快，融学术性和通识性于一体，雅俗共赏是我们期待的社会效果。

　　本套书规模较大，成于众手，风格互异，在所难免。本套书编撰之初，有的作者已是名满学界的教授，有的还是史学新兵，功力不同，水平必有参差，亦可预料。在本套书修订再版之际，我们诚恳欢迎广大读者批评指正。

辽宁师范大学　赵毅

2023 年 5 月 12 日

目　录

大汉王朝首席智囊：张良

大汉王朝第一功臣

萧何

第一章 沛县主吏 政绩卓著

　　萧何是秦王朝泗水郡沛丰（今江苏沛县、丰县一带）人。沛县在今江苏省的西北一角，北临山东省的南部，南与安徽省的淮北地区相邻，西南是当今河南省的东北部，位于今鲁、豫、苏、皖四省交会的地带。这里的地形属于苏北丘陵，是山东省的低山、丘陵向南延续的侵蚀残丘，海拔大都在二百米左右。这一带又多有湖泊、沼泽，沛县之东便是著名的微山湖畔，绵延一二百里。至于其他大大小小的湖泊、沼泽，更是数不胜数。在湖泊、沼泽的映衬下，那些海拔二百米左右的丘陵、山峰，亦显得颇为壮观。从自然的生态环境来看，这一带堪称苏、皖北部的鱼米之乡。每逢夏季，云开雾合，湖光山色，气象万千。无怪乎秦始皇称帝之后，常常对近侍们说：“东南方有天子气。”为确保秦王朝江山的万世一系，秦始皇便从京城咸阳出发，车驾东游，来堵塞大秦王朝的东土上冒出来的这股“天子气”。试想，这位千古一帝怎能容忍在他的国家之内出现第二个真龙天子？

　　说来也真是巧合，谁知秦始皇这句忧心忡忡的话语，竟应验到西汉开国皇帝刘邦的身上。其实，除刘邦一人之外，那些随同他南征北战、叱咤风云的文臣武将如萧何、曹参、樊哙、王陵、周勃、周昌等，不都是沛县的人吗？可见，是沛县、丰县的这一方水土和秦末乱世的风云，养育并造就了秦汉之际的一代英雄豪杰。

　　萧氏家族在沛县虽然称不上大户人家，但是同宗的家族也不下百余口人。萧何这一支，同胞兄弟甚多。直到后来汉高祖平定天下后论功行赏，“悉封何父母兄弟十余人，皆食邑"①。至于随同萧何跟从刘邦南征北战的萧氏家族，人数则更多，这便是刘邦论诸将之功时所说的"萧何举宗数十人皆随我，功不可忘也"。

萧何在同胞之中，上有哥哥，下有弟弟，平时少言寡语，却勤奋好学，举止有礼，父母很喜爱他这种笃学慎思的精神。为光耀门庭、兴盛萧氏家族，父亲决定竭尽全力来培养这个得意的儿子，供他上学读书识字，把全家人的希望寄托在萧何日后的飞黄腾达之上。

秦始皇扫平六国诸侯，海内一统，在中国这块土地上建立了空前统一的封建王朝。秦王朝建立伊始，谁能料到这个空前统一强盛的王朝，十多年过后竟顷刻之间灰飞烟灭？在这个历史背景下，像萧何这样一个出身于平民百姓家庭的青年，纵使有天大的才能与本事，也绝对不可能成为秦王朝贵族阶层的达官显贵。

其实，萧何的父亲对待儿子未来的仕途，从未有过什么不切实际的过高奢望。当萧何因学业有成在沛县官府中谋得一个"主吏掾"的职位时，萧何的父母已经非常高兴，可以说是心满意足了。

年轻的萧何并不以在县府中做一名小吏而沾沾自喜，心满意足。但是，这绝不是说萧何在官府中想一步步地向上爬，谋求更高的官职。萧何对事物的看法与常人有些不同，他很清楚地知道沛县是秦王朝之中泗水郡下面所辖的一个小县，不过是沧海一粟而已。自己呢，只是县府之中一名微不足道的小吏。基于这种认识，萧何既没有忘乎所以，也没有妄自菲薄，而是虔诚地把自己的职责视为神圣的使命，竭尽全力地熟悉业务，恪尽职守，报效国家。

———————————————————

① 本传引文未注明出处者，皆见于《汉书·萧何传》以及《汉书·高帝纪》。

　　萧何入县府后首先被分派做司法刑狱方面的工作，为负责审理司法案件的"长吏"充任助手，犹如今日法庭中的书记员。

　　秦国自商鞅变法以来便是一个以法治国的国家，在战国七雄之中，以秦国的法制建设成就最高。待到秦王朝建立之后，法律制度建设虽然已呈现出日见烦苛的弊端，但从总体上来看，秦王朝的法律制度已是相当完备。秦朝的法律制度遭到严重破坏，在于秦二世胡亥继位后变更法律，从而引发了大泽乡以陈胜、吴广为首的农民大起义。

　　1975 年 12 月，我国考古工作者在湖北省云梦县睡虎地发掘的战国末年至秦代的墓葬中，出土了大量的秦代竹简。这批竹简，大部分是秦国以及秦王朝的法律文书。据舒之梅先生的考证，墓主人"喜"是这批竹简的抄存者；抄存的年代在秦始皇时期；抄存的目的，是这批竹简的拥有者生前为着司法工作上的需要。

　　墓主人喜生前曾担任安陆御史、安陆令史、鄢令史以及鄢的狱吏等与司法有关的职务。因此，喜死时以他生前所用的大批法律文书随葬，是很可以理解的。上述事实表明，墓主人喜生前所担任的职务与萧何当年于沛县所担当的"主吏"职务相当，同是负责司法的官吏，又同处于秦始皇时期。因而，在史书缺少关于萧何在沛县从事司法工作记载的情况下，这里对出土秦律作如下简要的介绍，将有助于了解萧何当年于沛县是在怎样的条件下履行他的主吏职责的。

　　秦墓竹简中的法律文书主要有《秦律十八种》《效律》《秦律杂抄》《法律答问》《封诊式》。其中，《秦律十八种》共有二百零一支简，律文的每条末尾都记有律名或律名的简称。对照《秦律十八种》中的《效》和同墓出土的《效律》，可知《秦律十八种》的每一种可能都不是该律的全文，只是抄写人根据自己的需要摘录了十八种秦律的一部分而已。

《秦律十八种》所包含的内容相当广泛，其中计有：

《田律》（农业生产的管理）；

《厩苑律》（关于饲养牲畜的厩圈和苑囿的管理）；

《仓律》（粮草仓库的管理）；

《金布律》（货币财物的管理）；

《关市》（关卡和市场税收的管理）；

《工律》（官营手工业的管理）；

《工人程》（官营手工业的生产定额）；

《均工》（关于手工业劳动者的调度）；

《徭律》（关于徭役的法律）；

《司空》（关于司空职务的法律）；

《军爵律》（按军功授爵的法律）；

《置吏律》（任用官吏的法律）；

《效》（检核官府物资财产的法律）；

《传食律》（驿站供应饮食的法律规定）；

《行书》（关于传送文书的法律规定）；

《内史杂》（关于内史职务的法律规定）；

《尉杂》（关于廷尉职务的法律规定）；

《属邦》（关于管理少数民族的机构——属邦的职务规定）。

除上述十八种部分法律条文外，同墓出土的《秦律杂抄》中，还发现《除吏律》《游士律》等十一种律名，可见秦王朝法律所包含的内容已相当丰富。

《效律》共有六十支简，第一支简的背面写有"效"字标题，应是一篇首尾完具的律文。同《秦律十八种》中的《效律》相对照，可知《秦律十八种》的《效律》只是摘录了《效律》当中的一部分而已。

《效律》详细规定了核验县和都官物资账目的一系列制度。其中关于度量衡器误差限度的规定，有助于了解统一度量衡在秦国的贯彻实施情况。

《秦律杂抄》共有四十二支简。简文各条，有的有律名，有的没有律名，内容比较庞杂。它表明，这部分竹简可能是抄录者根据需要从《秦律十八种》中摘录的一部分律文，有些条在摘录时可能对律文作了简括和删节，因而较难理解。

《秦律杂抄》摘录的范围广泛，其中所存律名计有十一种：

《除吏律》（关于任用官吏的法律）；

《游士律》（关于限制游说之士的法律）；

《除弟子律》（关于任用弟子的法律）；

《中劳律》（关于从军劳绩的法律）；

《藏律》（关于府库收藏的法律）；

《公车司马猎律》（关于公车司马进行田猎的法规）；

《牛羊课》（关于考核牛羊饲养的法律）；

《傅律》（成年男子登记名籍的法律）；

《敦（屯）表律》（关于边防的法律）；

《捕盗律》（关于捕拿盗贼的法律）；

《戍律》（关于征发边防戍卒的法律）。

上述秦律十一种，除了《除吏律》与《秦律十八种》的《置吏律》名称相似外，同《秦律十八种》并无重复。这一事实表明，秦律的种类繁多，云梦出土的秦律不过是秦律中的一小部分而已。

《法律答问》在云梦出土的秦律中占有很大的比重，共有简二百一十支，内容有一百八十七条，多是采用问答的形式，对秦律某些条文、术语以及律文的涵义作出解释。

《法律答问》是解释性的律文，解释范围主要是秦律的主体即刑法部分。商鞅改法为律，依据的是李悝的《法经》。《法律答问》所解释的秦律条文，与《法经》六篇即《盗》《贼》《囚》《捕》《杂》《具》的范围大体相同。此外，《法律答问》中也有一些是关于诉讼程序的说明。

《封诊式》作为云梦出土的秦律中又一重要组成部分，共有九十八支竹简，简文共分二十五节，是治狱案例，也有人称它为治狱格式，所包含的内容相当广泛。

云梦睡虎地出土的秦律，只不过是当时秦王朝法律内容的一部分。上述简要介绍，不仅有助于了解萧何在青年时期是在怎样的条件下在沛县以小吏的身份从事司法工作，也有助于认识萧何为什么在汉王朝的丞相任上能把国家治理得井井有条，成为一代名相。

秦律对司法官在履行职责方面有很明确而严格的要求，其中首先要求法官要通晓法律，否则要按照法规依法治罪。萧何自进入县府从事司法工作后，在很短的时间内便对秦王朝的各项法律、法规的条文有了很好的掌握。这一点，使他的顶头上司即沛县县府中主管司法事务的主吏大为惊讶。这位从事司法工作多年的主吏，怎么也不理解这位刚刚到县衙中任职不久的青年人，为什么能在这么短的时间内对各项法律、法规条文熟悉得能够倒背如流。更令主吏惊异的是，这位并没有实际司法工作经验的年轻人，为什么在遇到疑难案件时有时竟能提出令老狱吏拍案叫绝的高明见解。

是萧何怕不通晓法律将会受到惩处吗？是萧何具有聪明绝顶的天资吗？也许都不是。他所以在进入县府后能在短期内精通业务，其主要原因在于他业务上执着的追求。萧何是一个精细而善于沉思的人，表面上少言寡语，遇事却能深思熟虑，胸有成竹。萧何进入县府后的表现，不仅受到了主吏的赏识，而且在县府中也产生了较大的影响，连县令、县丞也都知道县府新来的这位年轻人很不寻常。

时隔不久，萧何因政绩突出被任命为主吏，主管选用全县的小吏并负责对其进行考核。

萧何入县府供职的时间并不算长，却被任命为主吏，这事在沛县县府的诸多小吏中引起不小的震动，人们议论纷纷。这些议论，并非是对萧何的骤然晋升感到不服气。萧何平时待人和气，举止有礼，谦虚谨慎，从不在同事面前盛气凌人，和同事们的关系很是融洽，在同事中享有很高的威望。同事们遇有疑难问题来向他请教，他总是设身处地地一道来分解疑难，从分析中使对方自己从中找出答案，而不是显示自己的高明，因而同事们对他可谓心悦诚服。总之，萧何被任命为主吏后在县衙内同事中所引起的议论，并非人们对他不服气，只是这样的事例太罕见了：一个入县衙时间不长的人，竟从小吏晋升为主吏，这怎能不引起人们的惊奇与议论呢？至于在议论中人们究竟都说了哪些话，这里就没有必要一一介绍了。

年轻的主吏萧何，正是在这个职务上经受了锻炼，并在职守上做出了出色的成绩，这一切，当然要引起郡上负责考核全郡各县官吏的监郡御史的重视。

泗水郡监郡御史到沛县视察，对萧何以及他的政绩十分赞赏。御史向萧何交办的事务，萧何都能出色地完成，御史对此十分满意。不久，萧何被调任泗水郡卒史。卒史作为郡中长吏的属官，俸禄虽然在一百石至二百石之间，但比起县府中百石以下佐史一类的官员来，职务与俸禄显然是晋升了。由于在卒史任上做出了突出的成绩，在全郡的官吏考核中，萧何名列第一。

监郡御史欣赏萧何的才能，随着公事交往的增多，二人之间的关系也日益密切。在秦朝，监郡御史直接对朝廷的御史大夫负责，有向朝廷推荐官员的义务。御史因萧何的政绩突出、才能超群，便想举荐萧何到朝廷任职，认为萧何日后能大有作为，对他寄予厚望。

然而，当御史告知萧何想要上奏朝廷、调他到京城任职时，谁知萧何却坚持推托说不可如此。这事很令御史费解。在一般人看来，能从地方上调任朝廷的官职，是求之不得的好事。见萧何诚恳地再三推辞，御史心中虽然有些不解，但也不好勉为其难。他深知萧何是一个深沉而稳重的人，既然他如此这般不肯离开家乡到京城任职，其中必有缘故，便深情地望了萧何一眼，说道："您既然不肯入京，那也就算了。"其实，这位监郡御史也是一个很有心计的官员。他知道自己是朝廷派来的官员，同萧何是上下级的关系；近年来虽然同这位才华出众的地方官员多有交往，关系也算是不错，但谈不上是什么深交，因而御史也没有进一步询问萧何为什么不愿到京城中去做官。

萧何一生都感激这位监郡御史对自己的知遇之恩。这种感激，主要不在于御史欣赏他的才能与政绩，调他到郡中任职并在考核中将他名列第一。此时此刻，萧何从内心中感激御史没有进一步询问他不愿到京城中去任职的原因。如果御史提出这个问题，那将会使萧何十分犯难：如实回答吧，这是万万不可对他人言的心声；不如实回答吧，又怎忍心用托词来搪塞这位比自己年长十多岁的朝廷命官，他对自己是出于一片好心哪！其实，萧何从御史不再进一步询问之中，已猜出御史的几分心思，他从御史的眼神中察觉到，长官对自己内心的活动不会一无所知。然而，御史既然不再询问，总算是没有难为自己啊。事过多年之后，直到萧何做了大汉王朝的丞相，每当他想起这段往事，内心中总是激动不已。他曾多次派人四处打听，始终不知御史离开泗水郡以后的下落。在萧何看来，泗水御史才是他一生中真正的"知音"。

萧何为什么不愿到朝廷去担任官职呢？原来萧何自从到县、郡任职以来，他目睹百姓所负担的徭役越来越重，什么修长城、造骊山陵墓，特别是在繁苛的严刑之下，犯罪的刑徒布满天下，百姓生活日见艰难。作为大秦王朝属下的一名刀笔小吏，萧何感到四周的气氛太沉闷了，把自己压抑得有些透不过气来，从而预感到有一场大风雨即将来临。在这种预感之下，萧何怎会远离家乡前往高深莫测的京城？再说，京城之中，会有他的什么追求呢？

萧何不肯远离家乡，并不意味着他胸无大志。在沛县任职期间，萧何与刘邦结交，为探讨这一问题在某种程度上提供了答案。

第二章

结交刘邦　胸怀大志

萧何在沛县任职期间，与一般同事虽说是相处甚好，关系融洽，但由于他整日忙于公务，既无闲暇也无兴趣在公务之余与同事有更多的过从。唯一例外的是，萧何与同事曹参的关系略微有所不同。

曹参也是沛县人，年龄比萧何小些。萧何到县府后，与曹参同是从事司法工作的小吏。由于公务上的关系，二人有较多的接触，彼此间也比较了解。在性格上，曹参比较豪爽，但并非鲁莽。共事不久，萧何晋升为主吏，曹参仍然是一名"狱掾"小吏，主管监狱。对于同事的骤然晋升，曹参非但没有半点妒忌之意，反而从内心感到高兴。在短短的共事与相处之中，曹参深感萧何的才能远在自己之上，人品又好，因而对萧何十分敬重。萧何认为曹参虽然性格外向，但处事能识大体，对他也颇有好感，因而二人之间的关系比较亲近，但并非是什么挚友。

如果说萧何在沛县任主吏期间也有交情较深的知心朋友的话，那么，此人便是他的同乡刘邦。

刘邦也是沛丰人，中产人家出身，上有父母，又有同胞兄弟。刘邦为人宽厚仁爱，豁达大度，但不事产业，不肯居家过日子。父亲对此很不满意，曾多次批评他，可总是不见效果。刘邦成年后，正赶上沛县召试小吏，他前往应试，被录用为泗水亭长。亭长是秦时地方上所设置的基层小吏。按秦制，县下设乡，乡下设亭，即所谓十里一亭，每亭置亭长一人，其职责是平时负责练兵，接待来往官吏，为政府输送财物、传递文书等。亭长之下设"亭父"（掌开闭扫除）和"求盗"（掌追捕盗贼）各一人。

刘邦并不以谋得亭长职务为得意，但总算有了一个安身之处，免得父亲说自己不事产业，耳边清静了许多。自当上亭长之后，刘邦除履行公务（其实，亭长哪里有那么多的公务可做）之外，更多的时光是在乡间的酒馆中度过的。除了喜好饮酒之外，好色也是刘邦的一癖。附近王妈妈、武妈妈所开设的两个小酒馆，成了刘邦经常光顾的去处。然而，作为一名亭长，俸禄微薄有限。所以刘邦在王、武两家酒馆饮酒，经常都是赊账的，他哪里有那么多的钱可供整日饮酒。

刘邦喜好饮酒，常常是酒醉方休；醉后，便和衣卧于酒馆中。每当刘邦醉酒卧睡之时，王、武两位老妈妈有些昏花的老眼就注视着他，总是觉得刘邦的卧榻之上有怪异景象时隐时现。更令两位老妈妈诧异的是，每当刘邦到酒馆中饮酒醉卧，酒馆中售出的酒就比往常多上好几倍；自从发现刘邦卧榻上的怪异现象后，到年终结账时，两个酒家外欠的债务都无人按期前来索债，因而毁券弃债。正史中所记载的刘邦饮酒以及出现怪异的故事，显然是由于刘邦后来做了大汉王朝的皇帝。在封建时代，皇帝是真龙天子，怎会没有祥瑞与怪异的现象出现呢？

当时，萧何已出任沛县的主吏，负责录用与考核县府内外的斗食之吏，刘邦自然在萧何的考核范围之中。刘邦自担任亭长之后，他的"好酒及色"，萧何早就有所耳闻。萧何既不好酒，也不好色。他不愿看到归自己考核的官吏好酒好色。但对于这些人的好酒好色行为，他见得多了。只要是能履行公务，不鱼肉百姓，不违犯法令，萧何便一律不予过问。

刘邦自担任亭长以后，由于公务上的往来关系，很快便同在郡县府内任职的小吏们混得厮熟。特别是在酒席之间，微醉之后，哪里顾得上那么多的繁文缛礼，彼此间的谑语取笑是常有的事。酒席上如此，平时相见时刘邦也是经常拿郡县府中的小吏开玩笑，乃至于"廷中吏无不狎侮"。当然，刘邦取笑同事都是善意的。这也许是刘邦的"才能"，无论是郡县府中的哪位小吏，他总是能从他们的身上分别找到可以取笑的材料。而这些材料一经从刘邦的口中说出，便妙趣横生，不仅令在场的同事拍案叫绝，弄得个哄堂大笑；就是被取笑的当事人，虽然往往有片刻之间的面红耳赤，但最后也往往同大家一齐欢笑起来。刘邦的这一本事，使得同事们在聚会时发现如果刘邦没有到场，便顿时觉得兴致索然。

刘邦虽然与郡县府中的小吏们遍开玩笑，但也有例外，此人便是萧何。刘邦从不拿萧何开玩笑，主要不在于他是负责考核自己的顶头上司，而是因萧何为人稳重，不苟言笑，平时从不涉足于酒馆，也不近女色。为此，刘邦每次到县府中办事，总是尽量避免同萧何相见。刘邦出任亭长已接近一年，两人始终没有见过一面。

一次，刘邦到县府办事，临返回前二人相见于庭中。面对这位身材魁梧、"隆准而龙颜，美须髯"而又从未相识的美男子，萧何一时愣住了。互通姓名之后，萧何请刘邦进入屋内叙谈。因为是初次见面，彼此间说了几句"久闻大名"一类的客套话后，刘邦以为不便久坐，便起身告辞，萧何就将他送至县府大门之外。

初次相见，刘邦给萧何留下的印象太深刻了。刘邦仪表堂堂的相貌，举止大方的气度，出语不凡的言辞，令萧何感到吃惊。他心中不无惊讶地觉得，小小的沛县之中怎会有这等异乎寻常的人物？特别是在短暂的相见之中，刘邦的气度给他所留下的印象之深刻，以至于他怎么也无法把当日所见到的人物同平时所耳闻的"好酒及色"的刘邦联系到一起。客人走后，在萧何的脑海之中，刘邦的形象经久不散，以至于渐渐地高大起来，大有顶天立地的气势。

无论刘邦在初次见面时给萧何留下了怎样美好的印象，他毕竟是一个"好酒及色"——饮酒不付现款、经常狎侮同事、在行为上放荡不羁之徒。日久天长，刘邦的所作所为难免出现有失亭长身份的地方，而且是不止一次地发生。问题反映到县府，萧何作为考核全县小吏的主吏，总是处处加以袒护，在众人面前作些解释。在背地里，萧何也从不当面提醒刘邦检点自己的行为，似乎他并不知道这些情况。

经过一段时间的相处，萧何深知刘邦是一个心怀大志的人。他体谅刘邦的处境，在政局不稳的沉闷气氛之中，面对那些浑浑噩噩的县府小吏，刘邦如不是饮酒作乐、狎侮同事、玩世不恭，又怎能排遣胸中的积闷？联想同刘邦相识以来的几次促膝长谈，他深为结交了这位朋友而感到无限欣慰。

刘邦是个聪明人，深知自己平日在行为上的不拘小节，萧何哪里会一无所知？然而，每次相见时，萧何从不提及那些庸人们大惊小怪的琐事，装作一无所知，这使得刘邦从内心中十分感激自己新近结识的这位朋友，把他引为知己。事实上，后来刘邦在行为上比以前检点了许多，这完全是萧何从不为一点小事而告诫朋友的结果。

一次，朝廷下令征召沛县的民夫到京城咸阳服徭役，限期到达。按规定，被征发的民夫要由当地的地方官员带队押送。当刘邦得知这一消息时，觉得这是美差，机会难得，很想借此机会到京城走上一遭，见见世面。想到这里，刘邦立即到县府面见萧何，请萧何派他押送民夫前往咸阳。

在县府庭中，二人相遇。未等刘邦开口，萧何便笑着对刘邦说：

"看亭长匆匆忙忙的样子，来此有何公干？"

"哪里有什么公干，多日不见，偷闲到府上叙谈叙谈。"刘邦见萧何察知自己的急切心情溢于言表，便故作镇静地笑着回答。

"不对吧，亭长每次来此并不这样匆忙。"

"真的没有什么公干，只是闲来无事。"

萧何见刘邦不肯说实话，便也不再追问，沉默起来。刘邦见萧何的表情有些异乎寻常，便问道：

"主吏今日怎么如此沉默，莫非是有什么心事？"

"没有。没有什么。只是今日有一事令我感到有些奇怪。"

"什么事？"刘邦急切地追问。

"是这么回事：清晨起来时，在庭中听到一阵雁鸣。抬头一看，只见雁群在头雁的带领下，鸣叫着向西飞去。当时我心中感到纳闷，秋雁南归，谁见过秋雁西去？真是奇怪。亭长，你见过雁群西去吗？"

"没有见过。不过……"刘邦知道萧何平时从不说笑话，他深信方才听到的雁群西去是确有其事，便同萧何一起思索起来。萧何是个厚道人，从不开玩笑。今日见刘邦把自己的笑谈信以为真，便不想再捉弄自己的朋友，决定把谜底打破。于是，萧何换了一种语调，笑着说：

"是啊。谁见过这等怪事？我想这个头雁说不定是在哪家小酒馆喝酒喝醉了，不然的话，怎么带领自己的同伴向西……"

萧何说到这个"西"字时，故意提高并拖长了音调。刘邦见萧何变换语调同自己解释，说什么头雁醉酒，在"西"字上大做文章，再抬头看萧何的神态，平时善于察言观色、听话听音的刘邦，此刻顿时醒悟：这是在编排我啊！看来，他早已预料到我的心事了。想到这里，刘邦立即抓起萧何的手臂，高声说道："好啊！你身为主吏，竟然捉弄部下，我同你没完！"

于是，二人你看我，我看你，不约而同地哈哈大笑起来。随着笑声，二人步入屋内。落座前，刘邦笑着对萧何说："有你的。真是生我者父母，知我者主吏啊！不过我倒是想问问，您怎么见我一来便猜到了我的心事？"

"我可没有那种神机妙算的本事。这次征发民夫到咸阳服徭役，少不了要有人押送前往，说实话，若不是公务缠身，我也想借此机会到京城走上一遭。今天早晨正想差人问你，是否有意前往，谁知没等差人前去，你却自己走上门来。看走进府门那种急切的样子，我料想你必定是为请求带队去咸阳一事而来。我再呆笨，也不能呆笨得连这事也看不出来啊。"

"主吏既然猜透了我的心事，知道我的来意，为什么还编造故事取笑于我？"

"这就怪不着我了。在庭中我问你有什么公干，你说没有，是偷闲来叙谈叙谈。我若是不编造个故事，你怎肯把心事向我讲啊？"

萧、刘二人在屋内叙谈了一会儿，刘邦起身告辞。临别前，萧何向刘邦嘱咐道："押送民夫的事就有劳亭长了，你回去安排安排，同家人通报一声。来回的路上要谨慎小心，不可多饮酒，这可是公务在身，比不得寻常在家啊！到了京城，一定要'多看少讲'。对，只要你记住'不可贪杯，多看少讲'这八个字，我就放心了。时值深秋，严冬即将来临，你也要注意冷暖，保重身体。"

萧何语重心长的一番嘱托，使得平日善开玩笑的刘邦，脸上现出少见的严肃表情，他热泪盈眶地握住萧何的手说道：

"请贤弟不必挂念，我都记在心里了。"

萧何确实比刘邦年少几岁，可是平时他总是称刘邦"亭长"，刘邦称萧何"主吏"；即使是到了后来，萧何称刘邦"汉王""皇帝"，刘邦称萧何"丞相""相国"，刘邦与萧何彼此在称呼上称兄道弟，这是仅有的一次。

萧何对刘邦的嘱托，刘邦称萧何为贤弟，此情此景，颇有几分生离死别的味道。这不是二人故作多情。刘邦把带队去咸阳看成是"美差"，自愿前往，那是因为想借此机会到京城去见见世面。其实，带队是件很辛苦的事，一路上起早贪黑，风餐露宿，是名副其实的"苦差"，更何况带领几百名青壮年长途跋涉，世道又不太平，公务在身，干系重大，难保不会有什么意外的事情发生。不然的话，二人分别时怎么会如此大动感情。正因为如此，地方官员们谁都不愿充当民夫的带队人。萧、刘二人不同于常人之处就在于：他们既然是胸怀大志，便不会像谨小慎微的君子那样立身行事。

前往咸阳服徭役的民夫已经到齐，列队完毕。出发前，刘邦到县府向萧何等人告辞。府中的诸多小吏，平日同刘邦混得很熟，关系较好，不少人向他赠送"奉钱"，资助差旅费用。按以往惯例，是赠送者每人出奉钱三百钱（据秦墓竹简的法律条文可知，当时欠官府债务的人以服役抵债，一天的工钱仅为八钱），唯独萧何赠给他奉钱五百钱。

萧何早在几天前对刘邦已有嘱托，此时他同县府中的其他小吏们列队向刘邦送别，没有再多说什么。

时光流逝，转眼间已是第二年的早春。当刘邦带领服徭役的民夫回到家乡时，县府中那些曾为他送行的好友为他设宴洗尘，祝贺他圆满地完成了这次带队的使命。酒席间的热烈气氛和言谈话语，这里不消细说。只是到宴会结束时，刘邦早已喝得酩酊大醉。当晚，刘邦宿于萧何的卧室。

夜半时分，刘邦一觉醒来，起身见萧何坐在床前，醉意顿时消除。二人分别半年，喜得相见，千言万语，在灯下长谈起来。

刘邦讲述往来路上特别是京城咸阳的见闻，萧何认真地倾听。最令萧何感兴趣的，是刘邦关于他观看到天子秦始皇的一段描述。

民夫在咸阳服徭役时，刘邦有一次到街上采购物品，突然间街头上人群骚动，接着便听见吆喝声，原来是秦始皇的车驾从宫中出来，前面有兵卒鸣锣开道，接着便是身披盔甲、手持兵器的卫士沿街道缓慢前进。一会儿，秦始皇的车驾出现了：只见清一色的四匹高头大马，驾着装饰华丽的乘车，缓缓地向前驶来。咸阳街头的市民听说是天子出游，都围拢上来，站立在道路两旁观看。围观的市民人山人海，水泄不通。遇到这种千载难逢的机会，刘邦怎肯放过？他立即选择人群比较稀薄的地方，挤向前去并站稳了脚跟。刹那间，天子的车驾从眼前驶过，只见皇帝从车窗中探出头来，向围观的百姓招手致意。

"你见到天子了？"萧何听刘邦说见到了天子，便打断了刘邦的讲话。

"见到了，真的见到了！"

"你真是三生有幸，快些往下讲，当今天子是怎副模样？"

刘邦向萧何描述有幸见到天子出游场面的所有情节。末了接着说：

"有件事得告诉您，您不是嘱咐我到京城后要多看少说吗，我好险没有因此而闯下大祸！"

"什么事？"萧何见刘邦同他兜圈子，便急切地追问。

"我是说天子的车驾从眼前过去后，自己也不知怎么的却从口中冒出了一句话……”

“什么话？”

“我当时也不记得。是事后随同我上街的听差告诉我，说车驾驶过后我曾大声地叹息道：‘大丈夫当如此矣！’幸亏当时的百姓都高呼万岁，喊声震天，周围没有人注意我这句情不自禁的感叹。这也是上天保佑，若是被爱管闲事的人听见，上报官府，恐怕我就难以活着回来面见乡亲父老了。”

刘邦围观秦始皇时发出的感叹，萧何并不感到奇怪。他不仅没有责怪朋友的出言语失，而是从内心中赏识自己面前的这位挚友胸怀大志，自叹不如。自此以后，萧何对刘邦越发敬重。

从咸阳归来不久，刘邦娶妻成家。这其中有一段有趣的故事，史书亦载：沛县西部的邻县单父县（今山东单县）有一位姓吕的人氏，人称“吕公”，原是沛县县令的老朋友。为躲避仇人，他带领全家来到沛县居住。一日，县令设宴招待吕公。沛县的豪杰与县吏闻知沛令在家中设宴接待贵宾，便都前来道贺。当然，与会者在此种场合少不了要向县令奉献贺礼，这也是当时地方长官勒索下属官吏的重要方式之一，收入相当可观。萧何因是沛县县府的主吏，县令责成他主持宴会，负责接待来宾，主要是代表县令接受礼钱。宴会开始前，萧何向来宾们宣布：

“请各位贵宾们见谅，因堂上座席有限，凡贺礼钱不满一千的，请在堂下就座。”

刘邦接到县令在家中为接待贵宾而摆宴的请帖，当然按时前往。一进县令家门，便有人告诉他贺钱过千者可在堂上就座，他笑着点头答应，径直向前走去。当他抬头望见是萧何在这里主持仪式时，便大步向前高声说道：

"泗水亭长刘邦贺万钱！"

实际上刘邦手中不持一钱，他是见萧何在主持仪式，所以才敢以谎言相欺。堂下负责接待的执事人员哪知虚实，听刘邦自报姓名和贺钱数额，按惯例附和客人的通报高声喊道：

"泗水亭长刘邦贺万钱！"

吕公在堂上闻听有人以万钱相贺，甚为惊讶，以为必定是贵客前来，便急忙起身到门前迎接。吕公平时喜好为他人相面，自信颇多应验，今日见贺万钱者仪表堂堂，相貌非凡，因而对刘邦很是敬重，引他登堂在上座入席。萧何知道刘邦的贺万钱是谎言，担心惹出什么麻烦来，便对吕公说道：

"刘季（季是刘邦的字）平时好说大话，很少能办成几件事。"

刘邦不顾萧何说他什么，轻蔑地用目光扫视了其他宾客一眼，便大模大样地坐在上座，谈笑风生，神态自若。开宴已过一个时辰，宾客有一半已相继告辞。此刻，吕公用目光挽留刘邦，刘邦会意，便留了下来，直到宾客几乎快要走光时他才准备起身告辞。吕公见刘邦将要告辞，便对他郑重其事地说道：

"我素来喜好为他人相面，经我相看的人多得很，没有人能比得上你的相貌高贵，愿你能自重自爱。我有一个女儿，愿许配你为妻，不知你意下如何？"

刘邦此时早已年过三十，父母曾多次为他提亲，他都未答应。这次吕公要把女儿许配给他，他见吕公并非一般人物，又是县令的老朋友，心中已有几分默许，只是如此大事，无法立即答复，便说道："承蒙相公错爱，刘季不才。此等大事，容禀告父母后再作答复。"

酒宴已罢，吕公回到后堂。酒席间吕公要把女儿许配给刘邦一事，早有人当即报知吕夫人。因此，吕公一回到后堂，吕夫人便怒气冲冲地说：

"相公向来厚爱咱们这个女儿，多次表示一定要许配给贵人。沛县县令是你的老朋友，他为儿子请求这门亲事，你都不答应，我也没有对此说些什么，怎么今日你却自作主张，随意把女儿许配给刘季，也不同我商量？"

"这不是你们女人和小孩子所能知道的。"吕公一口回绝夫人的质问，坚持把女儿嫁给刘邦。

吕公的这个女儿，便是后来的吕皇后，她为刘邦生了后来的孝惠皇帝和鲁元公主。

且说刘邦娶妻成家后，吕氏女为他生了一个女儿和一个儿子。刘邦身为亭长，公家赐给他一小块田地，吕氏便带领两个子女居于田中耕耘。一天，有一老翁路过这里，口渴求饮，吕氏很尊敬地向老翁进献米酒。酒后，老翁为吕氏相面，说道："夫人是天下最尊贵的人哪！"

吕氏又请老翁为儿子相面，老翁说：

"夫人之所以尊贵，是因为这个男孩。"

吕氏又请老翁为女儿相面，老翁似乎有些不耐烦，说了声"这个女孩也是一副贵相"后便悄然离去。

就在这时，刘邦回到茅舍之中，吕氏向丈夫讲述方才有一老翁路过这里，求他为我们母子三人相面，他说都是大尊大贵。

"老翁现在何处？"刘邦问。

"刚刚离开，不会走得太远。"吕氏答。

刘邦立即追赶老翁，向老翁询问相面一事，老翁回答说："方才我为夫人及儿女相面，皆为尊贵之相，这都是由于您的缘故，您的相貌贵不可言。"

"果真如老父所言，在下不敢忘记您的大德。"

待到刘邦后来贵为皇帝，曾多次派人打听，始终未能得知老翁的下落。

且说刘邦在泗水亭长任上娶妻生子，几年的时光一闪即逝。据史书所载，他曾不止一次地押送服徭役的民夫去京城咸阳。其中，最后的一次是在秦始皇驾崩的前一年。当时，他押送沛县的民夫到骊山为秦始皇修造陵墓。与以往几次押送民夫不同的是：由于秦始皇大兴土木造阿房宫，修骊山墓，筑长城，繁重的徭役负担已使百姓不堪忍受，因而民夫队伍刚刚离开沛县县城，便有很多人逃亡。刘邦心中暗自想道：照此下去，待到抵达骊山时，民夫岂不逃光了吗？果真如此，朝廷还不得问我死罪。为此，他已拿定了主意。当队伍来到丰县（今江苏丰县）西部的泽中亭时，刘邦下令停止前进，就地休息。他拿出自己所带的差旅费，命人在附近买来酒肉，让民夫们开怀痛饮。天黑时，刘邦对民夫们说：

"骊山离我们沛县路途遥远，近日已有不少兄弟逃亡，我今天给大家讨个方便，你们就在这儿各奔他乡吧，我也将从此隐姓埋名，浪迹江湖，在此与诸位一别！"

民夫们被迫服徭役，修骊山陵墓，明知凶多吉少，难以生还。刘邦放他们各奔他乡，他们自然喜出望外，感激不尽。民夫中有十几名健壮的青年，为报答刘邦的恩情，甘愿随从他同生共死，刘邦颇为感动地答应了十几名青年人的请求。

刘邦乘着几分醉意，带领一行人从泽中亭出发，奔西南方的山泽，沿小路连夜走去，并派一名青年民夫在前面探路。行进中，探路人向刘邦回报说：

"前面有一条大蛇挡住去路，愿返还另寻途径。"

"壮士前行，有什么可畏惧的？"刘邦说完，便乘着酒兴大步向前走去，挥剑斩蛇，蛇被砍为两截，道路被打开。又向前行进数里，醉意与困倦一齐袭来，刘邦睡卧于大泽之中。

后面的人来到斩蛇地点，见有一老年妇人在路旁号哭，便向前问道：

"老妈妈为何在这里深夜号哭？"

"有人杀害了我的儿子。"老妈妈回答。

"老妈妈的儿子因何被人杀害？"青年人又问。

"我的儿子，是白帝的儿子。他化为白蛇，卧在道上，今日被赤帝的儿子给斩杀了，我因此在这里为儿子惨遭杀害而哭泣。"

随同刘邦的青年壮士听老妈妈讲什么"白帝子""赤帝子"，大为不解；摆在面前的不过是一条被斩杀的大蛇而已，认为老妈妈是在这里编造谎言。老妇人号哭不止，纠缠不休，使壮士甚为恼怒，怕惊动左右，会给一行人带来麻烦，便想要向前强行制止。说来也奇怪，就在青年人向前将要动手时，老妇人忽然间形影不见了。

老妇人突然消逝后，青年壮士困惑不解地沿着小路继续前行。当壮士赶上刘邦时，刘邦已一觉醒来。青年人把方才路遇老妇人夜哭一事，原原本本地向刘邦禀告，刘邦听后心中暗自高兴："莫非自己真的就是赤帝之子吗？"此刻，刘邦一行人不过是大秦王朝的逃亡罪犯，其困顿的处境可想而知。然而，他自从听到这赤帝子斩白帝子的神奇故事后，周身似乎注入了无限的活力。从此之后，刘邦便越发因此而"自负"；而随同他的十几名壮士呢，也以为主人有神灵佑护，因而"日益畏之"。

刘邦押送民夫服徭役，出发不久后便解散队伍而亡匿山泽，这在沛县中引起了不小的震动。县令深为此事而担惊受怕，怕朝廷追究他的责任。一个多月过后，县令见朝廷并未追究此事，心里放宽了许多。因为刘邦是吕公的女婿，吕公又是县令的老朋友，所以在风头过后，县令非但没有派人捉拿刘邦，而且把这件事逐渐地淡忘了。

县府的官吏中唯有萧何整日挂念此事。作为挚友，萧何对于刘邦释放民夫、自己逃亡山泽的举动，从内心中是理解的，无有半点埋怨情绪，只是时刻为刘邦的安全担心，挂念不已。然而，萧何毕竟公务在身，他既无时间日夜思念故友，又不可能离职去四处访求故友的下落。

总是日夜挂念刘邦不已的，是他的结发妻子吕氏。

吕氏得知丈夫逃亡山泽，下落不明，整日忧愁得坐不安席，食不甘味，夜不能寐。在封建时代，吕氏作为乡间民妇，出嫁随夫是她的信条。为寻找丈夫，她已顾不上许多，决心舍命也要找到丈夫，死也要死在一处。真是苍天不负有心人，在丈夫逃亡月余之后，吕氏终于在山泽中找到刘邦。夫妻见面，吕氏抱着丈夫大哭起来。妻子的一片深情，感动得刘邦也凄然泣下。这里，没有必要细表二人各叙别后的挂念与衷肠。由于山泽中并非吕氏久留之地，第二天清晨，彼此嘱托了一番，刘邦告诉妻子，回去后要设法转告萧何，请他不必挂念，日后自有相见之时，说完便挥手依依惜别。

当萧何从吕氏那里得知刘邦的下落，知道挚友匿身于离沛县并不遥远的芒、砀山泽之间，一颗悬着的心也就放下了许多。吕氏此时虽说是逃亡罪犯的家属，可是县府中有县令以及萧何等人的暗中庇护，也没有受到什么歧视。

就在刘邦逃亡后的第二年，传来了秦始皇驾崩、二世胡亥即位的消息。"祖龙"一死，秦王朝的大厦已面临倾颓之势，人心浮动，政局不稳。这种局势，使得匿身于山泽之间的刘邦感到重见天日的时刻即将来临。

尽管刘邦曾嘱咐妻子，没有大事不要到山泽里来找他，以免惹出意外的事端，可是，吕氏既然知道丈夫的藏身之处离家乡并不遥远，便总是寻找各种理由到山泽中同丈夫会面。当然，每次前往，吕氏不是送去缝制好的棉衣，便是带给丈夫平时喜欢吃的食品，同时也向他通报一些外边的消息以及有关萧何的一些近况，如此等等。刘邦在山泽中过着流亡的生活，为自身的安全起见，并没有固定的栖身之所。待到第三年（即秦二世元年）的春夏之际，吕氏已是不止一次地到山泽中探望丈夫。一次，刘邦面对着妻子微笑着问道：

"我在芒、砀（今河南永城东北）山泽中漂泊不定，东躲西藏，你凭什么本事每次前来都能找到？莫非是外边有人知道我的藏身下落？"

"我一个妇道人家，哪里会有什么本事，也不是有什么人向我通风报信。"

"那你怎能每次前来都能很顺利地找到我？"

"那是你藏身的地方，上面常常有云气缭绕。我每次来到这里，总是奔往云气的下方，因此能毫不费力地得以见到你。"

听妻子这么一说，刘邦的心中又是一阵暗自高兴。联想逃亡那天晚上斩蛇的事，刘邦越发相信自己有神灵保佑，日后定有施展抱负的时机。史书上记载斩蛇和云雾一类的故事，显然是刘邦做皇帝前后人们有意编造出来的，用来说明他是什么真龙天子。

世上没有不透风的墙。无论吕氏、萧何如何守口如瓶，从不透露有关刘邦下落的半点消息，但沛县中还是有人议论此事，虽不知刘邦的具体下落，但认为他并没有远走他乡，可能就在邻县的山泽草莽之中。沛县中有些青年人其中包括被刘邦放走的一些民夫，常常私下议论刘邦，认为他讲义气，愿意归附他落草为寇，只是不知道他的具体藏身地点，无法前往投奔。

　　就在这一年的初秋，一场震撼秦王朝江山的事变在大泽乡爆发了。

第三章 聚众举事 拥戴沛公

公元前 210 年，秦始皇出巡途中暴病而死。随同皇帝出巡的中车府令赵高与丞相李斯合谋，诈为始皇诏书，赐始皇长子扶苏死，立始皇少子胡亥为二世皇帝。秦二世即位后，赵高专断朝廷大权，滥用民力，继续大修阿房宫和驰道，徭役比秦始皇在位期间更为繁重。秦二世"变更法律"的结果，使本已繁苛的秦法更加苛刻，使得百姓手足无措。总之，秦二世即位后的所作所为，使本已十分尖锐的社会矛盾日益激化，终于导致了陈胜、吴广起义的爆发。

由于刘邦、萧何等人是在陈胜起义的首倡之下，聚众参加了这场农民大起义的洪流，故本传在这里对陈胜、吴广起义略作必要的陈述。

秦末农民大起义的领袖陈胜，字涉，阳城（今河南登封东南）人，雇农出身，少有大志。秦二世元年（前 209），朝廷征发居于里门左边的贫苦农民九百人，前往渔阳（今北京密云西南）戍守，途经大泽乡（今安徽宿州东南刘村集）。陈胜与吴广都被编入戍守边地的队伍之中，并担任戍边途中领队的"屯长"。吴广，字叔，阳夏（今河南太康）人，也是贫苦农民出身。

在大泽乡，队伍被大雨所阻，道路不通，已无法按期到达。按照秦二世所变更的法律，戍边误期者不问缘由，一律依法斩首。然而云梦出土的秦律《徭律》规定：服徭误期达到三至五日，只是对领队者予以警告处罚；误期六至十日，罚领队者一盾；误期超过十日，罚领队者一甲。可见秦律到秦二世时竟被更改到何等令人无法忍受的程度。

在这种情况下，陈胜与吴广谋划道："现在对于我们来说，逃亡是死罪，造反也是死罪，同样是一死，那么为国事而死好不好？"

陈胜说："天下人苦于秦朝的残暴统治，已经很久了。我听说秦二世原是少子，本不当立为皇帝，而是应当立公子扶苏为皇帝。扶苏由于多次劝谏始皇，始皇便派他到外地去统兵。听说扶苏本来无罪，二世皇帝却把他杀害。百姓都知道扶苏宽厚仁慈，很多人还不知道他已经被杀死。楚国名将项燕，多次立有战功，又爱惜士卒，楚国的百姓都很爱戴他。现在有人以为项燕死了，但有人以为他未死而逃亡在外。现在我们带领众人，诈称是公子扶苏、项燕，向天下人倡导举事，一定会有很多响应的人。"

吴广很赞成陈胜的打算，便按照当时的习惯，请算卦先生为他们占卜吉凶。算卦先生猜透了陈、吴的意图，便在占卜之后顺情说道：

"足下所占卜事都能成功，然而足下卜问过鬼神吗？"

算卦先生的提示，显然是让陈、吴二人利用人民迷信鬼神的心理去大造舆论来发动起义。陈、吴二人闻听算卦先生这么一讲，都很高兴，二人议论道：

"这是教我们利用鬼神首先在众人中取得威信。"

于是，陈胜指使人在丝帛上写了"陈胜王"三个字，偷偷地将帛书置入上市出售的鲜鱼的鱼腹之中。第二天清晨，士卒到市上购买鲜鱼烹食，得到鱼腹中写有"陈胜王"的帛书，都感到非常奇怪。当日夜晚，吴广又暗中派人到驻地旁树丛神祠中，架木烧火，装作狐狸的叫声，喊道：

"大楚兴，陈胜王。"

清晨时的帛书，特别是夜间的篝火与狐鸣，使得这些贫苦家庭出身的士卒感到非常恐惧。次日清晨，士卒们三五成群，议论纷纷，不少人指点注视陈胜。陈胜见发动起义的时机已经成熟，便由吴广出场在下一幕中扮演主角。

吴广平时爱惜士卒，士卒大多愿意听命于他。吴广趁着押送戍卒的县尉酒醉之时，故意多次在县尉面前说什么不如逃亡了事，以此激怒县尉，使县尉当众羞辱自己，以此来激怒在场的众士卒。吴广这一招儿果然奏效：县尉用竹杖打吴广，并拔剑出鞘。这时，吴广眼疾手快，向前夺剑并杀死县尉。陈胜见机挺身佐助，同时杀死另外两名带队的尉官。杀死县尉等人后，陈胜召集众士卒，高声说道：

"诸位因途遇大雨，已无法按期到达渔阳。按秦法，误期者一律斩首。即或是不被斩首，戍边而死的人也不只十之六七。况且壮士不死便罢，死也要留下个显赫的名声。那些做帝王将相的人，难道是天生有种的吗？"

众士卒一齐高呼道："甘愿听命！"

于是，陈胜、吴广便诈称是公子扶苏、项燕，以顺从天下百姓的心愿。士卒们都解开上衣，露出右臂作为标志，自称"大楚"。众人设坛盟誓，用县尉的头祭天，宣布起义讨秦。陈胜自立为将军，以吴广为次于将军的都尉。起义军攻占大泽乡，收集士卒，而后攻下蕲县（今安徽宿州南）。同时，令符离（今安徽宿州东北）人葛婴率兵攻占蕲县以东的地区，攻克铚（今安徽宿州西南）、酂（今河南永城西南）、苦（今河南鹿邑东十里）、柘（今河南柘城北）、谯（今安徽亳州）。起义军沿途招收人马，待到陈郡（治所在今河南淮阳）时，已有兵车六七百乘，骑兵千余，士卒数万人。义军攻打陈郡，郡守与县令皆已逃亡，只有属官守丞在城楼下交战。守丞战死，陈胜入据陈郡。起义军在陈郡城中停留数日，号令陈郡的三老、豪杰前来议事。三老、豪杰们对陈胜说：

"将军身披坚甲，手执利兵，讨伐无道，诛灭暴秦，再立楚国的社稷，按功劳应立为王。"

于是，陈胜便自立为王，国号"张楚"，意思是张大楚国。

陈胜、吴广于七月在大泽乡点燃起来的反秦烈火，顷刻之间便以燎原之势烧遍中原大地。各郡县受苦受难的百姓，纷纷起来杀死郡守、县令，起兵响应陈胜。陈胜派遣武臣、张耳、陈余北上攻占原赵国的领地（今河北南部和山西西部一带）。八月，武臣自立为赵王。

在各郡县百姓纷纷杀长吏来响应陈胜的形势下，九月，沛县县令为保存自身，想要在沛县起兵响应陈胜。这时，沛县主吏萧何与狱掾曹参见时机已到，便向县令献策说：

"使君身为秦朝官吏，现在想要背叛朝廷，统率沛县子弟，恐怕沛县子弟不会听从。愿使君召回从沛县逃往外地的人，可召集起数百人，以此来威胁众人，众人便不敢不听从你。"

萧、曹二人进谏的用意，是想把刘邦召回来，由他来带头举事。县令考虑到萧、曹二人讲得很有道理，便令沛人樊哙召刘邦回沛县共议大事。此时，刘邦部下已聚有数百人之众。

当刘邦随同樊哙带领数百人来到沛县城下时，沛县县令见刘邦部下人数众多，恐怕发生意外事变，对召刘邦前来的决定有些后悔，便关闭城门，不让刘邦带众入城，同时想要诛杀奉献此策的萧何与曹参。

萧、曹见县令关闭城门，不放刘邦入城，又察觉县令想要杀害自己，大为恐惧，便连夜逃出城外，投靠刘邦以保全自身。

萧何在城下与刘邦相见，二人面面相觑，经久无语。分别一年多来，国家与个人都发生了如此重大的变化。今日喜得重逢，彼此间不知有多少话语要尽情倾诉。然而，此刻城楼上人影出没，城下有数百名手持兵器的士卒，哪容得细诉衷肠？为解决面临的迫切问题，刘邦请萧何、曹参共献攻城良策。

沛县城中的虚实，萧、曹二人当然了如指掌。经过一番考虑，萧何向刘邦献策说：

"城中并无多少兵卒，守城的多是平民百姓。不过，城下的徒众虽多，但也是新集合起来的乌合之众，缺少兵器。如果强行攻城，城上凭险固守，说不定要相持多少天，彼此都要有不少伤亡。依我看，城中人心浮动，有谁会甘愿为沛令卖命守城？不如向城中百姓晓以利害，使城中的百姓起来……那样的话，岂不是可以兵不血刃地占领沛县？"

刘邦接受了两人的建议，立即命萧何写了一份劝降的帛书，将帛书系在箭上，射入城中。城中的百姓接到城下射上来的帛书，只见帛书向城中父老呼吁说：

"天下百姓苦于秦朝暴政由来已久。今日父老为县令守城，怎奈天下诸侯并起，纷纷诛杀秦的郡县长吏，举事响应。大势所趋，谁能抵挡得了？此刻攻城在即，如果父老群起诛杀县令，选择可以拥立的人为头领，响应举事的诸侯，可以保全身家性命。不然的话，城破时父子被屠，死有何益？"

城中父老被陈说利害的帛书感召，于是经过一番密谋，率城中的子弟共杀沛令，开门迎接刘邦入城。

刘邦任泗水亭长多年，沛县的官吏和百姓有不少人知道他的大名。他曾多次押送到咸阳服徭役的民夫，特别是在最后一次押送途中，他于丰西泽中亭将民夫全部释放，沛县的百姓谁不知晓。他逃亡在邻县的山泽之间，人们也多有议论，甚至有人还在传说着他挥剑斩蛇的故事。这次城中父老见刘邦带领数百名徒众来到沛县城下，对于他的意图看得一清二楚。因此，沛县父老在共杀沛令之后，顺理成章地拥戴刘邦做沛县县令。

面对父老的请求，刘邦推辞说：

"当今天下正扰乱纷纷，各路诸侯并起，创业艰难。在选择首领时，稍有不妥，便会一败涂地。感谢各位父老的一片好意，我刘邦不是那种明哲保身之辈，只是担心自己的才能有限，深恐不能保全父老兄弟。此等大事，愿诸位另选合适的人担当头领。"

刘邦这番推辞的话语，讲得很诚恳，因而在他表白之后，众人你看我，我看你，一时竟拿不出主意来。就连素来最为了解刘邦、深知他胸怀大志的萧何，也被刘邦的表白弄糊涂了，心想：难道他真不愿意做头领吗？父老见刘邦不肯做头领，便把目光投在萧何与曹参的脸上，希望有人站出来带领大家举事。然而，萧何与曹参都是文官出身，遇事考虑甚多，说不定怕举事不成，将被官府诛杀九族。事实上，即或萧、曹二人置个人的身家性命于不顾，有刘邦在场，他们怎肯出头担任首领？片刻过后，诸位父老终于醒悟过来，便一齐向刘邦劝说道：

"我们早就听说过有关于您的一些奇事，您日后自当大尊大贵。我们已经为这件事进行了占卜，占卜的结果是莫如刘季做首领最为吉利。"

刘邦仍然是再三推辞，怎奈众人不肯，刘邦便不得不答应众人的请求，自立为"沛公"。按照楚国的旧制，国君称王，县宰称"公"。此时，陈胜已自立为楚王，刘邦起兵响应陈胜，故按楚国的旧制称公。从此，人们便称刘邦为沛公。

在萧何的建议下，刘邦在沛县县府庭中率众举行祭祀黄帝、蚩尤的典礼，用来表明举兵反秦是替天行道，同时举行杀牲以血衅旗的仪式。因为有赤帝子斩白帝子的那段故事，队伍的旗帜皆用红色。起义的队伍在沛县城中停留半月有余，刘邦分派萧何、曹参、樊哙等人到沛县境内招收徒众，共得沛县子弟三千人。

当刘邦、萧何在沛县举起反秦义旗时，全国各地的义军也正风起云涌。

以陈胜为首的起义军队伍，首倡反秦，发展最为迅速。在各路起义军中，陈胜的势力最为强大。陈胜闻听陈国的贤人周文懂得军事，便授予他"将军"大印，命令他率兵西向攻秦。周文的这支队伍在西进途中，一边作战一边招收人马。待到达函谷关（今河南灵宝东北）时，已拥有兵车千乘，士卒数十万人。当队伍到达戏（今陕西临潼东）时，周文下令停止前进，为攻取京城咸阳布置力量。消息传至京师，秦二世大为惊恐，与群臣商议对策，群臣目瞪口呆。这时，负责掌管山林川泽税收的少府章邯献策说：

"贼兵已逼近京师，兵多势强。此时征调附近各县的壮年男子赶赴前线，已经来不及了。现在骊山修造陵墓的刑徒人数众多，又邻近戏水前线，可将刑徒一律赦免，让他们手持兵器出击贼军。"

于是，秦二世发布大赦天下的法令，派章邯前往骊山，赦免所有的刑徒与奴婢所生的儿子，交给他们兵器，全部开赴前线作战。

周文所统率的数十万大军，虽然人数众多，但没有经过训练，是一群乌合之众。而作为统帅的周文，实际上并无有统兵作战的才能与经验。因此两军交战后，周文的队伍被打得大败而逃，退至函谷关以外。章邯率兵追赶，周文兵败后自杀而死。周文这支队伍的瓦解，使得陈胜领导的起义队伍大伤实力，从此便一蹶不振。

在刘邦、萧何于沛县起义的同月，项梁、项籍亦起兵于吴。由于这支起义队伍后来竟与刘邦的起义队伍同时发展成为推翻秦王朝的两大主力部队，以至于灭秦后二者又为争夺天下进行了长达五年之久的楚汉战争。这里，不能不对项梁、项籍的起义队伍及其发展壮大作必要的叙述。

项梁是战国末年楚国名将项燕的儿子，项籍是项梁哥哥的儿子。项燕在与秦国大将王翦作战中兵败而死。楚国被秦国灭亡后，项梁叔侄二人居于下相（今江苏宿迁西南）。项籍字羽，少年时读书，无有所成；后学习剑术，又不能有所成就。叔父为项羽不能专心读书学剑而生气，项羽回答叔父说：

"读书不过是为了会写自己的名字而已，击剑不过是同一个人刺杀，不足一学；侄儿要学习抵挡千万人的本领。"

项梁见侄儿如此回答，便向项羽教习兵法，项羽十分欢喜。然而，项羽对于兵书，也是略知其大意而已，不肯把兵书读完。这时，项梁因外地发生的一个案件牵连到自己，多亏蕲县典狱长的属吏曹咎从中斡旋，事情才算了结。不久，项梁又因杀人犯罪，为躲避仇人而远离家乡，避难于吴中（今江苏苏州）。项梁来到吴中后，当地的士大夫都愿同他结交，出入于他的门下。每逢吴中有大的徭役及举办大的丧事，项籍常常充任主持人，暗中按兵法来布置和组织宾客和子弟，人们认为他很有才能。秦始皇的车驾出巡会稽郡（今浙江绍兴东南），渡浙江（今浙江钱塘江），项梁与项羽与众人一道在路旁围观。当始皇车驾从面前路过时，项羽竟脱口而出说：

"彼可取而代也！"

站在一旁的项梁闻言立即用手捂住项羽的口，说道：

"不要乱说，这是灭族的大罪！"

这件事虽使项梁一阵惊恐，但也因此认为侄儿胸有奇志。长大成人后，项羽身高八尺，力能扛鼎，才气过人，吴中的子弟都很惧怕他。

秦二世元年（前209）七月，陈胜、吴广大泽乡起义，反秦烽火顷刻间燃遍中原大地。同年九月，会稽郡（治所在今江苏苏州）郡守殷通对项梁说：

"江西（指现今皖北一带）等地皆已起兵反秦，这是上天灭亡秦国的时机。我听说先发动可以制服他人，后发动则将为他人所制服。我想要发兵反秦，令你与桓楚统率兵马。"

桓楚是吴中的一名奇士，此时逃亡在山泽之中。项梁便对郡守殷通说：

"桓楚逃亡在山泽之中，没有人知道他的藏身之处，唯有项籍知道他的栖身之所。"

项梁说完这句话后，便出来告知项羽在门外持剑等候并附在他耳边小声地说了些什么。项梁再次入内与郡守当面商议此事。项梁说："我看还是把项籍召来，令他受命召桓楚回吴议事。"

郡守同意项梁的意见，项梁便召项羽入内。项羽入内后，项梁用目光示意，项羽便拔剑将郡守殷通的头砍了下来。项梁手持郡守头颅，佩带郡守的官印出来，郡府庭中一片混乱，被项羽杀死的有近百人。郡府中的人见此情景，无不慑服，跪伏在地上不敢抬起头来。于是，项梁召集郡中他平时所熟悉的豪吏，告知他们为什么要起兵反秦。而后，发吴中兵马，派人收取下县，得精兵八千人，以项梁为会稽郡郡守，项羽为副将，带兵巡行占领下县。是时，项羽年方二十四岁。

陈胜的部将广陵人召平攻打广陵（今江苏扬州西北），未能攻下。他闻知项梁起兵，便假托陈胜的名义拜项梁为上柱国，令他领兵西上击秦。项梁接受这一任命，率八千子弟兵渡江西上。不久，项梁渡过淮河，黥布、蒲将军也率兵归属项梁，项梁已拥有六七万人，驻扎在下邳（今江苏邳州西南）。

与刘邦、项梁相并立的几支主要起义队伍还有：

一、田儋。田儋本是战国时期齐国的王族。他的堂弟田荣、田荣的弟弟田横，都是当地的豪杰，在群众中颇有威望。当陈胜派出的周市前来攻占狄（今山东高青县）地时，田儋杀狄县县令，召集当地的豪吏子弟，对他们说：

"诸侯都已反秦自立，齐本是古国，我田儋是田氏王族，自当立国称王！"

田儋自立为齐王以后，发兵迎击周市，周市退兵，田儋率兵东向攻占齐国故地。

二、韩广。韩广本是上谷郡（治所在今河北怀来县东南）的卒史，陈胜派武臣北上攻占赵国故地，武臣至邯郸后便自立为赵王，派韩广北上攻占燕国故地。韩广来到燕地，原燕国的贵族豪杰对韩广说：

"陈胜已自立为楚王，武臣也自立为赵王，燕地虽狭小，但也是万乘大国，愿将军自立为燕王。"

"韩广的老母在赵国，怎可背赵王而自立为燕王？"

燕人又进一步劝说道：

"赵王正担心西方的秦、南方的楚同时向他进兵，他哪里有精力来禁止我们！况且以楚王的强盛，尚且不敢加害赵王将相在楚地的家属，赵王怎敢独自加害于将军的老母？"

韩广认为燕地贵族豪杰讲得有道理，信以为然，便自立为燕王。果然不出数月，赵王武臣便将韩广的老母及其家属护送到燕地。

三、魏咎。魏咎本是战国末年魏国公子宁陵君，周市自狄地退兵后，到达原魏国的故地，便想立魏咎为王。当时魏咎在陈国，周市平定魏地后，诸侯都想要立周市为魏王，周市推辞说：

"天下昏乱的时候，才能看得出谁是忠臣。现在天下共同叛秦，应当立原魏国国君的后人为魏王，才合乎道义。"

诸侯再三请求立周市为魏王，周市始终不肯接受。周市五次派人到陈国迎立魏咎，终于立魏咎为魏王，周市任魏相。

在陈胜、吴广大泽乡起义之后，全国各地的起义军可谓风起云涌。在这股起义洪流中，刘邦与项羽所领导的两支队伍，在斗争中逐渐成为抗击秦军的主力。

第四章

兵入咸阳　收秦图籍

沛公刘邦与萧何等于九月在沛县举兵反秦，十月，泗水郡郡监统兵将刘邦围困在丰县（今江苏丰县城内）。刘邦出城与秦军交战，击破敌军，令雍齿守卫丰县县城。十一月，沛公统兵攻取薛（今山东滕州南），在薛地击败泗水郡郡守壮所统率的秦兵，壮败走到达戚地，被沛公部下的司马杀死。沛公还兵亢父（今山东济宁南），到达山阳郡的方与。此时，赵王武臣被他部下的将领杀死。十二月，陈胜被部下庄贾杀死。魏相周市率兵攻取沛丰，派人对雍齿说：

"丰县原是魏国的故地，现在魏地的数十座城池已被平定，您如交出丰城，魏王将封您为侯；如不交出丰城，即将发兵屠城。"

雍齿平素便不愿归属于沛公，待到魏相周市招降，他便投靠周市，为魏王守卫丰城。沛公见雍齿降魏，十分气愤，率兵攻丰，未能攻克，便还兵沛县，对雍齿和丰地子弟的背叛行为十分怨恨。

陈胜死后，东阳宁君与陵（今江苏宿迁东南）人秦嘉立楚国的旧贵族景驹为楚王。景驹屯兵于留（今沛县东南五十里，即后来张良的封地），沛公与萧何等人前往投奔景驹。此时，张良也聚集百余名少年前往投奔景驹，与沛公相遇于途中，便将部众归属于沛公，沛公拜张良为掌管军马的厩将。张良多次向沛公讲述太公兵法，沛公非常欣赏，经常采用张良所献的计策。在此之前，张良曾多次向他人讲述太公兵法，但都不解其意。因此，张良颇有感慨地说道：

"沛公智慧过人，实属天授！"

因此之故，张良便留作沛公的部下，辅佐他安定天下。

沛公与张良一道去投奔景驹，想要请兵来攻打丰城。当时，秦将章邯派司马夷统兵平定楚地，屠相城（今安徽宿州西北），到达砀（今河南永城东北）。东阳宁君与沛公领兵西上，在萧（今安徽萧县）西与秦军交战不利，收兵屯聚于留。

秦二世二年（前208）二月，东阳宁君与沛公率兵攻砀，围城三日，攻克砀，收集砀兵六千人，连同原有的三千人马，合计有九千人。三月，攻克下邑，还兵攻丰，未能攻下。

此时，英布（即黥布）与蒲将军已归属项梁，项梁拥众六七万人，驻扎在下邳（今江苏邳州西南）。景驹、秦嘉驻军于彭城（今江苏徐州）东，想以此抵拒项梁。项梁对军吏说：

"陈王（陈胜）首先起义，交战不利，不知下落。今秦嘉背叛陈王而立景驹为王，大逆不道！"

于是，项梁进兵击秦嘉，秦嘉兵败而死，部下投降，景驹也败走而死。

项梁兼并了秦嘉的军队，领兵西向，此时章邯所统率的秦军已到达栗县（今河南夏邑）。项梁派别将朱鸡石、余樊君与秦军交战，余樊君战死，朱鸡石兵败。项梁领兵入薛，诛杀朱鸡石。

沛公见景驹与秦嘉已被项梁击杀，便与萧何带领百余名骑兵投靠项梁，项梁给他五千名士卒。沛公引兵攻克丰，雍齿逃往魏国。

项梁得知陈胜已死的确切消息后，便召集部下的所有将领到薛地商议大计，沛公也前往与会。在军事会议上，居鄛（今安徽安庆西北）奇士范增向项梁献策，提出了"不立楚后而自立，其势不长"。项梁接受了范增的建议，在民间找到为他人牧羊的楚怀王之孙为王，仍号"楚怀王"，都盱台（今江苏盱眙东北），以陈婴为上柱国，项梁自号为武信君。

项梁接受张良的建议，立韩国公子横成君韩成为韩王，命他将千余人西向攻占韩国故地。

秦将章邯既已击破陈胜，便进兵攻击魏王于临济（今山东高青），魏王派周市求救于齐、楚，齐王田儋及楚将项梁都率兵随周市救魏。章邯于夜间出奇兵，大败齐楚军于济下，杀齐王及周市，魏王咎自杀，齐人立田假为齐王。

七月，大雨连绵，武信君项梁领兵攻亢父，于东阿（今山东东阿西南阿城镇）击破章邯秦军，章邯向西败走。项梁带兵追击章邯，派项羽、沛公进攻城阳（今山东鄄城东南），城破后屠城。楚军驻扎在濮阳（今河南濮阳西南），与章邯再度交战，击破秦军。章邯再次集结部队，守濮阳，决水环城以为固守。沛公、项羽率兵进攻定陶（今山东定陶西北）。

在章邯率领秦军在山东一带同起义军作战的同时，秦王朝宫廷内部亦发生争斗。赵高假秦二世之手杀死丞相李斯，二世以赵高为丞相，赵高从此专断大权，指鹿为马。

项梁既已在东阿、定陶接连击破章邯所统率的秦军，项羽、刘邦又在雍丘（今河南杞县）大破秦军，斩李由，因而面有骄色，越发轻视秦军。宋义为此事向项梁进谏，项梁不听。秦二世以倾国之兵增援章邯，章邯在定陶大败楚军，项梁战死。

这一年的七月至九月，阴雨连绵。项羽、沛公进攻外黄（今河南兰考东南）而未能攻下，引兵离去而进攻陈留（今河南开封东南陈留城）。这时，项羽、沛公闻知项梁战死，士卒惊恐，便与将军吕臣引兵向东，将楚怀王由盱眙迁至彭城，吕臣驻扎在彭城东，项羽驻扎在彭城西，沛公驻扎在砀郡（治所在今河南夏邑东南）。

闰九月，楚怀王并吕臣、项羽军，归自己统率；以沛公为砀郡长，封武安侯，统率砀郡兵；封项羽为长安侯，号为鲁公；以吕臣为司徒，其父吕青为令尹。

章邯在击破项梁军之后，认为楚地的义军已不足为虑，便渡过黄河北上攻击赵王，大破赵军。章邯引兵进至邯郸，将居民迁徙到河内，将邯郸城郭夷为平地。张耳与赵王歇入保钜鹿（今河北平乡西南），秦将王离围攻钜鹿。陈余北收常山兵，得数万人，驻扎在钜鹿北；章邯率秦军驻扎在钜鹿南的棘原（今河北平乡南）。两军对峙之下，赵王多次向楚王求救。

楚怀王因宋义事先预料武信君项梁必败而应验，召宋义商议军事而大为赞赏，便以宋义为上将军，项羽为次将，范增为末将，率兵救赵。其他将领都归宋义统领，号为"卿子冠军"。至此，反秦的北路大军正式组成。

当初，楚怀王曾与诸将约定："先入定关中者王之。"此时秦兵强悍，常乘胜追击义军，诸位将领都认为首先进攻关中时作战不会顺利；独有项羽怨恨秦军杀死项梁，愿与沛公一道向西出击，攻打关中。但是，楚怀王身边的一些老将认为："项羽为人剽悍，残害百姓，攻占襄城后将城中百姓全部坑杀，所过之处无不残灭。不如另派长者，以仁义之师西征，向关中秦地父老晓以反秦大义，而不可派项羽前往。唯独沛公平素是宽厚长者，可派他西向入秦。"于是，楚怀王没有答应项羽的请求，而是派沛公向西攻城略地，收聚陈胜、项梁部散失的士卒。至此，反秦的西路大军正式组成。

沛公带领萧何、曹参等人取道于砀，到达阳城与杠里，向秦军的壁垒发起攻击，击破秦兵二军，出师首战告捷。十月，沛公于成武击破秦东郡尉所统率的部队。

北路军在上将军宋义的统率下，到达安阳（今山东曹县东），停留四十六日而不向前进兵。为此，项羽对宋义说：

"秦围赵，形势危急，应急速引兵渡过黄河，楚击其外，赵应其内，内外夹攻，必定能击破秦军！"

宋义不听从项羽的建议，说什么："夫被坚执锐，义不如公；坐而运策，公不如义。"同时号令军中："猛如虎，狠如羊，贪如狼，强不可使者，皆斩之！"宋义拥兵不前，整日饮酒高会，而天寒大雨，士卒忍饥受冻。

十一月，项羽见宋义按兵不动，又不听劝谏，忍无可忍，于清晨朝见时，在帐中将宋义斩首。项羽走出军帐，对众将领说：

"宋义与齐国阴谋反楚，楚王已密令我将他斩首！"

众将领没有不惧怕项羽的，见宋义已被斩首，便共立项羽为代理上将军，派桓楚向楚怀王汇报此事，楚怀王见事已如此，便正式任命项羽为上将军。

十二月，沛公领兵西进，在栗地与刚武侯相遇，将刚武侯所统率的四千士卒强归并于己，与魏将皇欣、武满军合力进攻秦军，大破敌军。

项羽杀死宋义，威震楚国，令当阳君、蒲将军率二万士卒渡过漳河救援钜鹿，并断绝章邯向王离运送粮食的甬道，王离军中乏食。陈余再次呼吁救援，项羽便率领全部士卒渡河，破釜沉舟，只带三日的军粮，以示与秦军决一死战，无有生还之心。项羽领兵围困王离，与秦军九次遭遇，无不大破秦军。章邯见势不利，引兵退却，此时各路诸侯才敢进击秦军，于是杀秦将苏角，俘虏王离。当时，楚兵在各路诸侯中勇冠全军。救援钜鹿的各路诸侯有十余处壁垒，但都不敢出兵迎战秦军。当项羽所统率的楚军出击秦军时，各路诸侯的将士都在壁垒上观看两军厮杀：只见楚军战士无不以一当十，呼声震动天地，而各路诸侯将士屏住呼吸观看，竟被这种场面惊呆了，"无不人人慑恐"。秦军被击破，项羽召见各路诸侯将领，众将领进入辕门，"无不膝行而前，莫敢仰视"。钜鹿一战的胜利，项羽成了各路诸侯名副其实的上将军，各路诸侯都归属项羽指挥。

秦二世三年（前207）二月，西路军在沛公的率领下向北攻击昌邑（今山东金乡西北），遇昌邑人彭越。彭越带领千余名部下归属沛公，帮助沛公攻打昌邑。

沛公未能攻下昌邑，便引兵西上，路过高阳（今河南杞县西南）。在高阳，沛公得郦食其，并向他询问伐秦的大计，郦食其说：

"足下纠集乌合之众，收集散乱的兵卒，合起来还不满万人；想以此攻入强秦，这不是向猛虎口中送食吗？陈留（今河南开封东南陈留城）是天下的交通要道，城中积粟又多。臣与陈留令关系甚好，可劝降他，使其归属足下；如果不接受劝降，足下引兵攻城，臣在城中可为内应。"

于是，沛公派郦食其入陈留劝降，自己率兵紧随其后，果然攻取陈留，后以郦食其为广野君。郦食其的弟弟郦商，当时聚集少年四千人，也来归属沛公，沛公以郦商为将。此后，郦食其便常以说客的身份为沛公出使诸侯。

三月，沛公进攻开封，未能攻下，向西与秦将杨熊会战于白马，又会战于曲东，大破秦军。

四月，沛公率众南攻颍川郡（治所在今河南禹州），并且在张良（沛公与张良投奔项梁，项梁以张良为韩王韩成的司徒）的协助下，攻占韩地。张良带兵归属沛公，沛公令韩王成留守阳翟（今河南禹州），与张良一同引兵向南。

此后，张良便随从沛公入关。

六月，沛公与秦南阳郡郡守齮交战，齮战败后入保宛城（今河南南阳）。沛公想引兵绕过宛城西行，张良劝谏说：

"沛公虽欲急入关，秦兵尚众，拒险；今不下宛，宛从后击，强秦在前，此危道也。"

沛公接受张良的劝谏，围攻宛城。南阳郡守接受舍人陈恢的意见，投降沛公，沛公封郡守齮为殷侯。沛公自宛引兵西下，所到之处无不投降。沛公的军队纪律严明，秦民无不欢喜。

钜鹿之战后，章邯驻军于棘原，项羽驻军于漳南（今河北平乡南），两军相持未战，秦军多次退却。秦二世派人谴责章邯，章邯恐惧，便率领所部二十万士卒投降项羽，项羽立章邯为雍王，令章邯的长史欣为上将军，统率投降的秦兵作为项羽大军的前锋。

八月，沛公统率大军攻下武关（今陕西丹凤东南），进入秦地。这时，专断朝廷大权的赵高十分恐惧，派使者欲与沛公订立盟约，遭到沛公的拒绝。

九月，赵高逼迫二世胡亥自杀，立胡亥哥哥的儿子子婴为秦王。子婴立为秦王后，诛杀赵高，同时派将领据守峣关（今陕西商州西北），阻挡沛公大军入关。沛公想要率兵强攻峣关，张良劝阻说：

"秦兵尚有较强的实力，不可轻敌。应派人在山上多树旗帜，以为疑兵，同时派郦食其、陆贾用厚利诱降秦军将领。"

沛公采纳了张良的计策，秦将果然想要同沛公联合。沛公准备答应秦将的要求，张良又向沛公劝说道：

"现在只是秦将想要叛秦，恐怕他们部下的士卒不愿听从，不如乘着秦军懈怠的时机攻击秦军。"

于是，沛公率大军绕过峣关，翻越黄山，出其不意地攻击秦军，在蓝田（今陕西蓝田）南大破秦军。沛公大军抵达蓝田，再度与秦军交战，秦兵大败。

十月，沛公率大军抵达灞上（即灞水西面的白鹿原，今陕西西安东）。秦王子婴见大势已去，便素车白马，献出皇帝玺符节，向沛公投降，强盛一时的秦王朝至此灭亡。

秦王子婴投降沛公，沛公率大军开入秦都咸阳。咸阳作为秦国的都城，自公元前 330 年建都以来，至此已历时一百二十余年，经过历代秦国国王特别是秦始皇的建设，都城咸阳建制宏大，气势雄伟。秦始皇征调民夫所建造的阿房宫，东西五里，南北千步，前殿东西五百步，南北五十丈，上可以坐万人，下可以建五丈旗。至于宫中所藏的重宝、狗马数不胜数，宫中美女也是数以千计。

沛公所率领的起义军将士大都是农家子弟，哪里见过这种场面？入城后，义军的将领们都争着抢夺府库中的金帛财物，而作为义军首领的刘邦，以往虽曾多次因押送服徭役的民夫来到京城，但怎敢走近皇帝的宫殿？面对眼前的宫殿、帷帐、狗马、重宝以及数以千计的美女，刘邦想要留宿于宫中。他当年围观秦始皇时所说过的"大丈夫当如此矣"，不就是想要拥有秦始皇所拥有的一切吗？

樊哙见刘邦想要留居于秦王宫中，便非常激动地上前劝谏说：

"沛公是想要拥有天下呢，还是想要当富家翁呢？眼前这些奢侈华丽的东西，正是导致秦王朝灭亡的祸根，沛公怎能享用！愿急速还军灞上，不要留宿宫中！"

　　樊哙的一番话，把利害说得十分清楚，可是刘邦听不进去。为此，张良也不得不劝谏道：

　　"秦王无道，沛公才能来到此地。今日刚刚入秦，便想享受安乐，这岂不是'助桀为虐'吗？况且忠言逆耳利于行，良药苦口利于病，愿沛公听从樊哙的忠言！"

　　沛公毕竟是一个豁达大度、从谏如流的人。他从樊哙、张良的劝谏中马上醒悟过来，当即下令，将所有部队开出咸阳城外，还军灞上。

　　十一月，沛公在撤离咸阳前夕，召集京城附近各县的父老、豪杰，对他们说道：

　　"各位父老苦于秦朝苛法，由来已久！我曾与诸侯有约在先，先入关者为王。按约我自当为关中王。今日与父老们约法三章：杀人者死，伤人及盗抵罪。其余的秦朝苛法，一律废除！诸位官吏百姓，都要相安如故。我到这里来，是要为民除害，不会对你们有所侵暴，诸位不必惊恐。为此，我要把大军撤出城外，待各路诸侯到来时再作出约定。"

　　沛公还军灞上后，派人与秦朝官吏到京城附近各县、乡和邑里，向百姓发布安民告示。秦民大为欢喜，争着手持牛、羊、酒、食物犒劳义军将士，沛公又推辞不受，说道：

　　"粮仓里的积粟很多，并不匮乏，不必破费百姓了。"

　　秦民为此更加欢喜，唯恐沛公不受封为秦王。

　　沛公所率领的义军进入咸阳后，与众不同的是萧何。他既不像刘邦那样留意秦王宫室，也不像许多将领那样去争夺金帛财物。大军一入咸阳，萧何便带领部分士卒径直来到秦丞相府，收缴秦王朝的"丞相御史律令图书"，并妥善地珍藏起来。作为当年沛县的主吏，萧何不仅深知这些珍贵的档案资料在日后争夺天下的军事斗争中可以据此来了解"天下阨塞、户口多少、强弱之处"，有利于制定出正确的作战方案，而且在平定天下后国家建设时，这些档案资料又可以为绘制新王朝的蓝图提供参考与借鉴。在刘邦的部下中，萧何高于张良、樊哙之处在于：义军兵入咸阳，他不仅想到了与其他诸侯争夺天下，而且又想到了平定天下后建设国家。仅此一举便足以表明，日后大汉王朝的丞相一职，非萧何莫属。

后来项羽带兵入咸阳，不仅一把火烧了阿房官，而且把秦王朝的馆藏图书典籍烧得荡然无存。如不是萧何及时地把这批宝贵的档案资料抢救出来，也必将在项羽的大火中化为灰烬。

自刘邦在沛县起兵时起，萧何便以"沛丞"的身份"专督众事"，即史书上所说的"及高祖起为沛公，何尝为丞督事"。作为一名文职官员，萧何不曾身先士卒在前线带兵作战，也很少就军事问题为刘邦出谋划策。然而，作为沛公的副手，萧何为沛公主管军事作战之外的其他所有事务，其中包括军事上的后勤供应，因而是沛公争夺天下时不可缺少的得力助手之一。

萧何在义军入咸阳后收缴秦王朝"律令图书"并妥善收藏，不仅表现出萧何作为一名政治家的远见卓识，而且也是他为刘邦平定天下、建设国家所做的功不可没的一桩大事。总之，刘邦的部下既然有张良那样的战略家，又有像萧何这样的政治家，后来萧何又为刘邦推荐了像韩信那样的统兵大将，那么，刘邦扫平群雄、立为大汉皇帝，岂不就成了顺理成章的事吗？

第五章

劝谏汉王 受拜丞相

当沛公由河南入陕南经武关、峣关进入咸阳时，项羽已接受章邯的投降，河北已被平定。项羽率各路诸侯西行入关，以章邯的长史欣为上将军，率投降的秦兵为前锋。当项羽的大军到达新安（今河南渑池东）时，军中的秦兵降卒与各路诸侯的士卒之间产生了摩擦。

原来，各路诸侯的将士，有不少人当年曾在关中服徭役或者在那里戍守过，而当时关中的秦兵将士对他们很不友好，多有欺辱。这次章邯率秦兵将士投降项羽，项羽部下的将士对秦军降卒既然积有宿怨，就乘机奴役和欺辱这些降卒，致使投降的秦军将士多有怨言。这些人在私下议论：

"章将军等人欺骗我们，投降诸侯。现在如果能入关破秦，那就再好不过了；如果不能入关破秦，诸侯将俘虏我们向东退走，秦又将诛杀我们在关中的父母妻子，这可如何是好？"

项羽手下的将领得知降卒的这种议论，便向项羽禀告。项羽为此召黥布、蒲将军商议说：

"秦兵降卒人数众多，他们心中不服，到关下时如果不听号令，事情必将危急，不如现在就地将他们坑杀，只带章邯、长史欣、都尉翳入关。"

黥布、蒲将军赞成项羽的意见，于是诸侯士卒于新安城南趁黑夜将二十万秦军降卒袭击坑杀致死。

项羽入关前，有人向沛公进言说：

"关中秦地富足，十倍于天下，地势又非常险要。听说项羽已许诺章邯为雍王，称王于关中。他们到来后，沛公恐怕不能占有此地。可急速派兵守卫函谷关（今河南灵宝东北），不许诸侯军队入关，同时征调关中的兵卒来加强自己。"

沛公采纳了这一建议。

不久，项羽大军来到函谷关，见关门已经关闭，又听说沛公已经平定关中，勃然大怒，派黥布等人攻破函谷关。

十二月，项羽大军经函谷关抵达戏（即戏水，源出骊山，流入渭河）。这时，沛公部下的左司马曹无伤派人对项羽说：

"沛公想要称王于关中，令子婴为相，宫中珍宝已为沛公所尽有，想请求封为秦王。"

项羽闻言大怒，下令士卒饱餐，准备第二天早晨袭击沛公军。当时，项羽有兵四十万，号称百万，驻扎在新丰鸿门（山坡名，在今陕西临潼新丰镇东门里）；沛公有兵十万，号称二十万，驻扎在灞上。

谋士范增对项羽说：

"沛公在山东时，贪财而好色。今日入关，不取财物，不近妇女，可见志不在小。我派人观察他的气象，皆为龙虎，成五采，这是天子的气象。应急速出击，勿失时机。"

在范增的策划下，邀沛公来鸿门赴宴，以便在宴会上将刘邦杀死。

谁知项羽的叔父项伯却在事前走漏了机密。项伯在项羽军中任左尹，是张良的老朋友。当他得知这一密谋后，便连夜驰入沛公军中，私下向张良通风报信，劝他立即逃走，以免与刘邦同死于难。张良将此事告知刘邦，刘邦便与项伯相见，表示无有称王关中之意，并与项伯约为儿女亲家，求项伯在项羽面前说情。项伯连夜回营，向项羽报告说沛公不想称王关中，不可将他杀害，项羽点头许诺。

第二天清晨，沛公与张良、樊哙等人带领百余名骑兵来鸿门拜见项羽。在宴会上，是沛公的巧于辞令软化了项羽杀害之心，再加之项伯从中庇护以及张良、樊哙的出色策划，终于使范增杀害刘邦的预谋流产，刘邦从小路逃回灞上，项羽与刘邦之间的矛盾暂时得以缓和。

项羽在鸿门停留数日，便引兵向西进发，屠咸阳，杀死秦降王子婴，纵火烧秦宫室，大火三月不息。项羽收掠秦王的货宝、妇女东归，秦民对项羽的暴行怨恨不已，大失所望。

当时，韩生劝说项羽：

"关中有山河以为险阻，国境四面险要，土地肥沃，物产丰富，可以定都于关中，称霸天下。"

项羽见秦宫室已被大火烧得残破不堪，又思念东归，便说道：

"富贵不归故乡，如衣绣夜行，有谁会知道！"

韩生见项羽如此言语，退下后私自说道：

"人言楚人沐猴而冠耳，果然！"

韩生所说的"沐猴而冠"，是说让猕猴戴上人戴的帽子，意思是猴戴人帽也办不成人事。

项羽闻知韩生在背地里骂他，便将韩生烹死。

项羽就封王一事派人向楚怀王复命，楚怀王回答说，应当按照事先约定，使沛公为关中王。项羽闻知后，怒气冲冲地对诸将领说：

"楚怀王这个人，是我们立的，他有什么功劳，可以专主盟约！不过是当初发难时，假立诸侯的后代来借此伐秦而已。然而，身披坚甲，手持利兵，暴露于野外长达三年之久并最终灭秦定天下的，都是诸位将相与我项籍的力量。当然，怀王虽然无功，也应当分给土地使他称王。"

众将领见项羽这么讲，都点头称善。

公元前 206 年正月，项羽尊楚怀王为义帝，说道：

"古代的帝王，地方千里，必居上游。"于是徙义帝于长江以南，都于郴（今湖南郴州）。后来，在义帝就国的途中，项羽暗中派人将他杀死于江中。

二月，项羽分封天下。他自立为西楚霸王，以原魏国、楚国的九个郡为自己直接统辖的地区，都于彭城。接着便分封诸将领为侯王：

汉王。由于项羽、范增曾怀疑沛公有夺取天下的野心，虽然已经和解，但心中总是厌恶他负约守关，恐怕他日后叛乱，便暗中谋划，"巴、蜀道路险阻，秦王朝迁徙富豪都送往那里，可令沛公居之。"于是便宣布，"巴、蜀也是属于关中的土地"。立沛公为汉王，称王于巴、蜀、汉中，都于南郑（今陕西南郑）。

雍王。项羽三分关中土地，以秦王朝的三名降将为王，用来堵塞汉王刘邦通往关中的出路。项羽以章邯为雍王，称王于咸阳以西地区，都于废丘（今陕西兴平东南）。

塞王。章邯部下的长史司马欣，原为栎阳（今陕西渭南西北）的狱掾，不过是典狱长的属吏。秦始皇在位时，曾平息一件与项梁有牵连的案件而有恩德于项梁，故封为塞王，称王于咸阳以东，一直东抵黄河，都于栎阳。

翟王。翟王董翳本是章邯部下都尉，因劝说章邯降楚有功，被立为翟王，称王于上郡（治所在今陕西榆林东南），都于高奴（今陕西延安东北）。

西魏王。项羽为了自己占有原魏国的故地，故徙魏王豹为西魏王，称王于河东郡（治所在今山西夏县西北），都于平阳（今山西临汾西南）。

河南王。河南王申阳是瑕丘（今山东兖州东北）人，原是张耳的嬖臣，他曾先攻下河南郡，迎项羽于黄河之上，故被立为河南王，都于洛阳（今河南洛阳东北）。

韩王。韩王韩成系项梁在世时受封为王，此时因其故都而都于阳翟（今河南禹州）。

殷王。殷王司马卬本是赵将，因平定河内，多次立有战功，故立为殷王，称王于河内郡（治所在今河南武陟西南），都于朝歌（今河南淇县）。

代王。赵王歇此次分封诸王时被徙为代王，称王于代郡（治所在今河北蔚县西北）。

常山王。常山王张耳原为赵相，因随从项羽入关，被立为常山王，称王于赵地，治襄国（今河北邢台西南）。

九江王。当阳君黥布身为楚将时，经常是勇冠全军，故被立为九江王，称王于九江郡（治所在今安徽寿县），都于六（今安徽六安东北）。

衡山王。番君吴芮曾率领百越佐助诸侯反秦，又随从项羽入关，故被立为衡山王，称王于衡山郡（治所在今湖北黄冈北），都于邾（今黄冈古称邾、邾县）。

临江王。义帝（楚怀王）的柱国共敖，曾率兵攻击秦南郡（治所在今湖北江陵），立功甚多，故被立为临江王，都于江陵。

辽东王。原燕王韩广此时被徙为辽东王，称王于辽东郡（治所在今辽宁辽阳），都于无终（今天津蓟州）。

燕王。燕将臧荼因随从楚军救赵，并随从项羽入关，故被立为燕王，称王于原燕国故地，都于蓟（今北京西南）。

胶东王。原齐王田市，此时被徙为胶东王，称王于胶东郡（治所在今山东平度东南），都于即墨。

齐王。齐将田都随从楚军救赵，又随从项羽入关，故被立为齐王，称王于原齐国故地，都于临淄（今山东淄博东北）。

济北王。项羽渡河救赵时，田安曾攻下济北数城，引兵归降项羽，故立田安为济北王，称王于济水以北地区，都于博阳（今山东泰安东南）。

项羽此次分封诸将为王，田荣因多次有负于项梁，又不肯率兵随从楚军击秦，因此未被分封为王。成安君陈余弃将印而去，又不随从项羽入关，也不予分封。曾有人向项羽说："张耳、陈余同时有功于赵，现今张耳受封为常山王，陈余不可不封。"项羽不得已，闻知陈余在南皮（今河北南皮北），因而将绕南皮的三个县封给陈余。番君吴芮的将领梅鋗因其立功甚多，故封为十万户侯。

夏四月，项羽在分封上述十八个王之后，各路诸侯罢兵于戏下，各自前往自己的封国，项羽本人便回到彭城做西楚霸王，为天下诸王的霸主。

沛公刘邦与项羽同为反秦义军的两大主力部队之一，又率先进入咸阳，按约理应为关中王。然而项羽对他存有戒心，封他为汉王，又在关中封秦王朝的三名降将为王，来监视他的行动，把汉王的势力遏制在汉中一隅，使他与那些在反秦斗争中功绩远不如己的人并列为王，刘邦怎能忍受得了？一怒之下，刘邦想率兵攻击项羽，以泄其愤。周勃、灌婴、樊哙都劝说刘邦不可意气用事，刘邦不听。重要关头，萧何向汉王劝谏说：

"汉中这个地方虽然狭小闭塞，总还是胜过一死吧？"

"何至于一死？"刘邦反问道。

"现在士卒不如项羽众多，百战百败，怎能不战而必死？所谓能屈从于一人之下而能伸张于万乘大国之上的人，那便是商汤王和周武王。臣愿大王暂时称王于汉中，抚养百姓，招纳贤才，收用巴、蜀的物资，待时机成熟时，再出兵平定雍、翟、塞三秦。如此，便可以图谋天下了。"

萧何对形势的精辟分析，虽寥寥数语，却使从谏如流的刘邦怒气顿时消除。他深情地望着挚友那严肃的面容，连连点头称善，决定接受项羽的分封，前往汉中暂时栖身，以便积蓄力量，等待时机。

在当时的实力对比之下，刘邦如果出击项羽，那只能是寡不敌众，自取灭亡。是萧何的一番劝谏，使刘邦在关键时刻避免了一场后果不堪想象的重大失误。联系萧何入咸阳后收缴秦"律令图书"的不寻常举措，可知萧何是一名善于从全局和长远利益考虑问题的卓越政治家。劝谏刘邦屈就汉王，是萧何有功于刘邦以及汉王朝大业的第二项重大功绩。

就在刘邦受封为汉王之时，他随即拜萧何为丞相。

第六章　荐举韩信　还定三秦

　　汉王元年（前206）四月，刘邦听从萧何的劝谏，接受项羽的分封。对于沛公欣然接受分封，范增有他自己的看法，项羽却被刘邦的表现迷惑。高兴之余，项羽派三万士卒随从汉王到汉中就国，各路诸侯中仰慕并乐意随从汉王前往的还有一万余人。

　　汉王带领人马从长安南的杜县经子午谷越秦岭而进入汉中，随同他前往汉中的还有萧何、张良、曹参以及同他在沛县一道起兵的英雄豪杰。大队人马在狭窄的山谷中穿行，举首仰望，两侧是崇山峻岭，除了溪间的潺潺流水伴以远处的猿啼鸟鸣外，几万人的队伍在蜿蜒曲折的谷中默不作声地缓缓前进，首尾长达数里。在秦岭的山谷中穿行，汉王是第二次。其间虽仅相隔八个月，前后的心情却是那样迥然不同。当他率义军由河南进入陕南后，攻取武关、峣关，直抵灞上。一路上行军作战，他似乎没有留意脚下的崎岖山路和征途的疲劳，是战马的嘶鸣和士卒们的呐喊声，使他精神倍加振奋，西望关中，大有气吞山河之势。这次前往汉中，前面却没有强敌，兵卒士气不扬，默不作声。在汉中，等待他的会是什么呢？多亏有张良的一路伴随，汉王的情绪尚未跌落至低谷。

　　汉王的队伍经子午谷、斜谷进至褒中（今陕西汉中北），张良向汉王告别。作为韩王成的司徒，张良于一年前在颍川随同沛公进入陕南，神机妙算，贡献甚大。此次韩王再度受封，兵罢戏下，张良不得不回到韩王身边供职。然而，张良没有取道函谷关回到阳翟，他绕道而行，一直把汉王送到汉中。情谊之重，使汉王感激万分。在依依惜别之时，张良叮嘱汉王把所经过的栈道烧毁，以此来防备他人入侵，同时向项羽表示无意于东向争夺天下，使项羽免生怀疑戒备之心。

当在山谷中跋涉多日的汉王及其所部人马来到汉中平原之时，心情顿时豁然开朗。汉王在关中实行约法三章，汉中的百姓早已有所耳闻。汉王的队伍在褒中至南郑的一路上，百姓扶老携幼，以酒肉犒劳士卒。萧何的劝谏、张良的嘱托、汉中的景物，特别是汉中父老的盛情欢迎，使汉王的情绪再度振作起来。他决心治理好汉中，使汉中的百姓过上好日子，然后等待时机，东向问鼎中原，解天下百姓于倒悬。

刘邦从沛县起兵到驻军灞上，整整两年的时间。在两年的征战岁月中，队伍漂泊不定，为沛公立功斩敌的，当然是以曹参、樊哙为首的一批武将，还有出谋划策的张良。刘邦来汉中就任汉王，眼下并无战事，面临的问题则是安定百姓、发展生产、立章建制、积蓄力量，把汉中建设成为日后问鼎中原的稳固后方。新的形势，正是丞相萧何施展抱负与才能的大好时机。

在刘邦四月就任汉王到同年八月出兵进攻雍王章邯的数月之中，萧何在丞相任上无疑做了许许多多的工作。然而，这一期间他的重大贡献则是向汉王举荐韩信。汉王拜韩信为统兵大将，对于汉王日后争夺天下事关重大，这里不能不首先介绍韩信其人。

据《史记·淮阴侯列传》记载，韩信是淮阴（今江苏淮阴西南）人，家境贫寒，品行又不大端正，所以既不能在官府谋得一个小吏的职务，又不能做买卖以维持生活，便经常寄食于他人的门下，不少人都很瞧不起他。他曾经常寄食于乡间南昌亭长的家中，亭长见他白日带剑上街闲走，晚上却夜读兵书，少言寡语，知道他将来能有出息，甘愿向他提供饮食。谁知几个月过后，亭长的妻子见韩信整日游手好闲，很是不满，于是便故意错过正常的开饭时间吃饭，待到韩信来就餐时，亭长的妻子不再为他另准备饭食。韩信见亭长的妻子如此对待他，非常生气，便再也不登亭长的家门。

韩信来到城下的河边钓鱼，腹中却饥肠辘辘。河边上有许多用水冲洗丝絮的老太太，其中一个好心的老太太见韩信饿得不成样子，很可怜这位年轻人，便把自己带来的干粮分给他吃。韩信一连十几天靠老太太赠给的食物充饥，心里很是感激，便对老太太说道：

"容我日后必定重重报答您。"

老太太听韩信说这般话语，很是生气，说道：

"你也是一个大丈夫，却不能自食其力。我是可怜你这个年轻人才送给你干粮，难道我这样做是为了让你日后报答我吗？"

韩信并没有因为老太太的斥责而生她老人家的气。他从小就有自己的理想与追求，不愿靠种田或做买卖而庸庸碌碌地度过一生。可是，他觉得一两句话说不明白，就没有向老太太解释。韩信把自己的理想与抱负深深地埋藏在胸中，从不向任何人透露半点心志。

一次，在屠狗卖肉的市上一个少年无赖见韩信迎面走来，便想当着众人的面把韩信侮辱一番，寻求开心一乐。此人曾多次见韩信一本正经地带剑在街上行走，看韩信那副穷酸的样子，心里很不以为然。只见这个少年无赖举臂拦住韩信的去路，油腔滑调地高声说道：

"别看你长得这么高的个子，佩带着刀剑在街上走来走去，好像有多大的能耐，可在心里胆小如鼠，是一个怕死的胆小鬼！"

韩信面对这个无赖的无理取闹不动声色，站在那里纹丝不动。无赖见韩信无动于衷，以为他胆怯；又见围观的人越来越多，更是得意忘形，便高声喊道：

"来！来！你若是不怕死，用剑来刺我；若是怕死，就从我的胯下钻过去！"

僵持之下，韩信心想：同这样的无赖有什么可理论的？刚要举起脚将这个无赖踢到路边，转念之间又想到"大丈夫之勇"与"受辱不惊"，便抬头蔑视地望了无赖一眼，从容地从无赖的胯下钻了过去。围观的人见韩信受胯下之辱，无不开心大笑，以为整日带剑街行的韩信确实是个装腔作势的胆小鬼。

后来，当韩信得知项梁举兵渡过淮河的消息时，认为大显身手的时机已经到来，便离家出走，投奔义军，在项梁的帐下充当兵卒。在军营中，韩信依然是寡言少语，留意于观察与思考，并不急于表露自己。一段时间过去了，项梁没有发现韩信有什么奇才，甚至根本不知道部下中有这个韩信；而韩信呢，项梁在他的脑海中也没留下什么深刻的印象。不久，项梁因轻敌在同章邯的作战中兵败而死，项羽接管了叔父所统率的这支部队。一次偶然的机会，韩信受到了项羽的赏识。

那是在河北的一次行军途中，韩信同其他兵卒一道跟随在兵车的后面向前行进。当时正是一场大雨过后，道路泥泞，兵车的车轮陷入泥中，十几名士兵奋力推车，车轮却越陷越深。韩信见此情景，便向前推开士卒，双足稳立，屏住呼吸，用肩部将车轮从泥潭中扛起；其他兵卒赶上来趁势一推，兵车终于从泥潭中开了出来。这个场面，被从后面赶上来的项羽看在眼里。项羽很欣赏这个年轻人聪明而有力气，问过姓名和籍贯之后，便将他留在身边做了一名郎中，负责项羽军帐的宿卫工作。

韩信为能在项羽身边任职而由衷地高兴，他仰慕这位叱咤风云的盖世英雄。由于职务上的方便，韩信不仅能经常见到项羽，对于军中的大事小情他也多有所知。韩信不自觉地把自己的命运同项羽的事业联系起来，常常以项羽之忧为己忧。每当项羽遇到重大疑难问题需要作出决策时，韩信曾不止一次地提出自己的见解，但都未能被项羽所采纳。项羽在战场上是一个以胆略取胜的天才，所向无敌。不知是由于思考问题的方法不同，还是他从根本上就没有瞧得起这个年轻人，总之他从未采纳过韩信的建议，使韩信越来越心灰意冷。他曾几次想离开项羽，可是在群雄并起、乱纷纷的年代里，那些才能远不如项羽的各路诸侯，能是他韩信投奔的去处吗？就这样，他随着项羽的大军一路西上，目睹了鸿门设宴和火烧咸阳的全部情景。

当项羽在戏下分封十八路诸侯为王时，韩信对项羽的最后一丝希望便彻底地破灭了。韩信认为项羽分封诸侯是最为愚蠢的举措，必将导致日后的天下大乱，你争我斗。他不能再留在项羽的帐下了。

在刘邦受封为汉王带着人马离开关中后不久的一天深夜，韩信悄悄地离开了项羽的军营，前往投奔胸怀大志、从谏如流的汉王刘邦。

韩信并没有尾随汉王走子午谷、斜谷这条由关中进入汉中的路线，而是沿渭水西行，在现今宝鸡市西南的陈仓沿故道——水谷道进入汉中。一路上他边走边考察地形，不知不觉汉中平原已展现在他的眼前。在汉中郡，韩信遇上了汉王部将所统率的队伍，便走入汉军的军营。当韩信说明来意后，部将对韩信问道：

"您在项王帐下可曾任过何职？"

"郎中。"韩信回答说。

那位部将略思片刻，说道：

"好吧，我现在部下连敖一职有缺，不知您有意与否？"

"连敖"是负责管理粮仓的小官，地位与郎中相差无几。由于是初来乍到，韩信并没有嫌连敖一职位低权轻，便一口答应下来，成为汉王部下一名小吏。不久，由于同事犯罪牵连，依法韩信亦在被斩之列。同案的十三人皆已行刑问斩，依次轮到韩信。只见韩信面不改色，仰面而视，面对监斩官高声说道：

"汉王不想得到天下吗？为什么枉杀壮士？"

监斩官是汉王的部将夏侯婴，因为他在秦时曾担任滕县县令，人们都称他"滕公"。滕公见这位青年临刑不惧，语出惊人，又见他身材高大，相貌非凡，便释而未斩。

滕公把韩信接入帐中，置酒为他压惊，一夜长谈，深为韩信的见识高明而感到无比喜悦。由于为汉王发现了一位难得的人才，第二天清晨滕公便向汉王汇报此事。汉王对滕公向他讲述的这件事也颇感兴趣，便接受滕公的推荐，拜韩信为治粟都尉，负责管理军中的粮饷。此后，汉王由于公务繁忙，一直没有向部下询问韩信任职后的其他情况，并不认为韩信有什么奇才。

然而，丞相萧何对于有关韩信的事迹颇感兴趣，再加之治粟都尉主管军中粮饷，在职务上直接隶属萧何，萧何便有意地多次与韩信促膝长谈。二人谈话的内容，很少涉及粮草一类的具体事物，而是从海阔天空地纵论天下大势直至谈到临敌妙算，评论各路诸侯的短长。萧何是文官出身，不长于军事作战，然而，他对韩信从全局的观点对军事问题所发表的诸多宏论，都能一一地理解，深信韩信有驾驭战争全局的能力，堪任统兵大将，是一位难得的军事奇才，并有意多次只言片语地在汉王面前提到韩信。可是汉王对有关韩信的汇报，却从不表示出有任何兴趣。萧何为此有些焦急，然而当他决定向汉王郑重其事地推荐韩信，请求汉王重用这位军事奇才之时，一件令萧何感到意外的事情却发生了。

原来，韩信受拜为治粟都尉，就职位而言，比郎中、连敖确实是高出了许多。然而久居此职，并非韩信平生的志向所在。最令韩信感到心灰意冷的是，萧何虽然在汉王面前多次提到自己，却始终不能得到汉王的重用。韩信很看重萧何对自己的知遇之恩，但终不能因此久居汉王的部下，使自己的抱负与才能得不到施展。以具有旷世奇才而自负的韩信，"良禽择木而栖"是他所奉行的一条基本原则。他见汉王既不重用他，而随同汉王前来汉中的诸将接连有人逃亡，于是他便在一天夜里离开了汉营。临行之前，他深感遗憾的是不能向丞相萧何告辞，但也只好如此。

萧何闻知韩信逃亡，大吃一惊。由于事情发生得突然，萧何顾不上向汉王禀报，便立即乘马出城，连夜追赶韩信。直到第二天的黄昏，萧何终于在一个小村落的大树旁发现了韩信拴在树桩上的坐骑。

韩信见萧何风尘仆仆地赶来，眼球上布满了血丝，再看看他身后的战马，早已是汗湿淋漓，四蹄颤抖。韩信见此心中早已明白了大半。未等韩信开口，萧何便气喘吁吁地说道：

"奉汉王之命，特请将军回府一叙。"

韩信心里明白，丞相是假借汉王之命请自己回去。但是，丞相的一片赤诚之心，此情此景，使得韩信不好把事情点破，身不由己地随着萧何拨马回归南郑。

且说萧何飞马出城，早有人向汉王禀报说：

"丞相萧何逃亡，不知去向。"

汉王听说萧何逃亡，立即大怒，坐立不安。人马刚刚来到汉中，立足未稳，百事待兴，丞相一走，谁来替自己料理众事？一二日中，汉王如失左右手，心情烦乱，传令不许任何人入府奏事。第三天，萧何前来拜见汉王。汉王见萧何回来，又怒又喜，开口骂道：

"你背着我逃亡，是何缘故？"

"臣不敢逃亡，臣是追赶逃亡的人。"

汉王："你追赶的是何人？"

萧何："韩信。"

汉王又骂道："诸将中逃亡者不计其数，相公无所追赶；说什么追赶韩信，这明明是欺诈。"

萧何："那些个将领，都是很容易得到的。至于像韩信这样的人才，可谓'国士无双'。大王如果想长久在汉中称王，确实用不着韩信；如果一定想要争夺天下，非韩信无人可与商计大事，要看大王如何决策来确定是否起用韩信了。"

汉王："我当然是想要东进，怎能郁郁寡欢地久居汉中这个弹丸之地？"

萧何："大王决计东征，能用得着韩信，韩信即可留下；如果不能重用韩信，韩信终归得逃亡。"

汉王："看在相公的面上，任命韩信为将。"

萧何："虽然任命为将，韩信也必定不会留下。"

汉王："那就任命他为大将。"

萧何："那可太好不过了。"

于是，汉王想要立即召见韩信，拜他为大将。

萧何说："大王素来对部下傲慢无礼，今日拜授大将犹如呼唤小孩子一般，这正是韩信离去的原因所在。大王一定要拜韩信为大将，就必须按照拜授大将的仪式，首先选择良辰吉日，然后沐浴斋戒，设立拜将坛场，按礼仪准备完毕，方可登坛拜将。"

汉王答应了萧何的请求，一切准备工作当即着手进行。筑坛拜将的消息很快便在全军中传开了，诸将领闻讯后无不欢喜万分。特别那些战功卓著的将领，更是格外激动，都以为大将一职非己莫属。

拜将的那天，天空格外晴朗，万里无云。坛场的四周，红色的旗帜迎风招展，广场上站立着全副披挂、手执兵器的士卒，队列整齐，士气高昂；坛前，诸将列队有序。坛上，汉王高坐在中间席上；在汉王左侧就座的，是丞相萧何。在坛上、坛下的四周以及登坛的通道上，有手执兵器的卫兵侍立，坛场上下，气氛庄严肃穆。

时辰一到，乐队奏起军乐。奏乐完毕，萧何起身向坛下高声宣读诏令：

"今日良辰，汉王有令，拜韩信为统兵大将，召韩信登坛拜将！"

诏令宣读完毕，乐队再次奏起军乐，坛场上士卒们的欢呼声响成一片。在乐曲声和欢呼声中，韩信登坛，接受任命。而坛前的诸位将军，听丞相宣读拜韩信为大将，大出意外，无不怀疑自己的耳朵听错了。韩信被拜为大将，正式地获得了指挥全军的大权。这件事，使得汉王的全军上下无不大为惊讶。

拜授大将仪式结束，汉王就座。汉王赐韩信就座于右侧，说道：

"丞相曾多次谈到将军，请问将军有何良策以开导寡人？"

韩信谦让了一下，便就着汉王的话题向汉王问道：

"今日东向争夺天下，莫非是同项王争雄吗？"

"是的。"汉王答。

"依大王看来，在勇悍仁强方面您与项王相比谁更强些？"

汉王沉默了半天，说道：

"不如项王。"

韩信再次起身并赞许说：

"虽韩信也以为不如项王，然而，臣曾侍奉过项王，请允许臣谈一下项羽的为人。项王一怒，叱咤风云，虽千百人不能抵挡，然而不任用贤才良将，只不过是匹夫之勇而已。项羽在接待宾客与部下时恭敬慈爱，言语温和，将士有病，他涕泣着分食送饮，但遇有将士立功而应当封赏授爵时，他把刻好的印握在手里，以至于把官印都摩弄旧了，还是舍不得授予他人，这是所谓的妇人之仁啊！项王虽然称霸天下而以诸侯为臣，但不居于关中而以彭城为都，违背义帝'先入关者王之'的盟约，封自己的亲信和偏爱的人为王，诸侯为此而愤愤不平。诸侯见项王把义帝迁徙到江南，也都效仿着驱逐自己领地上的主人而据为己有。项王的军队所过之处，无不残灭生灵，天下人都怨恨他，百姓中没有人亲附他，只是被他胁迫而勉强服从而已。项王虽然名为天下霸主，实际上已失去天下的人心。所以说项王虽强而不断转化为弱。大王今日如能反其道而行，任用天下武勇的人，有什么不可诛灭的？把天下的城邑分封给功臣，有谁会不心服？以思念家乡的士兵东向而击，有什么不可驱散的？况且关中的三秦王章邯、司马欣、董翳，原是秦军的将领，统率秦国子弟数千，伤亡不可胜数，又欺骗自己的部下而投降诸侯，到达新安时，项王诈坑秦兵降卒二十余万，唯有邯、欣、翳三人得以逃脱此难，因此三秦的父老兄弟怨恨此三人，无不痛入骨髓。现在项羽强以此三人为王，秦民没有人爱戴他们。而大王自武关进入关中，秋毫无犯，废除秦朝苛法，与百姓约法三章，秦人无不希望大王为关中之王。按照义帝与诸侯的盟约，大王应称王于关中，关中的百姓无人不知；大王失去应得的官职和爵位，秦民无人不为此而怀恨在心。现在大王发兵东征，只要发布一道声讨的文书，三秦便可以平定。"

在关中，是萧何关于敌强我弱的分析，使刘邦放弃了与项王拼死的念头，接受分封。来到汉中后，汉王始终郁郁不乐。而韩信对形势的精辟分析，特别是他关于秦民痛恨三秦王、爱戴汉王的一段论述，句句说在汉王的心坎上，使汉王对敌我力量的对比产生了新的看法，信心大增，因而十分高兴。于是汉王听从韩信的计谋，着手部署诸将，准备出兵袭击三秦。

当时天下的形势是，项王自戏下罢兵，各路诸侯各自就国。由于项王分封时偏爱亲信，使得一些诸侯甚感不公，在项王回到彭城后，诸侯王之间的你争我夺便一发而不可收：

项羽指使衡山王、临江王杀害义帝；

项羽因韩王成无军功而不使他就国，废以为侯并将他杀害；

田荣闻知项羽徙齐王田市为胶东王，立齐将田都为齐王，大怒，杀田市并自立为齐王，并王三齐，令彭越反于梁地；

陈余悉发三县兵力，与齐王并力攻击常山王，张耳败走，陈余迎故赵王歇于代，返归赵地，赵王歇立陈余为代王。

山东诸侯王的相互争斗攻杀，对于汉王出兵平定三秦，是一个有利的时机，因为此时项羽已无力西顾。

韩信为汉王所制定的"还定三秦"作战方案，把打击矛头首先指向实力较强的雍王章邯，而进军路线则是他从关中入汉中时所途经的水谷道，经陈仓进入关中。韩信由关中入汉中时，曾对这条通道的地形作过实地考察。为迷惑敌人，在实施这一作战方案时，采取了"明修栈道，暗度陈仓"的策略。栈道是在峭岩陡壁上凿孔架桥连阁而成的一种道路，韩信派兵修复栈道，给敌人以经栈道入关中的假象，暗中却使大军经水谷道出击章邯。

汉王元年（前206）八月，即刘邦进入汉中的一百天过后，汉军主力北上。当韩信所统率的汉军出其不意地出现在陈仓时，章邯仓促迎敌，被韩信击败逃走；好畤一地再战，雍王章邯败走都城废丘，汉王平定了雍王的大部分领地，咸阳以东皆为汉王所有，章邯被围在废丘城中。与此同时，汉王派其他将领四出攻占秦地，塞王司马欣、翟王董翳向汉王投降，汉王将他们的领地划为渭南、河上、上郡等三郡。又令将军薛欧、王吸出武关，借王陵的兵力迎接父亲太公与妻子吕后。项羽闻知此事后大怒，发兵将汉军遏制在阳夏（今河南太康），汉军无法向前行进。

汉王刘邦入汉中后，在不出四个月的时间内便出兵一举还定三秦，比原来预定的时间提前了许多。在还定三秦中，为汉王作出决策、制定作战方案、统兵击败敌军的是大将韩信。而向汉王极力推荐并促成汉王重用韩信的，则是丞相萧何。在此后的楚汉战争中，韩信越发显示出他举足轻重的作用。可见，举荐韩信为统兵大将，是萧何继收缴秦律令图书、劝谏刘邦受封汉王之后有功于汉王朝的第三桩大事。

第七章

留守关中　立汉社稷

汉王与韩信率大军平定三秦，萧何以丞相的身份留守汉中，其使命是"留收巴蜀，镇抚谕告，使给军食"。

所谓"留收巴蜀，镇抚谕告"，是说萧何以丞相的身份留守汉中，收复巴蜀地区，并对这一地区实行有效的统治。巴、蜀是今四川省境内的古国名，秦昭王时派大将司马错伐蜀，设巴郡、蜀郡。巴郡在今四川东部，以今重庆市为中心；蜀郡以成都平原为中心，治所在今成都市。巴、蜀二郡是当时四川盆地中人口稠密、物产丰富、经济发达地区。都江堰工程建成后，成都平原成了著名的粮食产地，号称"天府"。项王封刘邦为汉王，"王巴、蜀、汉中"。汉王入汉中后不到四个月便出兵北上进攻三秦，因而把收复巴、蜀，对巴、蜀实现有效统治的使命交付给萧何。在战争年代，收复巴蜀、镇抚谕告的主要目的，是从这一地区征收田租，为前线将士提供军粮，同时也从这一地区征召兵卒，为前线补充兵员。据《华阳国志·巴志》记载："汉高帝灭秦，为汉王，王巴、蜀。阆中人范目有恩信方略，知帝必定天下，说帝，为募发賨民，要与共定秦。秦地既定，封目为长安建章乡侯。帝将讨关东，賨民皆思归。帝嘉其功而难伤其意，遂听还巴。"《华阳国志·蜀志》还记载："汉祖自汉中出三秦伐楚，萧何发蜀、汉米万船而给助军粮，收其精锐以补伤疾。"《华阳国志》的有关记载表明，萧何确实出色地完成了汉王交给他的"留收巴蜀，镇抚谕告，使给军食"的使命。从汉中、巴、蜀源源不断地运出的军粮和补充的兵员，对确保还定三秦乃至楚汉战争的胜利，作出了重大的贡献。

汉王平定三秦后，张良因韩王成被项王杀害，从韩地间行归汉，汉王以张良为成信侯，为汉王出谋划策。与此同时，汉王又任命内史周苛为御史大夫，掌副丞相之职。当汉军被项王阻止在阳城时，汉王回师入陕州（治所在今河南陕州），镇抚关外父老。

十一月，汉王还师关中，定都于栎阳（今陕西临潼栎阳镇东北）。汉王既已占有关中，以南郑为都已不能适应东向与项王争夺天下的形势需要，而秦都咸阳已被项羽的一把大火烧得残破不堪，于是汉王便选定栎阳为都城。据《史记·货殖列传》记载，栎阳"东通三晋，亦多大贾"，是关中通往东方的门户，在战略上具有重要的地位，又是商业贸易的中心之一。公元前383年，秦献公曾把国都由雍迁至栎阳。直到商鞅变法时，才于公元前350年由栎阳迁都于咸阳。秦定都咸阳后，栎阳是关中地区除咸阳之外的又一重镇。

汉王以栎阳为都，萧何的丞相府也由汉中迁至栎阳。在汉王派遣诸将四出略地，攻占陇西（治所在今甘肃临洮南）的同时，萧何协助汉王在关中实行了一系列安定社会秩序的政策，例如开放秦王的苑囿园池，令百姓可以入苑囿内种地耕田，同时又赦免罪人，如此等等。

汉王二年（前205）二月癸未日，汉王正式发布诏令，"除秦社稷，立汉社稷"。在汉军入关中后的一段时间内，由于形势发展之快，汉王不得不采取权宜之计，责令各郡县的秦政权机关及其各级官员继续履行职责，维持地方治安，为汉军征收赋税。定都栎阳后，由于关中已经安定，汉王便在萧何的建议下，下令原关中地区的各级秦政权机关停止活动。与此同时，"立汉社稷"，正式建立汉王朝的国家政权与地方各级政权机关。

在汉王朝的国家政权建设中，主持人理所当然的是丞相萧何。建国之初，刘邦与萧何所制定的施政方针基本原则是"施恩德，赐民爵"，它包括如下一些内容：

蜀、汉二郡百姓由于"给军事劳苦"，免除两年的徭役和赋税；关中地区的士卒有在汉军中服役的，免除其家人一年的徭役。

至于"赐民爵"，则是仿照秦王朝按军功授爵的原则，主要是奖励作战有功的将士。

在基层政权的建设上，"举民年五十以上，有修行，能帅众为善"的长者为"三老"，每乡置一人；每县在乡三老中选择一名为"县三老"，"与县令丞尉以事相教"，免除三老所应服的徭役，每年十月按例赐给三老酒肉。刘邦与萧何在秦时都曾长期担任基层政权的官吏，因此在基层政权建设上所推出的举措，有利于把关中建设成为东向争夺天下的巩固根据地。

同年三月，汉王率大军自临晋（今陕西大荔东朝邑旧县东南）渡过黄河东征，而萧何便以丞相的身份留在都城栎阳，留守关中。六月，汉王立吕后所生的刘盈为太子。按古制，君王离京外出，太子留守，代行处理国政，谓之"监国"。因而，当汉王离开栎阳后，萧何名义上是服侍太子来行使监国的权力，但事实上是由萧何来行使监国的权力，同时负责对太子刘盈进行培养和教育。

汉王率大军在关东征战时，在立国建制的具体问题上，赋予萧何以"便宜行事"的全权。萧何曾担任沛县主吏，又有收缴的秦朝法律图书可资参考，因此有关汉王朝的宗庙、社稷、宫室、县邑等各项规章制度，萧何基本上是依据秦王朝的制度，并结合新的情况，为汉王朝制定了一系列规章制度，这便是史书上所说的"汉承秦制"。在制度建设方面，凡是萧何所提出的方案，一经上奏，汉王总会批准，把他所提出的草案以立法的形式确定为国家的制度，公布执行。由于汉王经常在外地领兵作战，有一些来不及奏请的事情，便赋予萧何"便宜施行"的权力；待汉王回到栎阳，再向汉王汇报。总之，为汉王朝制定各项规章制度，是萧何有功于刘邦及其事业的第四桩大事。

第八章 转漕给军 兴卒补缺

　　萧何在留守关中期间为汉王朝所作出的另一重大贡献，便是为前线转运充足的粮饷，补充在作战中所损失的兵员。从缴获的秦王朝档案资料中，萧何得知秦王朝的户口多少与民之疾苦，从而为他的征收赋税、"计户转漕给军"和补充兵员工作提供了极大的方便。为充分认识萧何的转漕给军和补充兵员在楚汉战争中究竟起到了怎样重要的作用，这里有必要对楚汉战争的进程作简要的概述，并结合这一概述对萧何所完成的后勤补给任务作必要的介绍。

　　汉王二年（前205）三月，汉王自临晋东渡黄河，魏王豹投降汉王并将兵随从汉王东征。接着，汉军直下河内，俘虏殷王司马卬，设置河内郡。此时，项羽的部将陈平惧诛而归附汉王，汉王拜陈平为都尉，使为参乘而监护诸将。

　　汉王由河内郡南渡平阴津（今河南孟津东北，为黄河重要渡口之一），到达洛阳新城（今河南伊川西南）。汉王接受三老董公的拦路进谏，为义帝发丧，发使遍告诸侯，声讨杀害义帝的项羽。汉王由于得到陈余、田荣、彭越等人的援助，率诸侯军五十六万人伐楚，攻入项王的都城彭城，收取项王的货宝、美人，整日置酒高会，忘乎所以。

　　项王闻知汉王攻入彭城，亲自带三万精兵赶回彭城，大破汉军。汉军奔走，被逼入谷水、泗水而死者十余万人。楚军追击，汉兵卒又有十余万人被逼入睢水而死，汉王亦被楚军重重包围。适逢西北风大作，拔树毁屋，飞沙走石，汉王才得以乘机带数十名骑兵逃出重围。逃亡途中，汉王道逢长子、长女；而太公与吕后则被楚军俘获，置于军中以为人质。

同年五月，汉王到达荥阳（今河南荥阳东北），韩信亦收聚逃散的兵卒与汉王相会于此。汉王兵败于彭城，所部兵马损失殆尽，而降汉的塞王司马欣、翟王董翳又亡汉降楚，齐、赵也反汉与楚和，魏王豹亦反汉与楚约，形势对汉王极为不利。由于东征兵马全军溃败，萧何深感只是征召成年男子已不能满足补充兵源的需要，便当机立断，下令将关中年龄未满二十以及年过五十六岁的老弱，全部征召并送往荥阳前线。由于得到了大批的兵源补充，汉军复又大振。楚军起兵于彭城，与汉军交战于荥阳南的京、索之间。楚军中骑兵甚多，汉王以故秦骑士李必、骆甲为左右校尉，统率骑兵在荥阳东大破楚军骑兵，楚军因此而不能越过荥阳以西。汉王的军队驻扎在荥阳，修筑甬道通达黄河，取敖仓（故址在今河南郑州西北邙山上，是当时最重要的粮仓）的粮食以给军食，从而楚军与汉军在荥阳形成相对峙的局面，长达数年之久。

同年六月，汉王在楚、汉两军形成对峙局面后，回到都城栎阳，立刘盈为太子，大赦天下。

在萧何征调未成年及年老男子赴荥阳前线补充兵员的前前后后，关中地区又发生了大的饥馑，米价高涨到每斛万钱，以至于出现了人相食的现象。在汉军于彭城全线溃败，关中男子几乎全部征调到荥阳前线的危难时刻，又接连着大饥馑的降临，这对于刚刚建立的汉政权来说，无疑是雪上加霜。为此，汉王与萧何不得不采取应急措施，令关中地区的饥民可以到汉中和蜀郡就食，度过灾荒。关中地区在男子上前线、后方遇饥荒的严峻形势下，社会秩序安定，这除了应急措施得力之外，显然与汉王、萧何在关中地区的政权建设及施政方针上得到了民众的拥护有关。萧何为汉王所建设起来的根据地，经受住了战争与饥荒的严峻考验。

　　汉军在彭城全线溃败，是楚汉战争初期汉军的严重失利；与此同时发生的关中大饥馑，也是多年不遇的严重天灾。是萧何从汉中、蜀郡所转运的军粮以及从关中所征召的士卒，补充了荥阳前线的兵源与军粮；是萧何"令民就食蜀汉"的政策，使关中百姓得以度过饥馑。在汉政权刚刚建立不久所遇到的这一严重考验之中，如不是萧何在汉中、巴蜀特别是关中根据地的建设中取得了显著成绩并为渡过难关作出了重大的贡献，汉政权的存在和发展是难以想象的。因此，转漕给军、兴卒补缺，是萧何有功于汉王朝的第五大功绩。

　　自汉王二年（前205）五月汉王军于荥阳，直到汉王五年十二月项羽于垓下兵败自刎，楚、汉两军长期对峙于荥阳一线，双方互有胜负。《汉书·萧何曹参传》"计户转漕给军，汉王数失军遁去，何常兴关中卒，辄补缺。上以此专属任何关中事"的记载表明，汉王曾数次像彭城溃败那样，将所率大军损失殆尽，只身逃遁。每当遇到这种局面，萧何总是"常兴关中卒，辄补缺"，转漕给军，使汉军多次转危为安，逐渐地转被动为主动，终于取得了楚汉战争的最后胜利。萧何的功绩使他获得了汉王的信任与倚重，此之谓"上以此专属任何关中事"，授予他代天子行使处理国家政务的全权。

第九章

论功封赏　萧何第一

汉王五年（前202）十二月项羽兵败自刎，长达五年之久的楚汉战争至此结束。

正月，汉王下令：

"楚地已定，义帝无后，欲存恤楚众，以定其主。齐王信习楚风俗，更立为楚王，王淮北，都下邳（今江苏睢宁西北）。

"魏相建城侯彭越勤劳魏民，卑下士卒，常以少击众，其以魏故地王之，号曰梁王，都定陶（今山东定陶西北）。"

韩信、彭越所统率的部队是垓下围困项羽的两大主力，汉王封此二人为楚王、梁王，既是对二人论功封爵，又是对韩、彭的安抚，因为二人手中握有重兵；同时也是对韩、彭等诸侯王的一种启示：项王已死，天下已定，有功诸侯已受封为王，而王中之王的汉王，此时又该如何？

各诸侯王为着自己的地位与利益，对汉王刘邦的意图早已心领神会，于是楚王韩信、韩王信、淮南王英布、梁王彭越、故衡山王吴芮、赵王张敖、燕王臧荼联名上书，请求汉王刘邦即皇帝之位。上书说：

"大王陛下，先时秦王无道，天下之人共诛之。大王率先入关，接受秦王之降，平定关中，于天下诸侯之中功劳最多。大王存亡定危，救败继绝，安抚万民，功盛德厚，又施恩惠于有功的诸侯王，使其有爵位封土。今日天下已定，大王与臣等并称王，是为比类相拟，无有尊卑之别。如果位号不殊，则大王的著明功德，不得宣于后世。臣等冒死再拜，请上皇帝尊号。"

汉王刘邦见诸侯王联名上书请上皇帝尊号，心中着实欢喜。称帝于天下，正是他多年来的夙愿。然而，表面上他不得不谦让一番，说道：

"寡人闻听，唯贤德之人可有帝号，虚言无实的名号，实不可取也。今日诸侯王如此推高寡人，这令寡人何以自处？"

诸侯王见汉王谦让，又劝谏说：

"大王起兵于细微，灭乱秦，威动海内。又以僻陋之地，自汉中行威德，诛不义，立有功，平定海内，功臣皆已受封食邑，不以天下为私有。大王恩德施于四海，诸侯王不足以一一称道，居帝位甚为名副其实，愿大王临幸天下，以副天下人之心。"

汉王见诸侯王如此劝说，便不再谦让，说道：

"诸侯王以为如此可便于天下之民，事则可矣。"

于是，诸侯王及太尉长安侯卢绾等三百人，与博士稷嗣君叔孙通选择良辰吉日，于二月甲午日上尊号，汉王刘邦即皇帝位于定陶，是为汉高帝。尊王后曰皇后，太子曰皇太子，追尊先媪曰昭灵夫人。

刘邦即皇帝位于汜水之阳，西都洛阳，罢兵令士卒解甲归田，同时发布了"复故爵田宅"以及"以有功劳行田宅"的奖励军功的诏书，"民以饥饿自卖为人奴婢者，皆免为庶人"，安定天下。

高帝在洛阳南宫置酒大会功臣，在酒会上说：

"彻侯、诸将们在朕的面前不必隐讳，如实地谈谈我所以得天下、项氏所以失天下的道理何在？"

高起、王陵起身答对说：

"陛下慢易而轻侮人，项羽仁爱而尊敬人。然而，陛下派人攻城略地，所攻下的城池土地，便分封给有功的人，与天下人同利。项羽嫉贤妒能，有功者被加害，贤能者受怀疑，作战取胜者不予论功，争战得地者不予同利，这就是项羽失天下的原因。"

高帝说：

"公知其一，未知其二。夫运筹策帷幄之中，决胜于千里之外，吾不如子房；镇国家，抚百姓，给馈饷，不绝粮道，吾不如萧何；连百万之军，战必胜，攻必取，吾不如韩信。此三者，皆人杰也，吾能用之，此吾所以取天下也；项羽有一范增而不能用，此所以为我擒也。"

群臣听高帝的一番高论，无不叹服。

数日后，齐人娄敬受到高帝的召见，向高帝进言，主张建都于关中。高帝征求群臣的意见，因为群臣都是山东人，多主张建都于洛阳。为此，高帝又征求张良的意见，张良认为娄敬讲得对，并进一步阐述了建都于关中有利于统治天下的道理。高帝接受了娄敬、张良的建议，当日便车驾启程西行，定都于长安（今陕西西安西北）。同时拜娄敬为郎中，号曰奉春君，赐姓刘氏。

汉高帝六年（前201）十二月甲申日，汉高帝封有功的大臣为彻侯，萧何名列第一，封酂侯，所得食邑最多。功臣中很多人都对萧何"食邑独多"表示不服，说道：

"臣等身披坚甲，手执利兵，多者身经百战，少者不下数十。今萧何未曾有战场上的汗马功劳，只是靠文墨议论，反而居于臣等之上，是何道理？"

汉高帝见武将们对萧何名列第一表示不服，便通过譬喻向他的武将们说明其中的道理：

"诸位都见过狩猎吧？在狩猎时，追杀兽兔的，是猎狗；而发现兽兔并向猎狗发出指示的，是猎人。今日诸位不过是只能得到走兽而已，功劳与猎狗相同；至于萧何，发出指示，功劳与猎人相同。"

群臣见高帝如此譬喻，都不敢再说三道四。

列侯受封完毕，诏定首功十八人的位次，这时群臣又坚持原来的观点，认为萧何不应居于首位，便推举曹参为首。他们说：

"平阳侯曹参，身被七十处创伤，攻城略地，功劳最多，应名列第一。"

谒者、关内侯鄂千秋进言说：

"群臣的议论都不对，曹参虽有野战攻城略地的功劳，但都是一时之事而已。皇上与楚相持五年，作战中失军亡众，数次遁走；然而萧何经常从关中派遣军士补充缺员，不待下诏令，数万士卒便会集前线。皇上曾多次乏绝粮饷，军中无有现粮，萧何总是给食不乏。陛下虽然数次兵败于山东，萧何总是保全关中以迎待陛下，这是万世之功。像曹参这样的人少他百八十个，对汉王朝算不上缺少什么。汉王朝得到曹参这样的人不一定能保全天下，怎可把一旦之功凌驾于万世之功的上面！应是萧何位列第一，曹参次之。"

高帝听罢鄂千秋的议论，高声称"善"。于是赐萧何可以身佩宝剑，足登军履上殿，入朝不趋，优礼与诸侯有殊。

接着，高帝又说：

"朕闻'进贤才者应受上赏'，萧何功劳虽高，待鄂君方得益明。"于是封鄂君为安平侯。

同日，尽封萧何的父兄子弟十余人，皆有食邑。

同时，高帝又加封萧何二千户，并且解释说："朕当年押送民夫去咸阳服徭役，唯独萧何赠送的旅费比其他县吏多二百钱。"

　　史书记载中高帝对于张良、萧何以及韩信等三人功劳的评论与"功狗""功人"的譬喻，还有鄂千秋关于萧何"万世之功"的一段精辟论述以及高帝赐予萧何"带剑履上殿，入朝不趋"的殊礼，可以看成是对萧何在辅佐刘邦平定天下时期丰功伟绩的高度概括与总结。

第十章

协助吕后　计诛韩信

　　韩信与萧何、张良并列，为西汉开国三大功臣之一，是由于萧何的举荐，他才被汉王任命为统兵大将，在楚汉战争中立下了他人无可比拟的赫赫战功。后来，当韩信惧诛想要谋反时，又是萧何协助吕后计诛韩信。后世有"成也萧何，败也萧何"的俚语，其实，韩信由忠于汉王室的统兵大将到最终惧诛而想要谋反，萧何由举荐韩信到计诛韩信，这其中包含有诸多方面的因素。

　　萧何举荐韩信一事对于刘邦的事业具有何等的意义，这从韩信被汉王任命为统兵大将后所立下的一系列赫赫战功中可以得到进一步的说明。

　　韩信被拜为统兵大将后，为汉王制定了还定三秦的战略决策和作战方案，于汉王元年（前206）八月，兵出陈仓，一举平定三秦。

　　汉王二年（前205）三月，韩信同汉王率大军东渡黄河，降魏王豹、韩王昌，房殷王卬，联合齐、赵等各路诸侯兵五十六万人伐楚。彭城一战，汉军全线溃败逃散。五月，韩信收聚逃散兵卒与汉王相会于荥阳。由于汉军得到萧何补充的兵员和军粮，又在荥阳南的京索之间击破楚军，与楚军相持于荥阳。

　　在塞王司马欣、翟王董翳亡汉降楚，齐、赵亦反汉与楚和、魏王豹反汉与楚约和的不利形势下，汉王任命韩信为左丞相（左丞相实为领兵的虚衔），率兵与灌婴、曹参共同击魏。魏王在临晋（今陕西大荔东的黄河西岸）以大军阻拦汉军，韩信在临晋陈船以为疑兵，实际上伏兵从夏阳（今陕西韩城西南）用木盆、木桶一类的器具暗渡黄河，袭击安邑（今山西夏县西北）。九月，韩信击房魏王豹并将他押送荥阳，攻占魏地全境，设置河东、上党、太原三郡。

闰九月，韩信率军北上击破代王陈余的军队，于阏与（今山西和顺）擒代将夏说。当韩信攻占魏地并击破代军后，汉王派人收韩信所统率的精兵，调至荥阳前线以抵拒楚军。

十月，韩信与张耳率兵数万，东下井陉（今河北井陉西北）击赵，赵王歇与陈余聚兵于井陉口，号称二十万。陈余的谋士广武君李左车分析敌我形势，向陈余进言，愿借奇兵三万从小路断绝汉军的辎重；赵兵深沟高垒，不予出战，坚守十日，汉军进退不得，粮草又尽，必定大败，韩、张二人可擒。陈余没有接受李左车的建议，说什么义兵不用诈谋奇计，准备出击迎敌。

韩信得知陈余没有采纳李左车的计策，十分高兴。他于夜半选拔轻骑两千人，每人手持一面赤旗，从小路直奔赵军壁垒，并告诫说："赵兵见我逃走，必定空壁追我，你们便急速进入赵军壁垒，拔去赵军旗帜，立起汉军的赤旗。"同时韩信令副将传令士卒少吃一点饭，待击破赵军后会餐。为吸引敌军，韩信背水布阵。赵军见汉军背水布阵，大笑韩信不懂兵法。第二天早晨，赵军果然从壁垒中出击汉军，双方大战很久。韩信、张耳伪装战败，弃旗鼓逃入水上军，赵军空壁而出，争夺汉军旗鼓。韩、张已入水上军，汉军殊死决战，赵军不能取胜。此时，韩信所派出的奇兵两千余骑，乘赵军空壁而出之机驰入赵军壁垒，拔赵旗，立汉赤旗两千。赵军不能取胜于汉军，便想要回归自己的壁垒，但望见垒上所立皆为汉军赤旗，大为惊恐，以为汉军已生擒赵王将领，士兵大乱而逃走，赵将虽斩杀溃兵而不能制止士卒逃散。此时，汉军出兵夹击，大破赵军，斩陈余于泜水（今槐河）之上，生擒赵王歇。

井陉口一战，韩信以数万之众破赵军二十万，生擒赵王歇，堪称军事史上以少胜多的战争范例之一，显示出韩信的卓越军事才能，使汉军在楚汉相持中的形势向有利方面转化。

韩信在取得井陉口战役的胜利后，采纳广武君李左车的计策，乘伐赵得胜之威，派使臣使燕，使燕王投降汉王。韩信派使者请示汉王，立张耳为赵王，由他来镇抚赵国，汉王应允韩信的请示，立张耳为赵王。

韩信大败赵军，立张耳为赵王，项羽多次出奇兵渡河击赵，赵王、韩信率兵往来救赵，同时占有赵国全境城邑，发兵诣汉。

汉王三年（前204）四月，楚军围汉王于荥阳，形势危急，汉王仅与数十骑出西门逃走。汉王采纳辕生的计谋，南出于宛（今河南南阳）、叶（今河南叶县西南）之间，得黥布（即英布），入成皋（今河南荥阳西北），项羽率军围汉王于成皋城中。

六月，汉王独与滕公夏侯婴从成皋北门逃出，北上渡河，宿于小脩武（今河南获嘉）的传舍。清晨，汉王自称使者急驰入汉军壁垒。张耳、韩信尚未起床，汉王便于帐中夺取张、韩二人的印玺兵符，召集诸将，调动官职，夺取了韩信、张耳所部兵马的指挥权。汉王夺韩、张部队后，令张耳守备赵地，拜韩信为相国（统兵虚衔），命他收聚赵地尚未征发的兵马东向击齐。

齐王田广闻知韩信率兵东下，派华无伤、田解将重兵驻扎在历下（今山东济南西，因南对历山、城在山下而得名），抵拒汉军。此时，汉王派郦食其前往齐国劝齐王归汉，齐王采纳郦生的意见，派使者与汉王讲和。历下驻军放松守备，齐王与郦生整日纵酒为乐。

韩信引兵向东，在尚未渡过平原津（由河北进入山东的重要渡口）时，听说汉王已派郦食其劝说齐王归汉，想要停止向齐国进军。此时，范阳（今山东梁山西北）的辩士蒯通向韩信进言道：

"将军受汉王诏令东向击齐，汉王同时又派密使劝齐归汉。但是，汉王向将军下达了停止进军的诏令吗？况且郦生以一个儒生的身份，凭三寸不烂之舌，下齐国七十余城，而将军率数万之众，一年多的时间才攻下赵地五十余城，身为大将已有数年，反而不如一个儒者的功劳吗？"

韩信认为蒯通讲得很对，便听从他的计策，引兵渡河。齐王听信郦生之言，整日与郦生纵酒为乐，放弃守备。因此，韩信袭击齐国历下守军，抵达齐都临淄。齐王田广见韩信率大兵攻至城下，以为是郦生出卖了自己，便把郦生煮死，逃往高密（今山东高密西），同时派使者向项羽求救。韩信平定临淄，东向追至高密的西部，此时项羽已派龙且为大将，统率二十万楚军救援齐国。

十一月，齐王田广与楚将龙且既已会师，在与韩信交战之前，有人劝说龙且应深垒勿战，汉军将食尽而降。龙且不听劝告，与韩信夹潍水而对阵。韩信于夜间令人备万余布囊，盛满沙土在潍水上流拦截，然后引军半渡击龙且，佯败还走。龙且果然高兴地说："我早就知道韩信怯怕楚军。"于是下令楚军追击。此时，韩信下令决开截流的布囊，河水大至，龙且的楚军大半未能渡过潍水。韩信急速出击，杀龙且，龙且部署在潍水以东的楚军逃散而走，齐王田广亦逃亡而去。韩信追击到城阳（今山东菏泽东北）活捉齐王田广，将楚军的兵卒全部俘虏。汉将灌婴、曹参继续出击，将齐地全部平定。

潍水战役是韩信继井陉口战役之后所取得的又一次重大胜利，二十万精锐楚军损失殆尽，楚将龙且被杀，齐地也被汉军所占有，使楚汉相持的形势进一步向有利于汉王方面转化。

齐地既已全部平定，韩信派人向汉王请示说：

"齐国伪诈多变，是个反复无常的国家，南边又与楚为邻，不立假王来镇守，形势难以稳定，愿暂时出任假王。"

当时楚军正围困汉王于荥阳，形势危急。汉王见过韩信请求立为齐王的文书后，当即大怒，骂道：

"我被围困于此，早晚盼望你来佐助我，你却想自立为王！"

张良、陈平在一旁见汉王大骂韩信，便用脚踩汉王足，并在耳边小声说道：

"汉正处于不利之时，难道还有能力禁止韩信称王吗？不如顺水推舟，好好地对待他，使他以齐地自守，否则会发生变乱。"

汉王是个从谏如流的人，见张、陈如此劝说，顿时觉得失言，便立即改口骂道：

"大丈夫平定诸侯，做王就应当做真王，称什么假王！"

于是，派张良前往齐地，代表汉王立韩信为齐王，同时征调他的部队攻击楚军。

龙且兵败而死，使项王深为恐惧，便派盱眙（今江苏盱眙东北）人武涉前往齐地向韩信劝降。武涉对齐王韩信说：

"天下人共苦于秦王暴政，由来已久，因而协力击秦。如今秦已灭亡，诸侯按功割地，分土而王，使天下士卒休兵。可现在汉王又兴兵向东，侵夺其他诸侯王所分得的土地，击破三秦之后又引兵出关，收聚诸侯的兵力东向击楚，他的意图是不尽吞天下而决不休止。贪得无厌而不知满足，有甚过此人的吗？况且汉王必不能得逞，他曾几次落入项王的手心，是项王可怜他，给他留条活命。然而他逃脱之后，便背叛盟约，再次攻击项王，其人竟如此不可令人亲信。现今足下自以为与汉王是厚交，为他尽力用兵作战，然而最终必定被他所擒拿。足下之所以能延续至今，是因为项王尚存。汉王为与项王争雄，不得不倚重于您。当今二王争雄，秤锤在于足下。足下右投则汉王胜，左投则项王胜。项王如果今日亡，明日则将祸及足下。足下与项王有故交，为何不反汉与楚连和，三分天下而称王于当世？错过这个机会，一定要为汉王而攻击项王，聪明的人会走这步棋吗？”

对于武涉的一番劝说，韩信听得很认真，认为武涉所言，句句都是事实。联想汉王清晨入军帐夺取印玺、兵符等一系列事实，韩信对武涉所说的“足下所以须臾至今者，以项王尚存也”感慨颇多。但是，韩信与刘邦毕竟不同。他平生并没有称帝于天下的雄心大志，虽深以自己的军事才能而自负，但又恪守“士为知己者死”的信念。韩信感谢武涉的一片好意，因而也很诚恳地向武涉表达了自己的心志，说道：

“臣侍奉项王，官不过郎中小吏，位不过执戟卫士，言不听，计不用，因此背楚而归汉。汉王授我上将军大印，予我数万兵众，解衣衣我，推食食我，言听计用，所以我才到今天这等地步。汉王深深地亲信于我，我背叛汉王实为不祥，纵使为此而死我也不能易主而侍奉他人。请您转致我对项王的谢意。”

武涉既已离去，齐辩士蒯通接踵而来。蒯通深知汉、项二王的此轻彼重与彼轻此重，权在韩信的举足。他想要用奇策来感动韩信，便再次拜见韩信。这次，蒯通以相面先生的身份出现，向韩信进言道：

“卑人曾学过相面之术。”

“先生是怎样为人相面啊？”韩信问。

“人的贵贱在于骨骼长相，忧喜在于容颜气色，成败在于随机决断，以此三条相互参酌，万无一失。”

"好。请先生相看寡人如何。"韩信见蒯通讲得颇有道理，便请蒯通为自己相面。

"请屏退左右。"蒯通说。

"左右的人皆已离去了。"

"看您的相貌，不过封侯，但又危而不安；看您的脊背，则贵不可言。"

"这话是什么意思？"韩信问。

"天下初发难之时，豪杰振臂一呼，天下之士便云合雾集，鱼龙混杂，火焰迸发四起。当时人们的忧患，在于亡秦而已。现今楚汉分争，令天下无辜的百姓肝脑涂地，父子暴骨于荒野，不可胜数。楚军起兵于彭城，乘胜逐北，至于荥阳，乘利席卷四方，威震天下。然而楚军兵困于京、索之间，被迫而不能向西进军，至今已有三年了。汉王率数十万之众，抵拒于巩（今河南巩义西南）、雒（今河南洛阳东北），以山河为险阻，一日数战，无尺寸之功，折北而不救，兵败于荥阳，汉王受伤于成皋，于是退走于宛、叶之间，可谓智勇俱困。汉锐气受挫于险塞，粮食竭尽于内府，百姓疲敝而怨恨，动荡而无所依靠。以臣看来，在这种形势之下，非贤圣不能止息天下的祸乱。当今项、汉两主的命运悬于将军的足下：足下为汉则汉胜，与楚则楚胜。臣愿披肝沥胆，献愚计，恐足下不能采用。如果能听取臣的计策，莫如两利而俱存，三分天下，鼎足而居，势必形成谁也不敢首先采取行动的形势。以足下的贤圣，拥有众多的甲兵，据有强齐地，从燕、赵的空虚之地，出兵而牵制敌人的后方，顺应民心，西向为百姓向汉王请命，停止战争，如此则天下之人闻风响应，谁敢不听？分割大者而削弱强者，以立诸侯。诸侯既立，天下服从而听德于齐王。齐国拥有胶河、泗水流域，诸侯怀齐之德，必将相率而朝于齐。臣闻'天与弗取，反受其咎；时至不行，反受其殃'，愿足下深思熟虑。"

韩信认为蒯通的一番话讲得很有道理，没有哪句话是可以驳斥的。然而，蒯通要求自己背叛汉王，与楚汉三分天下，则使这位统兵大将深感为难。他诚恳地向蒯通表白自己的心志，说道："汉王待我十分优厚：以其车载我，以其衣衣我，以其食食我。我听说：乘他人之车者应分担他人的忧患；衣他人之衣者应以他人之忧为怀；食他人之食者应为他人之事而效死，我怎能为利而背义？"

"足下自以为汉王待您很好，想要建万世的基业。臣私下以为这是想错了。当初常山王张耳与成安君陈余堪称刎颈之交，后来因为张黡、陈泽二将的事，张耳与陈余相互怨恨。常山王背叛项王，奉项婴之头逃归于汉王。汉王借兵而东下，杀成安君于泜水之南。张、陈二人可谓天下最要好的朋友，然而此二人终于被他人所擒，是何原因？这是病患产生于多欲，而人心实则难测的缘故。今日足下想要行忠信以深交于汉王，必定不能比得上张耳与陈余那样要好，而意外之事又大于张黡、陈泽。所以，臣以为足下认为汉王不会危害于您，亦是错误的见识。当年，大夫种与范蠡使亡国之越得以保存，勾践因此而成为霸主。但是，为国立功之后，二人不是被杀，便是不得不逃亡。野兽已尽，猎狗必然被烹。按交友的深浅来说，您与汉王之间的关系比不上张耳与陈余；以忠信的厚薄来说，您与汉王之间的关系比不上大夫种、范蠡与越王勾践。此二人的前车之鉴，足以供您观察与思考，愿足下深思熟虑。况且臣听说'勇略震主者身危，而功盖天下者不赏'，请允许臣简述大王的攻略：足下涉西河，俘虏魏王，生擒夏说；引兵下井陉，诛成安君，攻占赵地，迫降燕国，平定齐地；南摧楚人之兵二十万，东杀龙且，西向以报，这就是所谓功劳于天下无二，而谋略于本世不会再出。今足下身戴震主之威，挟无以封赏之功，归附楚，楚人不敢亲信；归于汉，汉人感到震恐。请问足下，哪里会有您的归宿？势在人臣的地位而有震主之威，名高天下，臣私自为足下感到危险。"

蒯通的一番话，把韩信说得毛骨悚然，他向蒯通深表谢意地说道：

"先生不要再讲下去了，我会考虑您的一番告诫的。"

数日后，蒯通再次对韩信说：

"听取意见，能了解事物变化的征候；计谋思考，能把握事情成败的时机。在听取意见和计谋思考这一问题上出现过失而又能长久平安的，则是少见的事。听取意见而毫无失误的人，便不会为他人的言论所迷惑；计谋周到而全面的人，便不会被他人的言辞所纷扰。安心于下贱的差役，便会失去当君王的权利；守护着微薄的俸禄，便得不到卿相的高位。所以，智慧能给人以决断，而迟疑则会带来祸害。详审于毫厘小计，而遗失于天下的大事，虽有智慧足以知晓利害，而决断时不敢实行，这就是百事的祸患之所在。所以说'猛虎犹豫，不如蜂虿以毒刺人；良马徘徊，不如劣马安步不止；勇士狐疑，不如庸夫之必至；虽有舜禹的智慧，闭口而不言，不如聋哑用手势比画'。此上都是说贵在于实行。事功，难成而易败；时机，难得而易失。时机啊时机，不会再来！愿足下详察吧。"

蒯通早已摸透了韩信的心事，他最后的一次进言，便是教促韩信不可错过时机，要当机立断。然而，韩信中"士为知己者死"的毒可谓太深了，他在关键时刻犹豫不决，终不忍心背叛汉王，同时也自以为自己功多，汉王绝不会剥夺他在齐地称王，便谢绝了蒯通的计策。蒯通见韩信始终未能听取自己的计谋，为防备事后牵连到自己，便佯狂为巫而离去。

高帝五年（前202）冬十月，汉王追项羽至固陵（今河南太康南），与齐王韩信、魏相国彭越约定会师日期，共同攻击楚军。韩信、彭越不按期前来，楚军大破汉军。汉王问计于张良，张良对汉王说：

"楚兵且破，二人未有分地，怎肯前来？君王能与他们共有天下，二人可立即到达。韩信家在楚地，他的意思是在齐地之外再得到楚地的故邑，如能捐出土地许给韩、彭二人，使他们各自为战，则楚军便易于攻破了。"

汉王听从张良的计策，韩信与彭越果然立即率大军赶来，同汉王一道将项羽围困在垓下（今安徽灵璧南沱河北岸）。

项羽垓下兵败后逃至乌江自刎，汉王还军至定陶，突然驰入齐王韩信的壁垒，剥夺了韩信统率所部军队的兵权。五月，高帝徙齐王韩信为楚王，都于下邳。

韩信既已被高帝剥夺了统率大军的兵权，不得不从齐地到楚地就国。来到楚地后，韩信重游故里，召见当年供给他饮食的那位老太太，赐给她千金以为报答。

又召见下乡南昌亭长，但只是赐给百钱来羞辱他，说道：

"公不过是小人而已，做好事而不能坚持始终。"

又召见当年侮辱过自己的那个无赖少年，授予他充当巡城捕盗的中尉，并对手下的诸将领说道：

"这是名壮士。他当年侮辱我的时候，我难道不能杀死他吗？是杀死他事出无名，故忍而受辱。"

项羽部下的名将钟离眜于垓下兵败后改名潜逃，家住伊庐（今江苏灌云东北），是韩信的故友。项羽兵败自刎后，钟离眜逃亡到韩信那里。高帝怨恨钟离眜，闻知他逃亡在楚地，便诏令韩信逮捕钟离眜，但韩信没听从。

韩信被高帝剥夺兵权，到楚地就国，行动常有所戒备。他巡行所属郡县，出入常常是陈兵警戒。

高帝六年（前201）冬十月，有人上书告楚王韩信想要谋反。高帝就此事询问诸将，诸将都说：

"急速发兵，坑杀这小子！"

高帝闻听后默然无语，又询问陈平，陈平回答说：

"有人上书告韩信谋反，韩信本人知道有人告发他吗？"

"不知道。"高帝回答说。

"陛下的精兵与韩信相比，谁多？"陈平问。

"不超过韩信。"高帝答。

"陛下的诸位将领，在用兵上有能超过韩信的吗？"陈平又问。

"没有人能比得上韩信。"高帝答。

"现今汉军的精兵不如楚军众多而将领的才能又无人比得上韩信，发兵攻击楚王，是促使他同我方交战，臣私自为陛下而感到危险！"

"那该怎么办才好？"高帝问。

"古代有天子巡视四方、会见诸侯的制度，陛下但管出京，就说是视察云梦（今洪湖、洞庭湖一带），会见诸侯于陈（今河南淮阳）。陈是楚地的西部边界，韩信闻听天子出游四方，势必无备而于楚郊迎接拜见陛下，在他迎拜陛下的时候将他擒拿，这是只用一个大力士就可以做到的事。"

高帝认为陈平的计谋很妥当，便派出使者遍告各路诸侯说：

"我将南下出游于云梦。"

随即，高帝便车驾出京南行。

韩信闻知高帝出巡云梦，心中很是怀疑恐惧：想要发兵谋反，又认为自己无罪，不必谋反；想前往拜见高帝，又担心被当场擒拿，因而不知如何是好。有人对韩信说：

"将钟离眛斩首，以此见皇上，皇上必定高兴，无有祸患。"

韩信向钟离眛谈及此事，钟离眛说："汉王之所以不出兵击楚，是因为眛在您这里。如果您要想捕眛来取媚于汉王，我今日死，您也会随着而亡。"钟离眛已看出韩信是要把自己的头作为拜见汉王的见面礼，只是嘴上不好意思明说，因而很是气愤，向韩信骂道："相公并非德行高尚的人！"说罢便拔剑自刎而死。

十二月，高帝会诸侯于陈，韩信持钟离眛的人头前来拜见皇帝。拜见时，高帝下令将韩信捆绑拿下，载于皇帝车队的后面。在韩信被擒拿时，他高声向高帝说道：

"果然如古人所言：'狡兔死，走狗烹；飞鸟尽，良弓藏；敌国破，谋臣亡。'现今天下已经平定，我韩信当然应被烹。"

高帝反驳说：

"有人告公谋反！"

于是械系韩信，载归京城。

高帝还京途中，当车驾到达洛阳时，赦免了韩信，封他为淮阴侯。

韩信虽被赦免，改封为淮阴侯，却被留在京城，无法再拥有兵力和镇守地方的实权。韩信深知汉王是畏惧与厌恶自己的才能，因而经常以称病为由不参加朝会和随行侍从。从此，韩信日夜怨恨高帝，平时总是一副很不高兴的样子，觉得同绛侯周勃、颍阴侯灌婴等人并列为侯，简直是奇耻大辱。有一天，韩信拜访樊哙，樊哙跪拜送迎，自称下臣，说：

"大王您竟肯屈驾光临下臣家门！"

可韩信出门后，无奈地笑道：

"我一生竟然沦落到与樊哙等人为伍！"

在京城，高帝在闲暇无事时曾同韩信评论诸位将领的短长，同时问韩信："像我这样的人能统率多少人马？"

"陛下不过能统率十万人马。"韩信答。

"那您能统率多少？"

"臣统兵多多益善而已。"

"多多益善，为什么还被我擒拿？"高帝笑着问道。

"陛下不能统率兵卒，却善于统率将领，这就是我韩信被陛下擒拿的原因。况且陛下是上天所授，并非人力可为。"

对于韩信的回答，高帝心中是颇为满意的。

高帝十年（前197），淮阴侯韩信在京城已经度过了四个春秋。九月，陈豨谋反一事终于使韩信大祸临头。

当初，高帝以阳夏侯陈豨为代国国相，统率赵、代二地边境上的部队。赴任前，陈豨曾到韩信府上辞行。韩信握着陈豨的手，屏退左右的人，在庭中与陈豨散步，仰天长叹道：

"有句话不知同您当讲不？"

"唯将军之令是从！"陈豨答。

"您所任职的边地，是天下精兵的聚集之处，而您又是陛下所信任的幸臣。

有人说您会背叛，陛下必定不会相信；如果有人再次说您想要背叛，陛下便会怀疑你；如果有人再三地说，陛下必定会大怒并剥夺您的兵权。那时，我从京城内部响应你，如此天下可以图谋。"

陈豨平素深知韩信统兵作战的才能，对韩信深信不疑，说道：

"一切遵照将军的指令去办！"

陈豨平时羡慕魏国信陵君公子无忌善养天下之士，待到为相守卫边境，因告假回归内地，随同他的宾客车队多达千乘，赵都邯郸的官舍住得很满。赵相周昌见此情景，认为很是反常，便入京求见高帝，向高帝禀报陈豨的宾客甚多，擅自在边地统兵数年，恐怕其中会有变故。

高帝对周昌汇报的情况很重视，派人调查核实陈豨的宾客在代地的诸多违法事实，事情有许多牵连到陈豨。陈豨为高帝调查他门下宾客违法一事而深感恐惧，之前叛逃到匈奴的韩王信（与淮阴侯韩信同名，不是一个人）得知后趁机派王黄、曼丘臣等人诱使陈豨举兵造反。

时逢太上皇驾崩，高帝派人召陈豨进京，陈豨恐入京被擒，便称病不至。九月，陈豨与王黄等人举兵造反，自立为代王，劫掠赵、代，高帝亲自率兵出击陈豨。

韩信以身体有病为借口，不随从高帝出击陈豨，而是暗中派人到陈豨那里，向陈豨说道："只管起兵举事，我在京城相助于您。"于是韩信谋划在夜间诈称天子有诏，赦免各官府所领有的苦役和官奴，以此袭击吕后与太子。韩信的布置已定，等待得到陈豨的回音时便开始行动。此时，韩信手下的舍人得罪了韩信，被韩信囚禁起来准备杀掉。舍人的弟弟为营救哥哥，便把他所知道的韩信密谋造反的事向吕后一五一十地汇报。

　　吕后得知韩信密谋造反一事，大为震惊。她想召韩信入宫并乘机将他擒拿，又担心他不肯前来，而此刻高帝正领兵在外，便与相国萧何商讨对策。萧何沉思半天，想出了这样一条计策：诈称有人从高帝那里回来，说陈豨已被擒处死，列侯群臣都要入宫庆贺。韩信对于陈豨被擒处死的消息半信半疑，推托有病不肯入朝。萧何欺骗韩信说："尽管您身体有病，还是入朝参加庆贺为好。"韩信是经萧何的举荐才当上了统兵大将，一直非常感激萧何对自己的知遇之恩。韩信本不想入朝，见萧何亲自到府上劝他前往，不好意思再推托，他无论如何也没有想到这是请他入瓮。

　　韩信入宫，吕后令武士将韩信当场捆绑起来，在长乐宫的钟室将韩信斩杀。被杀前，韩信深有感慨地说：

　　"我悔恨当初没有听用蒯通的计谋，致使今天被女人和小孩子（指吕后与太子）欺诈，这难道不是天意吗？"于是，吕后将韩信诛灭三族。

　　高帝从征讨陈豨的前线回来，见韩信已被处死，既高兴又很怜惜，问道：

　　"韩信临死时说了什么话没有？"

　　"韩信说悔恨没有采用蒯通的计策。"吕后答。

　　"蒯通这个人我知道，是齐国的一名辩士。"于是，高帝诏令齐国逮捕蒯通。蒯通被押至京师，高帝问道：

　　"是你教淮阴侯谋反的吗？"

　　"是的。臣确实曾教他反叛。这小子不采用臣的计谋，所以自取灭亡。如果那小子采用臣的计谋，陛下怎能擒拿并杀死他？"

　　高帝闻言大怒，下令道：

　　"把他烹死。"

蒯通见高帝要将他烹死，面不改色地说：

"呜呼，烹得冤枉啊！"

"你教韩信谋反，有何冤枉？"高帝问。

蒯通说："秦王朝的法度纲纪废弛，山东大乱，群英并起，如鸟兽相聚。秦政权瓦解，天下英雄都在谋求取得帝位，于是才能高的人捷足先登。盗跖家里的狗向尧狂叫，并非尧不仁义，狗从来都是对主人以外的生人狂叫的。当时，臣只认识韩信，不认识陛下。况且当时拥有精兵而想要做皇帝的人很多，只是有的人能力不足而已。又怎可以烹杀得尽呢？"

高帝说："把他先放开吧。"于是，赦免了蒯通的罪过。

萧何曾连夜追赶并举荐韩信，是为着刘邦争夺天下的大业；而后当韩信想要谋反时，他又毫不犹豫地设计杀死韩信，是出于安定汉朝社稷的大计，这显然是任何人都无法否认的。至于萧何对于刘邦向韩信步步紧逼的做法究竟持何种态度以及他同韩信个人之间的恩恩怨怨，对于像萧何这样一个政治家来说，从来都不是决策时的基点。萧何作为一名历史人物，如果必定要用一句话来概括，那便是他称得上一位以大局为重的政治家。萧何的这一特征，不仅体现在他辅佐刘邦争夺天下时的临机决策，还体现在他辅佐刘邦安定社稷时的谋及久长。

第十一章 功高见疑 从计始安

像萧何这样一生忠于刘邦的人，在刘邦的追随者中并不多见。刘邦深知萧何对自己的一片忠诚，对他格外信任和倚重，命他留守关中，服侍太子，便宜行事，赋予他代行管理国家行政的大权。然而，这并不意味着刘邦对萧何从未有过戒备之心。

汉王三年（前204），刘邦与项羽在荥阳以南的京、索之间相持不下，形势时时出现危机。在楚汉相争的艰难岁月中，萧何多次向前线转运士卒补充兵员，使刘邦得以多次渡过难关，转危为安。刘邦对萧何所能做到的这一切，从内心着实万分感激。他深知萧何的不易，曾多次派使者向萧何表示慰劳之意。在旁人看来，这是很合乎情理的，连萧何也没有为此而多思。然而有一位名叫鲍生的人，他从刘邦频频派使者向萧何表示慰问一事中察觉到令人警觉的微意，便坦诚地向萧何发出了忠告：

"汉王在战场上历尽艰苦，您却留守关中，但汉王多次派使者对您表示慰劳。这件事依我看，是对您有疑虑之心。为您着想，莫如派遣您家族中的众昆弟，凡有能胜任作战者全部送往前线，如此汉王必定会越发信任您。"

萧何对于鲍生的提示，深感合乎情理，并且立即照办，汉王果然为此十分高兴。这就表明，鲍生的忠告绝非危言耸听，而是在更深的层次上触及了事物的本质。

两年过后，汉王平定天下，论功封赏，力主萧何功劳最盛，所封食邑最多，但那些立有战功的群臣不服。为此，刘邦以狩猎为喻，发表了一通"功狗"与"功人"的议论，同时又补充说道：

"况且诸君只是以自身跟随我，多的也不过二三人而已。今萧何举全族数十人全部跟随我南征北战，功不可忘。"

刘邦的这番话，使争功的群臣不敢再多言，同时也表明他很看重萧何的这一举措。当然，刘邦不会向群臣表白萧何这样做曾使他当时更为放心地在前线同项羽作战。

楚汉之争的结局系于军事上的胜负，而战场上的形势又往往瞬息万变。为此，刘邦的主要时间和精力不得不用在前线作战之中，后方的事不容他不交给萧何全权处理。没想到萧何竟然把交付给他留守关中的重任做得那样出色，运送粮草、补充兵员，使他得以渡过重重难关。萧何在楚汉战争中所起到的作用，使得他在汉政权中所处的地位和在将士与吏民中的威望也日益上升，因而刘邦在满意、感激之余同时又对萧何产生某种程度的疑虑与戒备之心，是合乎情理的，因为他想要称帝于天下。凡是想称帝于天下的人，对于追随自己的部下，纵使是像萧何那样忠诚的，也难免有时要产生疑虑与戒备之心。

总之，鲍生的见识是高明的，萧何的纳谏是明智的，而刘邦的心情也是可以理解的。

高帝十一年（前196），陈豨在代地举兵造反，高帝亲率大军前往邯郸平乱。此时，淮阴侯在长安谋反，萧何协助吕后设计诛杀了韩信。高帝在外地闻知韩信谋反被萧何设计诛杀，使京城消除了一场祸乱的隐患，立即派使臣回到京师长安，拜萧何为相国，加封五千户，令士卒五百人在一都尉的率领下护卫萧何，保障他的人身安全。由丞相升为相国并加封五千户，这使萧何在一人之下居万人之上的地位更是无以复加，当然这也是一种特殊的荣誉。而派都尉率五百名士卒担任萧何的警卫，则更是前所未有的特殊待遇。百官纷纷向萧何贺喜，萧何也为此而踌躇满志。然而，有一人向萧何报忧，此人便是召平。

召平原是秦时的东陵侯，秦王朝灭亡后，沦为布衣，因家贫之故，种瓜于长安城东郊，以为谋生之计。召平所种的瓜甜美无比，被人们称为"东陵瓜"。召平不仅深通种瓜之道，而且从高帝重赏萧何一事中看出了百官所预想不到的征兆，便对萧何进言说：

"丞相被加封置卫，祸难恐怕就要从此开始了。皇上征战于外地您却留守于京师之中，身无披矢石之险而又加封置卫于您，这是因为淮阴侯新近谋反于京城之内，对您也起了疑心。设置卫队来为您担任警戒，这并非宠幸您啊。但愿您辞让封邑，千万不可接受，应把全部的家私财产捐献给国家，以资助军费开支，这样皇上就会高兴了。"

召平的忠告使萧何意识到，加封食邑是为了安抚笼络自己，而设置卫队实质上也大有监护的味道。于是萧何听从召平的计策，将全部家财佐助军队，高帝果然为此十分高兴。

淮阴侯韩信被诛杀后，异姓诸侯王人人自危不安。当高帝亲征陈豨时，曾征调梁王彭越率军协同助战，彭越以身体有病为由，只是派将军率兵前往邯郸参加讨伐陈豨。高帝见彭越不肯前来，大怒，派人对他进行指责。梁王彭越恐惧，想要亲自前往向高帝请罪，但部将扈辄对他说：

"大王起初不肯前往，受到指责又想前去，到那里一定将被擒拿，不如就此发兵谋反。"

彭越没有听取扈辄的意见。这时，梁王的太仆得罪了彭越，逃亡后到京城密告梁王彭越与扈辄阴谋造反。于是，高帝派人乘其不备而袭取彭越，彭越毫无警觉，被囚禁押往洛阳。有关部门审理后上奏：已构成谋反罪，请依法论处。然而，高帝赦免了他的死罪，贬为庶人，流放到青衣（今四川名山北）。

彭越赴蜀途中，在郑（今陕西华县东）地路遇吕后从长安前往洛阳。彭越在吕后面前泣涕，说自己无罪，愿居于昌邑（今山东巨野东南）故里。吕后答应了彭越的请求，同他一道东行。到达洛阳后，吕后对高帝说：

"彭越是一名壮士，现在把他流放到蜀地，这是为自己留祸患，不如就此把他诛杀，妾为此把他带到这里。"

于是，吕后令彭越的舍人告彭越又要谋反，廷尉王恬开奏请诛灭全族，高帝批准这一奏请，诛灭彭越三族，并将其尸首做成肉酱。

当淮阴侯韩信被处死时，淮南王黥布兔死狐悲，内心恐惧。待到彭越被诛，骨肉被做成肉酱，遍赐诸侯。分送彭越肉酱的使者抵达淮南，黥布正在狩猎，见到肉酱大为惊恐，暗中令部下聚结兵力，警戒邻郡的动静。黥布有一宠姬因病而就医，医家与中大夫贲赫对门。贲赫以厚重的馈赠同该姬饮酒于医家，黥布得知后怀疑贲赫与自己的宠姬有不正当的行为，想要逮捕贲赫。贲赫乘驿站的马车逃到长安，向朝廷密告有人谋反叛乱，说：

"黥布有谋反的迹象，可以按察。"

高帝读过贲赫的密告书，把此事通报相国萧何，萧何说：

"黥布似乎不应有此举动，恐怕是对他有仇怨的人诬告，请把贲赫拘捕起来，然后派人观察黥布的动静。"

高帝十一年（前196）秋七月，淮南王黥布见贲赫逃亡到京城进行密告，怀疑他一定要谈到自己秘密布署兵力的事；朝廷又派使者前来，证明贲赫确已向朝廷密告。黥布见事已被朝廷发觉，便杀了贲赫的全家，起兵造反。

黥布造反的消息上报京师，高帝将贲赫赦免，并任命他为将军。

高帝召集诸位将领商讨征伐黥布的计策，诸将说：

"发兵出击，将这小子坑杀了，他能成什么气候！"

汝阴侯滕公召原楚令尹薛公询问此事，薛公说：

"黥布是早晚必反的。"

滕公问："皇上已裂地而封，封他为王，为什么还要谋反？"

薛公答："往年杀彭越，前年杀韩信，这三个人是'同功一体之人'啊，他怀疑祸难将要延伸到自己的身上，所以他要谋反！"

滕公将自己同薛公的对话上报高帝，高帝召见薛公，向薛公询问此事，薛公回答说：

"黥布谋反是不足为怪的。假使黥布出于上计，山东各国将非汉王朝所有；出于中计，谁胜谁败尚未可知；出于下计，陛下便可高枕而无忧了。"

"上计是怎样？"高帝问。

"东取吴地，西取楚地，兼并齐地，攻取鲁地，向燕、赵发出安定天下的公文，固守于淮南，如此山东各国将不再为汉王朝所拥有。"薛公答。

"中计又怎样？"高帝又问。

"东取吴地，西取楚地，兼并韩地，攻取魏地，据有敖仓的粟米，阻塞成皋的门户，谁胜谁败尚未可知。"

"下计是怎样？"高帝再问。

"东取吴地，西取下蔡（今安徽凤台），归辎重于越地，自己则身归长沙（今湖南长沙），如此陛下可高枕而卧，汉王朝可安然无事。"

"既然如此，黥布将采取哪一计策？"高帝问。

"必出于下计。"薛公答。

"为什么废止上计、中计而不用，非出于下计不可？"高帝问。

"黥布其人，原不过是骊山之下为秦王修墓的一名刑徒，乘秦末风云之势而受封为王，他是一个只顾自身、不为后世及百姓谋划的武夫，目光短浅，必定出于下计。"

高帝称赞薛公讲得很对，封薛公千户。于是封皇子刘长为淮南王，着手准备讨伐黥布。

当时，高帝正身患疾病，想要令太子将兵前往征伐黥布。太子刘盈门下的四位德高望重的长者即所谓"四皓"东园公、绮里季、夏黄公、角里先生对吕后的次兄建成侯吕释之说：

"我们四人之所以来到太子门下，为的是存立太子。今日皇上想要命太子将兵出征，有功则地位无法再加益，无功将从此而受祸。您为何不急速向吕后求请，请她在适当的场合乘机向皇帝哭啼说：'黥布是天下的一员猛将，善于用兵。现今诸将都是当年与陛下同时举事的人，命太子统率这些人，无异于使羊为诸狼之将，他们怎能听从太子的调遣？况且如黥布闻知是太子将兵出征，黥布必定肆无忌惮地率领大军鼓噪西行，汉室危急。皇上虽患病，可勉强乘辎车于车中指挥诸将，诸将怎敢不尽力杀敌？'如此皇上虽然劳苦，可为了妻子儿女，也只好勉强了。"

于是，吕释之连夜面见吕后，吕后找机会在高帝面前求情，按照"四皓"的授意向皇上哭诉一遍。高帝见吕后说得合乎情理，便安慰吕后说：

"我也认为小孩子不足以派遣他统率诸将，还是由我自行出征吧。"

于是，高帝亲自将兵东征，太子留守。出师的那天，萧何率所有文职大臣送别于灞上。留侯张良此时患病，勉强起身相送于曲邮（今陕西临潼新丰镇西），对高帝说：

"臣本应随从东征，无奈病重。楚人勇猛敏捷，愿皇上不要与楚军争锋！"

同时，张良向高帝进言，请高帝以太子为将军，统率关中兵马。

高帝对张良说：

"子房虽病，请勉强辅佐太子。"

当时，叔孙通为太子太傅，张良兼任太子少傅一职。高帝采纳张良的建议，征发上郡、北地、陇西等三郡的车骑，巴、蜀以及中尉所辖兵卒三万人作为皇太子的卫队，驻扎在灞上。

部署停当，高帝便率领大队兵马向东进发，讨伐黥布。

黥布举兵造反之初，对他的部将说：

"皇上年老了，讨厌战事，必定不能亲自统兵前来。他手下的诸多将领中，令人畏惧的唯有韩信、彭越二人，如今二人已死，其余的人没有什么可怕的。"

于是，黥布决定举兵造反。

黥布举兵造反，果然不出薛公所料，首先出兵东向攻击荆王刘贾。刘贾是刘邦的叔伯哥，被立为荆王之后，辖有淮东五十三县，系楚王韩信原有封地的一部分。刘贾怎能抵挡得住黥布的军队？交战后大败逃走，死于富陵。黥布收编了荆王刘贾的全部军队，率军渡过淮河攻击楚王刘交。刘交是刘邦的弟弟。高帝在大封同姓诸侯王时，首封刘贾为荆王，次封刘交为楚王。楚王刘交的封地是楚王韩信原有封地的另一部分，共辖有三十六县。楚王刘交发兵与黥布交战于徐、僮之间。刘交将部队分为三部，以相互救援，有人对楚军将领说：

"黥布善于用兵，百姓平素都惧怕他。现在兵分三部，如果敌人击败其中的一军，其余二军都将逃走，怎可能相互救援？"

楚将没有采纳这一意见，黥布果然击破其中的一军，余下二军都溃散逃走。于是，黥布率大军乘胜西进。

高帝十二年（前195）冬十月，当黥布率大军乘胜西进时，与高帝所统率的东征大军相遇于蕲西（今安徽宿州境内）。高帝在庸城（亦在宿州境内）修筑壁垒，与黥布所统率的大军相对峙。遵照出师前张良同楚军"无与争锋"的嘱告，高帝不敢轻率同楚军交战。

自项羽兵败垓下以来，中原已有整整七年的时间没有大的战事发生。如今楚、汉两支大军再次对峙于当年陈胜举兵反秦的故地。只见双方军旗蔽空，战马嘶鸣，尘埃四起，交战前的气氛令双方将士无不分外紧张。

高帝乘骑出阵遥望黥布，见他布置的军阵犹如当年项羽所布的军阵，内心十分厌恶，使他的脑海中浮现出十年前与项羽交战的诸多场面。此刻，高帝再次想到张良"无与争锋"的忠告，顿时镇静下来。在众将的簇拥下，高帝在壁垒上面对敌阵中的黥布遥相高声问道：

"将军何苦举兵造反？"高帝的高声质问，目的在于软化与瓦解黥布及其将士的士气，谁知黥布的回答正中高帝之计。只见这位粗鲁的武夫毫不思索地高声回答道：

"想称帝于天下！"黥布的这句回答，充满了对刘邦的蔑视，把大汉皇帝气得面色铁青，破口大骂。黥布的回答，使得刘邦左右的诸将更是无比气愤，对黥布的几分畏惧心情顿时被满腔怒火所取代。刘邦环顾左右，见众将士无不义愤填膺，认为时机已到，便挥手向敌阵一指，诸将会意，汉军在曹参、樊哙的率领下冲出壁垒与黥布大军交战，黥布兵败逃走，渡过淮河。几次交战，黥布都告失利，最后仅与百余人逃往长江以南，高帝派协同主力部队作战的别将乘胜追击。

黥布逃至江南后，再度组织兵马，在长沙境内的洮水南北与汉军别将交战，皆被汉军打得大败，黥布已面临走投无路的绝境。

黥布在兵败后逃亡江南，这是薛公所预言的"下策"中最后一步棋，即"身归长沙"。黥布在走投无路的情况下"身归长沙"的原因之一，是他同番君长沙王吴芮有姻亲，天下反秦之初，吴芮曾把女儿嫁给他为妻。此时，吴芮已死，其子吴臣嗣位。吴臣派人诱骗黥布，伪称与他共同逃走，布信而从之。在番阳（今江西鄱阳东）兹乡的一家农舍，黥布被杀。黥布造反后的军事行动和步骤，与薛公所预言的完全相同。

黥布被杀不久，汉将周勃在北方平定代（治所在今河北蔚县西南）、雁门（治所在今山西右玉南）、云中（治所今内蒙古托克托东北）三郡，斩陈豨于代郡的当城（今河北蔚县东）。

韩信、彭越、黥布是刘邦在楚汉战争中所倚重的三员统兵大将，他们所统率的本部兵马，是刘邦最终击败项羽的三支主力部队。没有这三支主力部队，刘邦是不可能战胜项羽的。刘邦即皇帝位后，同上述三人之间的矛盾日益激化，对这三位异姓诸侯王很不放心；韩信与黥布的谋反，也是他们无可选择的选择。

韩信、彭越被杀，高帝没有动用一兵一卒。而陈豨、黥布举兵造反，却使得年老多病的高帝不得不率大军出关亲征，而且在攻击黥布时"为流矢所中，行道，疾甚"，不久后便病死了。

异姓诸侯王举兵谋反，使得高帝对一向忠诚于自己的萧何也有些放心不下。陈豨举兵造反，高帝统兵在外，是召平的一番劝谏和萧何"让封勿受，悉以家私财佐军"，才使得高帝心安，龙颜大悦。当黥布举兵造反时，又出现了类似的情况。

高帝统兵在外与黥布作战，同时又多次派使者问相国在做些什么。其实，萧何仍然是一如既往，当高帝统兵在外时，抚慰勉励百姓，恪于职守，同时像陈豨造反、高帝统兵在外时那样，将全部的家私财产献出来资助军费。这是萧何为表达忠于刘邦及汉王朝的一片赤诚之心所能做到的一切，然而，这仍然未能使刘邦对他放心，因而多次派使者问相国在做些什么。在这个问题上，萧何总是不大敏感，而是他的门客从"数使使问相国何为"中看出了问题的严重性，于是向萧何进言说：

"相国不久恐怕要遭到灭族的大祸了。您位居相国，功劳第一，乃人臣之极，可谓一人之下，万人之上，还可以再加高吗？然而，您自从由汉中入关中以来，深得百姓的欢心，至今已有十多年了。百姓又归附于您，而您又勤勉不倦地治国安民，深受百姓的拥护。皇上多次派人问您都在做些什么，这是担心您倾动关中，对您不放心哪！今日为何不用贱价多多地强买民田，败坏自己的名声，以至于引起民怨？果然如此，皇上对您便放心了。"

萧何一向勤于政务，爱戴百姓，谁想却令高帝对自己放心不下。门客的劝谏，使萧何不得不听从，去违心地做那种以贱价强买民田的事。为了自身的安全，萧何不得不如此。有趣的是，当萧何采纳门客的劝谏以贱价强买民田时，消息很快便传到在外地统兵作战的高帝耳中。高帝得知萧何在关中以贱价大量强买民田，定会引起民怨，无法乘百姓拥戴之势"倾动关中"，于是心中大悦。

第十二章

为民请命　身陷囹圄

　　高帝十二年（前195）冬十月，刘邦率大军于蕲西大破黥布叛军，黥布兵败后率百余人逃往长江以南，高帝派别将渡江追击，而自己则率大军返回京师。

　　回师途中，路过家乡沛县。自即皇帝位以来，高帝整日忙于政务，国事纷繁，一直未能有机会再度回到自己的家乡故里。此次东征黥布，胜利在即。高兴之余，年事已高的刘邦思乡之情愈浓。早在东征的前几年中，于长安宫中的闲暇时刻，有时甚至是在睡梦里，青年时代乃至于沛县起兵前后的诸多往事，常常浮现在高帝的脑海之中。面对眼前的壮丽宫殿，高帝有时觉得还是家乡故里的一草一木、农田茅舍、父老兄弟、亲朋故友、风土人情，总之是家乡的一切亲切和谐，令人想念与留恋。贵为皇帝，是刘邦自青年时起便羡慕和追逐的目标。而当他一旦拥有这一切时，心中有时又总觉得缺少点什么。高帝正是在晚年这种复杂的思想感情之下，东征归途路过家乡，他觉得再不能错过机会，决定在家乡停留几日。

　　高帝止宿于沛县宫中，下令召集故人父老子弟，陪同他饮酒助乐，畅叙往事。且说沛县的百姓闻听皇帝衣锦还乡，无不欢天喜地，扶老携幼，奔走相告，整个沛县沉浸在一片喜庆之中。

　　为使皇帝高兴，沛县长吏在当地挑选一百二十名童男，教习他们唱歌，为皇帝歌功颂德。一日，高帝与父老乡亲饮酒，听见堂下百余名童男唱起了颂歌。那铜铃般的歌声，伴随着孩童天真的稚气，由远及近、忽高忽低地传入皇帝的耳中，令他龙颜大悦。高帝被孩子们的颂歌声所感动了，一连饮了几杯酒，趁着酒兴，亲自击筑，引吭高歌：

大风起兮云飞扬，威加海内兮归故乡，安得猛士兮守四方！

谁知这些男童却是那等乖巧，当皇帝高唱这首《大风歌》时，庭中的百余名男童竟随着皇帝的高歌伴唱起来。于是堂上与庭中上上下下响起了一片歌声：

大风起兮云飞扬，威加海内兮归故乡，安得猛士兮守四方！

童男们一遍又一遍高唱《大风歌》，高帝十分高兴，于是乘兴起舞，慷慨伤怀，泣下数行，可谓乐极生悲。此刻，他忘记了自己是当今的皇帝，又成了沛县父老兄弟中的一员。在封建时代，帝王与平民之间在地位上的差别是人所共知的。在当时，经历了这一变化并兼享这两种不同感受的，只有刘邦一人。

在沛县停留的这几天，高帝在时空上经历了前所未有的感受：忽而是秦王朝时的青年时代，忽而是大汉王朝的人生暮年；忽而是沛县的泗水亭长，忽而是长安宫中的真龙天子。总之，家乡父老的伴酒、童男的伴唱以及自己的高歌起舞，是刘邦一生中最为开心的一刻。他感受到了"与民同乐"的畅快，同时也感到了前所未有的伤怀。在"泣下数行"极为高兴的时刻，刘邦起身对沛县的父兄说道：

"古往今来，远行的客人，无不顾念生养自己的家乡。我虽定都于关中，居于长安宫殿，万年之后，我的魂魄还是要乐归沛县这片故土的。况且朕自从以沛公起兵，诛杀暴逆，今已拥有天下，就把沛地作为朕的汤沐邑，不要再向国家交纳赋税了；沛地的百姓，世世代代都不必为国家服徭役了。"

沛县的父老、诸母等故人陪伴高帝整日"乐饮极欢，道故旧为笑乐"，一连十几天过去了。高帝想要告辞离去，父老一再地恳请挽留。高帝不好向父老说什么国事繁忙之类有伤情感的话语，便借口说：

"我这次回乡带来的人太多了，总是住在这里，恐怕父老破费太多，供养不起啊。"父老见皇帝这么说，也不好一再挽留了。

高帝车驾离乡的那天，整个沛县城中的百姓，空城来到城西的路旁向皇帝敬献牛肉酒食。高帝见家乡百姓如此盛情，便再次在城郊止宿，与父老又畅饮三日。离别前，沛县的父老又跪在路旁叩头请示说：

"沛邑获皇帝恩赐，世代免除赋税徭役，丰邑却未得获恩，望陛下哀怜。"

"丰邑也是生我养我的地方，我也是一直念念不忘。我只是因为当年雍齿守丰时竟然以丰邑背叛于我。"

可是，在沛县父老的一片请求声中，高帝最终还是答应了，比照沛邑，世世代代地免除丰邑的赋税与徭役。

高帝以家乡父老一员的身份，在沛邑度过了他一生中最欢快的日子；又以皇帝的身份，免除沛、丰二邑百姓的赋税和徭役，他的衣锦还乡圆满告终，于是车驾终于启程西行了。

在高帝车驾西行的途中，他接连得到两个令他高兴的消息：一是黥布在番阳被杀；二是周勃平定代郡，斩陈豨于当城。高帝即皇帝位后震撼大汉王朝江山的两次叛乱，至此终于被彻底平定。西行途中，高帝还做了一件异乎寻常的事，那便是在曲阜祭祀孔子。

十一月，高帝自淮南返京途中，路过鲁地。鲁国曲阜（今山东曲阜）是孔子的家乡，也是他教授子弟的故里。当部下告知他曲阜城在途经大路的东侧只有几十里的路程时，高帝便下令车驾转东，向曲阜进发。

从讨厌儒生到祭祀孔子，是刘邦一生中的重大转变之一。刘邦讨厌儒生，同他早年的环境和经历有关。家居沛县，身为亭长，刘邦所能见到的儒生当然不是当时知名于世的大师鸿儒，而多为儒生中的末流，其中不乏今人鲁迅笔下的孔乙己式人物。儒生们所固有的迂腐之气，再加上穷儒辈的寒酸之相，怎能不令心怀大度而又颇有几分玩世不恭的刘邦讨厌万分？因此，当刘邦于沛县举兵之后，对于投奔他的儒生常有嘲笑与奚落之类的事情发生。据刘邦的近卫骑士说：

"沛公不好儒，诸客儒冠来者，沛公辄解其冠，溲溺其中。"

刘邦往儒者的帽子里小便，可见他对儒者是何等的轻蔑。然而，事实教育了他，他对儒者乃至儒家学说的态度逐渐发生了根本性的转变。

秦二世三年（前207），沛公曾带兵路过高阳（今河南杞县西南）。高阳有一"家贫落魄"的儒生郦食其，自称"高阳酒徒"，求见沛公。沛公在传舍派人召见郦生，郦生入见沛公。沛公很随便地坐在床上，一面令两名女子为自己洗脚，一面接待郦生。郦生见沛公如此傲慢无礼，便长揖不拜地对沛公说：

"足下是想帮助秦攻击诸侯，还是想率领诸侯击破秦军呢？"

沛公见郦生竟然如此质问，便开口骂道：

"你这个贱陋的儒生，天下人受暴秦之苦已是很久的了，所以诸侯才相继而起，攻击暴秦，怎么能说是助秦攻击诸侯？"

郦生回答说：

"如果是一定想要聚集徒众、联合义兵而诛灭无道的秦朝，那就不应当傲慢地接见年长的人！"

沛公见郦生出语不凡，道出了破秦的主题，便立即改变态度，中止洗脚，起身持衣，请郦生上坐并向他赔礼道歉。于是，郦生向沛公分析了天下的形势，劝他首先攻占陈留（今河南开封东南陈留城），据有积粟甚多的天下要冲，并答应前往劝降，或在城内作为内应。沛公派郦生前往，自己率大军相随，果然攻下陈留。郦生的弟弟郦商此时已聚集四千少年，也来归属沛公。后来，郦食其又游说齐王田广归附汉王，不战而得齐地七十余城。

楚人陆贾是一名辩士，口才很好，曾为高帝出使南越，因功被拜为太中大夫。高帝即皇帝位后，陆贾时时在高帝面前称道儒家的经典《诗》《书》如何如何，引起了高帝的反感。一次，陆贾又当着皇帝的面称道《诗》《书》，高帝忍不住骂道：

"老子的天下是在马背上得来的，哪里用得着《诗》《书》？"

陆贾见高帝骂自己，便不慌不忙地反问说：

"在马背上得来的天下，难道还要在马背上治理它吗？况且汤王、武王以武力逆取天下，却用顺乎民意来固守天下，文武并用，才是长治久安的途径。当年吴王夫差、智伯穷兵黩武而亡，秦专任刑法不变而灭。假使秦兼并天下之后，行仁义，效法古代圣贤，陛下怎能得有天下？"

陆贾的反问使得高帝无言以对，脸上现出不大高兴而又有几分惭愧的表情。从谏如流的高帝见陆贾讲得颇有道理，便对他说：

"我要看看你著书论说秦所以失天下、我所以得天下的原因，同时论述古今治国的成败得失。"

陆贾领命后便粗略论述秦汉以及古今治乱存亡的征兆，每写完一篇便进奏于上，高帝读后无不点头称善，左右高呼万岁。陆贾共撰写十二篇依次上奏，号其书曰《新语》。

至于原秦博士叔孙通为高帝立朝仪一事，本传下篇还要谈及。

总之，高帝对郦食其、陆贾以及叔孙通三位儒生在态度上的转变，表明他晚年对儒生以及儒家学说的态度，同他起兵初期相比已有很大的转变，因而高帝在去世前的半年到曲阜祭祀孔子，并非出于偶然。

高帝率大军来到曲阜，下令士卒一律驻扎在城外，他只是带领少数侍卫入城，到孔庙虔诚地向孔子行祭祀之礼，以"太牢"（牛、羊、豕）祀于孔子。在孔庙祭孔之后，又观瞻了孔子当年聚徒讲学的杏坛。然后，高帝出城止宿。第二天，高帝便率领东征将士一路返还京师长安。

高帝的车驾临近长安，陆续有百姓出现在路旁，阻拦皇帝的车驾，上书说萧相国用贱价强买百姓田宅，数以千万计。其实，早在高帝率兵同黥布作战时，就有人向他报告相国贱价强买民田的事。萧何以贱价强买平民田宅，这消息很使高帝感到意外和不可理解，但当时正全力与黥布的叛军作战，高帝所考虑的是如何击败黥布；所担心的是陈豨、韩信、黥布接连谋反叛乱的事实，使高帝对萧何也有些放心不下，生怕他这位老朋友在关中百姓的拥护下倾动关中，成为陈豨、黥布第二，使他无力在东、西两线同时作战，断送大汉江山。正因为如此，高帝得知这一消息后，主要不是对萧何不满，而是感到萧何既然如此，便不可能利用民心来危及大汉王朝，反而安心地集中全副精力对付黥布了。

然而，当黥布叛乱已经平定、异姓诸侯王势力已被剪除、东征大军凯旋已临近京师的时刻，高帝见百姓阻路上书控告萧相国贱价强买百姓田宅，在担心萧相国倾动关中的心情已成为过去的情况下，高帝对相国的所作所为深感不满并且带有几分怒气了。相国贱价强买民田，这违背了高帝即位以来安抚百姓的基本国策，不利于大汉王朝的安定与巩固，高帝怎能不责怪萧何呢？

高帝车驾临近长安，萧相国率百官郊迎皇帝凯旋。萧何拜见高帝，高帝笑着对萧何说道：

"相国怎么也与民争利了？"

接着，高帝便把一路上收到的百姓控告萧何的上书全部交付给他，带有几分怒气严肃地说：

"请你亲自向百姓认错道歉！"

素以爱惜百姓、善于治理国家而著称的萧何，违心地以贱价强买百姓田宅，不外是为着解除高帝的疑虑，有说不出的苦衷。高帝东征归来为此事责怪他，他心中更是苦恼，但也只好忍受。烦恼之余，萧何忽而想道：皇帝既然责怪我与民争利，我何不就此上书请皇帝开放上林苑，使百姓可以到上林苑中耕田狩猎，为穷苦百姓做一点好事，也算是弥补一下强买民田给百姓带来的损害，使自己内疚的心情得以缓解？谁知萧何的这一想法和举动，却给他带来了一场灾难。

上林苑是古代的苑囿，占有渭水以南的广阔地域，面对终南山，故址在今西安市西及周至、鄠邑界，周围二百余里。这里有沣、沪、灞、滈、涝等六条河流北注于渭水，同泾水、渭水合称"关中八川"。这里土壤肥沃，风景秀丽，禽兽翔聚，周文王时建"灵囿"，秦惠文王开始在上林苑中建造宫室，秦始皇在这里建造朝宫即阿房宫。阿房宫虽然毁于秦末的战火，但上林苑作为皇帝的狩猎场所被高帝保存下来。

一日，萧何以为民请命的名义向高帝请示说：

"长安地域狭窄，民户日益增多。上林苑中有许多空余的土地荒废着，愿下令允许百姓到苑中耕田，秋天时只收获粮食而留下秸禾，既可供苑中的禽兽食用，农夫又获得了粮食，一举两得。"

高帝即位以来也是把爱惜百姓作为安定天下的宗旨，萧何的这一建议，本来是可以考虑和采纳的。然而，高帝此时对萧何强买民田一事的余怒未消，见他非但不向百姓赔礼道歉，却反过来打着为民请命的旗号要求开放上林苑，心想：相国的弦外之音莫非是与民争利的不只是你萧何，而是我皇帝本人不成？想到这里，高帝大怒道：

"相国恐怕是接受了商贾的许多财物，要替他们说话，才来向我请求开放上林苑的吧！"

高帝即位不久便制定了限制商贾的政策，但开放上林苑，得利的是农户，而不是商贾。高帝把接受商贾贿赂这一莫须有的罪名加在萧何头上，是驳斥他打着为民请命的旗号用来遮掩强买民田的罪责，同时也是驳斥他以这一旗号来诽谤自己与民争利。况且，商贾是国家限制和打击的对象，说萧何接受商贾贿赂，替商贾说话，用意是不许萧何借此来收买民心，似乎只有他萧何才爱惜百姓。再说，除此之外，还能给萧何加上其他什么罪名呢？

于是，高帝下令将相国萧何交付掌管国家刑狱的廷尉进行审理，给他戴上刑具，投入狱中。

萧何毕竟是高帝的老朋友，辅佐他平定天下，治理国家，忠心耿耿，功劳最高。这一切，高帝心里是一清二楚的。高帝在一怒之下将萧何投入囹圄，受罪和难过的不只是萧何本人及其亲属，皇帝的心中又何曾安宁？因而，如何处置萧何并向群臣和百姓交代，便成了摆在高帝面前的一大难题。接连几日，高帝颇为烦躁不安。

数日后，正值王卫尉侍奉高帝。他猜透了皇帝的心思，便向前问道：

"萧相国犯了什么大罪，陛下便突然把他交付刑狱？"

"我听说李斯担任秦皇帝的丞相时，有政绩则归功于主上，有过错则自己一人承担。今日相国接受商贾那帮小子的许多金钱，打着为民请命的旗号，要求开放我的苑囿，想以此来取媚于百姓，收买民心，所以便把他拘捕并交给廷尉审理。"

高帝在王卫尉面前，当然要申明法办萧何是有理由的。但是，讲话的语气已较为平和，同几天前发怒的情况已大不相同。有鉴于此，王卫尉便进一步向前劝谏说：

"在职权范围内假如有便于百姓而向上请示，这才是称职的真宰相应当做的事，陛下怎能怀疑相国接受了商贾的金钱？况且陛下与楚军相持数年，后来又发生过陈豨、黥布的叛乱，陛下都是亲自率大军在前线作战。当时，相国总是留守关中。那时相国如果稍动手脚，函谷关以西地区就不是陛下所能拥有的了。相国不在那个时候为自己谋利，今日怎能以商贾的金钱为利？况且秦王是由于听不到自己的过失而丧失天下，李斯为秦王分担过失，又有什么值得效法的呢？陛下怎能以肤浅之见怀疑相国？"

听罢王卫尉的劝谏，高帝在表情上很不高兴。他对王卫尉的劝谏没有做出任何表态，带着一副很不高兴的神情，一言不发地转身回宫，王卫尉也只好告退而出。

其实，高帝的不悦并非听了王卫尉的劝谏而对自己臣下不满，而是王卫尉的劝谏句句切中要害，使高帝越发感到拘捕萧何治罪是自己的举止失措。抛开与萧何交往共事多年的私人感情不谈，高帝此时已清醒地认识到如下的一条不容否认的事实，那便是萧何以他自己的言行在诸将、群臣乃至关中百姓中的形象和享有的威望，早有公论。将萧何拘捕治罪，不仅无法向天下人交代清楚，而且必将使大汉王朝开国功臣名将有兔死狐悲之感，同自己这个皇帝离心离德。果真如此，那对于刘氏王朝将会是何等不利。想到这里，高帝悔恨不已。

王卫尉的劝谏，使高帝认清了萧何为民请命的一片忠心，同时也意识到了问题的严重性。于是，当日便派使臣持节到狱中赦免萧相国出狱。

萧何以同乡故友的身份于沛县拥戴刘邦起兵举事，到他为民请命而身陷囹圄，已是经历了十五个春秋。萧何在狱中的情况，史书并无记载，只留有"相国年老，素恭谨，入，徒跣谢"寥寥数语的写真纪实。纪实表明，萧何并没有因高帝将他投入监狱而怨恨主上，这不仅因为萧何在担任主吏时便深知刘邦胸怀大志，彼此交情深厚，更主要的是自从沛县起兵之日起，他便把自己的命运同刘邦及其事业紧紧地结合在一起了。萧何钦佩刘邦，因而在刘邦的领导集团里从内心拥戴刘邦，心甘情愿地为主上处理日常政务，竭尽全力，呕心沥血，从不曾懈怠半分，更不怀有丝毫的个人野心。所谓"相国年老"，是说萧何已为刘邦耗尽了平生的心血，显得格外衰老了；所谓"素恭谨"，是说萧何对刘邦所交付的重任，丝毫不苟，遇事总是尽心竭力，想得很周全，做得很出色，从未出现过任何差错或失误。至于为使刘邦在外地安心地同敌军作战，免生疑心，萧何在门客的劝谏下曾违心地做过一些姿态和举动，也不能完全看成是为了保全自身：萧何既然把自己的一切都奉献给刘邦及其事业，他对个人的安危得失就考虑得并不很多。萧何保住丞相的地位，主要是想在这个职位上多为主上做一些他情愿做的事。在刘邦之下做一名出色的丞相，为民众多做一些好事，是萧何一生的追求和精神上的最大安慰。既然如此，他怎会因为主上的误解和对自己的不公正待遇而怨恨他心目中所崇拜的偶像呢？因此，当使者持节赦免他出狱时，他从内心中激动万分，感谢主上。他深信主上一定会消除误会，赦免他出狱。今见果然如同自己所预料的那样，又怎能不激动万分呢？

萧何出狱后并没有径直回家，而是赤着脚直奔宫中，向皇帝认错谢恩。

高帝见相国白发苍苍、步履蹒跚、打着赤脚前来向自己叩头谢恩，急忙起身向前将萧何扶起，悔恨地说道：

"相国可不要这样了！相国为民请命，请求开放上林苑，我没有答应，我不过是桀、纣那样的昏君，而相国是贤相。我故意把相国拘捕起来，是想因此使百姓闻知我的过失啊。"

相国向皇帝请罪谢恩，皇帝向相国赔不是，而那些道歉的话语，并非高帝拘系萧何的初衷。然而，此时高帝只能如此来安慰萧何，向他赔礼道歉。萧何似乎并没有听清高帝说了些什么，他只是记得在高帝将他扶起的一刹那，只见高帝眼角里滚动着泪花，二人相视无语，彼此的心早已相印为一了。

相国与皇帝之间的这次谢恩与道歉，二人有一个共同的感受，那便是他们都从对方的形象中发现自己确实是衰老了，已经进入暮年。

萧何一生忠于刘邦，但在楚汉相争的艰难岁月以及平定陈豨、黥布叛乱之时，高帝对萧何有些不放心；是门客的三次劝谏，萧何依计而行才消除误会，为此，萧何不得不违心地强买民田，最后又因为民请命而一度身陷囹圄。这一切，原因是多方面的。除了萧何功高震主和君臣关系上所固有的一些矛盾之外，也与高帝晚年的年老多病和精力不支有着一定的关系。

高帝以六十一岁的高龄率兵出征陈豨，归来后患病，卧于禁中，下令群臣不得入见。周勃、灌婴等大臣一连十几日不敢入宫奏事。一日，舞阳侯樊哙不顾卫士的拦截入宫拜见高帝，大臣们跟随而入。入内，樊哙见高帝独自枕在一个宦官的身上，便悲痛地流涕说道：

"当初，陛下与臣等起兵于丰、沛，是何等的威武雄壮！今日天下已经平定，又是何等的疲惫！况且陛下病重，大臣震惊恐惧；陛下不召见臣等议事，只与一个宦者独处而谢绝群臣吗？况且陛下没有看到过赵高谋杀扶苏而立胡亥的前车之鉴吗？"

樊哙的劝谏使高帝在精神上振奋起来，便召见大臣，共议国是。

此时，高帝十几日不召见群臣，除了身体有病之外，也与情绪不佳有关。高帝即位以后，在继嗣问题上，认为太子刘盈仁弱，而宠姬戚夫人所生的刘如意，高帝很是喜爱，认为"如意类己"，虽封为赵王，却常留在长安。高帝领兵在关东作战，总是戚夫人陪伴君王。戚夫人日夜啼哭，想要立如意为太子。高帝曾多次决心想改立如意为太子，但每次都受到大臣们的坚决反对与抵制，使高帝无可奈何，心情颇为烦恼，因而也是接连十几天不召见群臣的原因之一。

就在高帝接受樊哙劝谏、起身视事不久，又发生了黥布的叛乱。高帝此时确实是年老多病，想要派太子率兵出击黥布。是太子门下的"四皓"授计于吕释之，请吕后劝高帝亲征。高帝为了大汉江山，终于带病出征了。

在同黥布作战时，高帝被流矢击中，严重地损害了他的健康。

在回师途中，高帝又在丰、沛老家与父兄子弟饮酒高歌，起舞伤怀，箭伤未能得到较好的康复，因而在祭祀孔子之后的归途中，高帝的箭伤是愈来愈重了。

高帝回到长安后，因病体不见好转，自知来日不多，因而更急于想要改立太子。张良以兼任太子少傅的身份进行劝谏，高帝不听，张良便因此称病不再视事。张良考虑到自己的身份，他不愿在改立太子与否的问题上，在高帝面前把利害说得更重；他深知在帝王的骨肉之间，做大臣的不宜介入过深。而作为太子太傅的叔孙通，他既无张良那样高的功劳与地位，又身为太子太傅，顾虑较少，因而直言劝谏高帝：

"当年晋献公因宠爱骊姬，废太子申生，立骊姬所生的奚齐为太子，晋国因此而内乱数十年，被天下人引为笑谈。秦始皇不及早确定扶苏为太子，使得赵高得以与李斯合谋篡改遗诏，诈立胡亥为帝，使秦因此而亡，这是陛下亲眼所见的事。今日太子仁孝，天下人无不知晓；吕后辅佐陛下安定天下，历尽千辛万苦，怎可违背？陛下如果一定要废嫡长子而立少子，臣愿先受死于陛下面前，以血污地。"

高帝见叔孙通讲今比古，一片诚心，句句说得在理，便笑着说：

"你不要再讲了，我方才说的改立如意为太子，不过是句笑谈而已。"

叔孙通说：

"太子是天下的根本，根本动摇，天下必将震动不稳，怎可以天下的安危为笑谈？"

"我听从君之言就是了。"高帝回答。

当时大臣中为改立太子一事而"固争"的人很多，高帝深知群臣在内心都不归附赵王如意，因而改立太子一事便被搁置了。改立太子一事虽被搁置了，但高帝在心里仍然觉得太子刘盈不令人满意，心中有说不出的烦恼。正是在这种心绪不佳、年老多病的情况下，高帝一怒之下把为民请命的相国萧何投入监狱，但数日后又不得不将萧何赦免并当面向他道歉。

第十三章

受命立法　汉律九章

　　刘邦即皇帝位后，在同项羽进行军事抗争的同时，便开始了国家制度的建设。这项工作，理所当然地是在丞相萧何的主持下进行的，萧何于起义前在沛县任主吏多年，对秦王朝基层政权以及秦朝法律制度的情况颇多了解；攻入咸阳后收缴了秦王朝档案图籍，又为萧何主持这一工作提供了借鉴和资料。这便是史书所载的高帝二年（前205）"秋，八月，汉王入荥阳，命萧何守关中，侍太子，为法令约束，立宗庙、社稷、宫室、县邑：事有不及奏决者，辄以便宜施行，上来，以闻"。

　　萧何虽然是汉王朝制度建设工作的主持人，但皇帝刘邦无疑是这项工作的决策人。特别是楚汉战争之后，高帝从总体上规划和领导了这一工作，这便是《汉书·高帝纪》所记载的：

　　　　初，高祖不修文学，而性明达，好谋，能听，自监门戍卒，见之如旧。初顺民心作三章之约。天下既定，命萧何次律令，韩信申军法，张苍定章程，叔孙通制礼仪，陆贾造《新语》，又与功臣剖符作誓，丹书铁契，金匮石室，藏之宗庙。虽日不暇给，规摹弘远矣。

史书又载：

　　　　初，秦有天下，悉内（纳）六国礼仪，采择其尊君、抑臣者存

之。及（叔孙）通制礼，颇有所增损，大抵皆袭秦故，自天子称号下
至佐僚及宫室、官名，少所变改。其书，后与律令同录，藏于理官；
法家又复不传，民莫有言者焉。

所谓"大抵皆袭秦故"一语表明，萧何、叔孙通在法律、礼仪制度建设方
面，主要是因袭秦朝的制度，稍有变更而已，这就是人们所说的"汉承秦制"。

所谓"韩信申军法"，是指高帝命张良、韩信编次当时所能见到的各家兵
法书籍，共收集一百八十二家；经张、韩二人的删取要用，定著三十五家。高
帝死后诸吕专权，盗取了这些经过整理的兵书。

所谓"张苍定章程"，是说高帝命张苍制定历法、算术以及有关权、衡、
斗、斛的章程法式。张苍是阳武（今河南原阳东南）人，喜好律历书术，秦时
在朝中任柱下御史，主管天下四方文书，明习天下图书计籍，后因有罪而亡归
故里。

沛公举兵略地经过阳武，苍以客从攻南阳。后张苍犯法当斩，行刑官王陵
在张苍解衣受刑时，见苍身材高大，肥白如瓠，怪而美之，并禀告沛公，赦而
勿斩，于是随从沛公入武关，至咸阳。沛公立为汉王，还定三秦，张苍相继被
任命为常山守、代相、赵相，受封为北平侯，食邑一千二百户。后来在丞相府
担任"计相"，即《汉书·张苍传》所说的"迁为计相，一月，更以列侯为主
计四岁。是时萧何为相国，而苍乃自秦时为柱下御史，明习天下图书计籍，又
善用算律历，故令苍以列侯居相府，领主郡国上计者"。可见，张苍在相国府
是萧何的重要助手之一，为汉王朝的制度建设作出了重要的贡献。

为汉王朝制定礼仪的叔孙通，本是薛（今山东滕州南）人，秦始皇时以文

学征，为待诏博士。陈胜在大泽乡起义，攻入陈。消息传至咸阳，二世胡亥召博士诸生询问是怎么回事，博士诸生三十余人都向前说：

"这是地方官员没有打算，没有打算即是谋反，愿陛下急速发兵击之。"

二世见诸生说有人谋反，脸上很不高兴。见此情景，叔孙通便上前说道：

"诸生所说的都不对。今天下已合为一家，毁郡县城池，销毁甲兵，向天下人表示不再有战事。况且明主在上，法令具于下，使令百官人人奉职，四方辐辏中央，怎敢有造反的人？陈胜等人不过是一群鼠盗狗窃的盗贼而已，何足挂齿？有郡守县尉捕拿论罪，有什么可忧虑的？"

二世听了叔孙通的议论，高兴地说："善。"于是遍问诸生，诸生中有人说是造反，有人说是盗贼。二世下令御史将那些说是造反的诸生下狱治罪，罪名尽"非所宜言"；而把那些说是盗贼的诸生免而勿论；赐给叔孙通帛二十匹，衣一副，由待诏博士拜为博士。

叔孙通等人出宫返回住舍，其他诸生责问他：

"先生出言为何如此不顾事实，阿谀奉承？"

"诸位有所不知啊，我几乎未能逃脱虎口！"叔孙通回答后当即逃回故里薛地。此后，叔孙通先后随从项梁、义帝、项羽，最后于汉王二年（前205）投降刘邦。汉王兵败西归，叔孙通亦随从汉王。

叔孙通本为儒生，身着儒服。因为汉王厌恶儒服，叔孙通便改穿短衣，与楚服同制，汉王为此而高兴。

叔孙通身为博士，投降汉王时随从他的儒生弟子有百余人，然而叔孙通一个也不向汉王推荐，只是向汉王推荐些群盗壮士一类的人。随同他的弟子私下骂道：

"侍奉先生已经数年，幸而得以随从降汉，现在不能向上推荐我，只是推荐那些好斗的人，是何缘故？"

"汉王正在以武力争夺天下，诸位能够临阵杀敌吗？所以我首先举荐那些能够斩将夺旗的勇士。诸位暂且等待我，我不会忘记你们。"叔孙通告诉弟子们。

汉王拜叔孙通为博士，号稷嗣君。

汉王五年（前202），天下平定，各路诸侯在定陶尊汉王为皇帝，由叔孙通制定有关的礼仪规范与名号。当时，高帝除去秦时烦苛的礼仪与法规，以简易为便。但是，出现了群臣饮酒争功，醉酒后或狂呼乱叫，或拔剑击柱，高帝很为此而烦恼。叔孙通有鉴于此，便对高帝说：

"儒者难与进取，可与守成。臣愿征召鲁国的诸生，连同臣的弟子共同起草朝廷礼仪。"

"能不能不大烦难呢？"高帝问。

"五帝与三王在礼乐上并不相同，夏、商、周三代的礼仪都是既有因循而又有所变化的。臣愿采古礼与秦仪杂合而成。"叔孙通答。

"那你就试着去做吧，礼仪一定要令人易知，考虑到是我所能实行的。"高帝终于向叔孙通下达了起草和演习朝廷礼仪的指示。

叔孙通受命离京到鲁地征召诸生三十余人。其中有二人不肯跟随他西去长安，说道：

"您所侍奉的主上已有十来人，都是通过当面阿谀奉承而得以亲近宠贵。现在天下刚刚安定，一些死去的人有的尚未得到安葬，受伤的人有的尚未痊愈，却想要兴起礼、乐。礼、乐的兴起，需要积德百年之后。我不忍心去做您想要做的事；您快快走吧，不要玷污我。"

"您二位真可称得上是鄙陋的儒生，不懂得随时变化！"叔孙通笑着说，然后同征召的三十名儒生西行入关。

叔孙通率领征召的儒生、高帝左右的近臣及平时懂得并掌管礼仪的官员，还有自己的百余名弟子，一同到郊外教习：牵引绳索表示所在宫殿处所，用茅草等物立于地面，表明尊卑定位的标志。叔孙通率儒生、近臣及弟子在野外演习一月有余，便向高帝汇报说：

"皇上可试观习礼。"

高帝到现场观看演习，很满意，说道：

"这种礼仪我是能接受的。"

叔孙通的朝仪既已得到高帝的批准，便下令在群臣中演习，等待十月的朝会。

汉承秦制，以十月为岁首。高帝七年（前200）十月，长乐宫建成，诸侯群臣都到长乐宫朝贺，行朝礼。

按新制定的礼仪，在天亮之前由谒者主持礼仪，按尊卑次序导引诸侯群臣依次进入殿门，廷中陈列车骑步卒侍卫，宫殿张立旗帜，传言"趋"，诸侯群臣便快步入位。殿下有郎中排列两边，台阶下有数百人之多。功臣列侯、诸将军吏依礼排列在西方，面向东；文官丞相以下依次排列在东方，面向西。由掌管交际礼仪的官员"大行"对下属的九名礼宾官员传告。此时，传呼警戒，皇帝车辇出房，礼宾官员引导诸侯王以下至六百石的官员，依礼序向皇帝奉贺。参加奉贺的官员依次行礼，无不震恐肃敬。

朝贺礼仪完毕，接着便举行盛大的酒宴。诸位侍坐殿上的王侯群臣都依礼不敢平坐而视，按尊卑的次序为皇帝敬酒祝福。敬酒九巡，谒者高声宣布：宴会到此结束。整个酒宴过程中，御史将那些违背礼仪的人随即引出，直到宴会结束，没有人敢喧哗失礼。高帝为此十分高兴，说道：

"我今日才知道做皇帝的尊贵。"

于是，拜叔孙通为太常，掌管宗庙礼仪，同时赐给黄金五百斤。

叔孙通趁此机会向高帝请示说：

"各位弟子儒生跟随臣已经很久，与臣一道起草演习礼仪，愿陛下赐给他们官职。"

于是，高帝以其全部弟子儒生为郎。

叔孙通从宫中出来，把皇帝赐给他的五百斤黄金分赐给诸生，自己分文不留。这时，跟随叔孙通多年的弟子诸生才终于明白，一道高兴地说：

"叔孙先生真是圣人啊，知道当世的要务。"

汉王朝的制度建设，史书有约略记载的，一是上述的叔孙通制定礼仪，二是萧何受命制定汉律九章。在介绍制定汉律九章以前，有必要谈及萧何在长安修建未央宫一事。

萧何受命在长安城西南隅修造未央宫。高帝七年（前200）二月，高帝来到长安，见未央宫修造得过于壮丽，很生气，对萧何说道：

"天下动荡不安，百姓劳苦数年，成败尚未可知，为何把宫室修得如此过度？"

萧何回答：

"正因为天下尚未安定，才可以因此而修造宫室。况且天子以四海为家，宫室不壮丽无以显示出庄重与威严，只要令后世不要再超过它就可以了。"

听萧何这么一讲，高帝转怒为喜。未央宫建成，高帝正式从栎阳迁都长安。

萧何受命制定汉律九章，见于《汉书·刑法志》的记载：

汉兴，高祖初入关，约法三章曰："杀人者死，伤人及盗抵罪。"蠲削烦苛，兆民大悦。其后四夷未附，兵革未息，三章之法不足以御奸，于是相国萧何攈摭秦法，取其宜于时者，作律九章。

这段记载表明，约法三章在废除秦朝苛法方面虽有不可抹灭的功绩，但天下平定之后已不能适应维护社会秩序、有效地打击犯罪的需要，于是萧何便把秦法中适合于汉时需要的部分编成新的法律条文，作成汉律九章。

《九章律》是在秦律六篇的基础上增加了：

《户律》，关于户籍、赋税和婚姻方面的法律条文；

《兴律》，关于征发徭役、城防守备方面的法律条文；

《厩律》，关于牛马畜牧及驿站方面的法律条文。

所谓"秦律六篇"，是在李悝《法经》六篇基础上制定的，是一部刑法法典，主要是为了打击刑事犯罪，维护社会治安。萧何把有关户籍、赋税、婚姻、徭役、畜牧以及驿传等方面的法律条文汇集成《户律》《兴律》《厩律》，与刑法典的六篇并列为"九章"，是萧何对汉代法制建设的一大贡献，因而在中国法制史上享有一定的地位。

西汉初年，秦朝的某些苛法并未废除。据史书记载：

汉惠帝四年（前191）废除秦《挟书律》；

高后元年（前 187）废除秦《三族罪》《妖言令》；

汉文帝元年（前 179）废除《收孥相坐律》；

汉文帝二年（前 178）废除《诽谤律》。

上述记载表明，秦王朝的某些法律，在汉王朝建立后仍被付诸施行，有的是逐步被废除的。

西汉初年的律令多已失传。1983 年底至 1984 年初，考古工作者在湖北江陵张家山三座西汉前期墓中发现了大量竹简。其中 M247 出土的一千多支竹简中，内有五百余支竹简所记为汉律。从清理出来的律名来看，与睡虎地秦墓竹简出土的秦律律名相同的有金布律、徭律、置吏律、效律、传食律、行书律等。也有的律名与睡虎地秦简律名不同，如杂律、□市律、均输律、吏律、告律、钱律、赐律以及奴婢律等。

文献记载与出土汉律表明，在萧何所主持下的汉初法律制度建设，有很多是沿用秦时的法律或某些法律条文，也有一些是结合西汉初年的具体情况而重新制定的法律或法律条文。

第十四章　临终遗言　萧规曹随

高帝在平定黥布叛乱后的班师途中，箭伤复发，病体日重。回到长安后，又遇到最令他烦恼的是否改立太子的问题。在群臣的坚决反对下，高帝没有改立太子，但心中总是不快。同时，在对待萧相国为民请命的问题上，又错误地将相国投入监狱，心中很是悔恨。这一切，使高帝的病情越来越严重。

高帝病重，吕后十分着急，便请来名医为皇帝诊病。医生诊断后，说道：

"这病是可以治好的。"

"我以一名布衣，手提三尺宝剑而取得天下，这难道不是上天的意志吗？我寿命的长短，系之于天，自有定数，虽有扁鹊那样的名医，又能有何益处？"

医生说皇帝的病可以治好，却遭到高帝的辱骂。高帝在辱骂过后，当然是不令医生给自己治病，而且赐给医生五十斤黄金，把医生打发出宫，请医治病一事就此罢休。

吕后作为高帝的结发夫妻，后来又贵为皇后，她深知高帝的脾气。吕后见高帝不肯就医治病，便不能不虑及后事，这事关她自己、太子乃至汉室天下。改立太子的动议既已成为过去，吕后便考虑到高帝死后相国的接班人问题，便向高帝问道：

"陛下百岁后，萧相国既死，令谁代之？"

"曹参可担此任。"高帝答。

"那曹参以后呢？"吕后又问。

"王陵可担此任；然而他有些戆直，可由陈平来佐助他。陈平的智谋有余，然而难以独自担此重任。周勃为人厚重而少文采，然而能安定刘氏天下的必将是周勃，可令他担任太尉。"高帝对他的臣下可谓了如指掌，因而胸有成竹地回答了吕后在相国接班人问题上的发问。

"那周勃之后呢？"吕后还想再问下去。

"周勃之后便是你不能知道的了。"

高帝的意思是说，周勃之后，你（指吕后）也不会活在人世了，多问何益？

高帝对萧相国死后相国接班人的考虑和安排，表明了他对后事的深思熟虑和安排上的妥善。事后的历史发展表明，果然不出乎高帝的英明预料。

高帝十二年（前 195）四月甲辰日，高帝驾崩于长乐宫，享年六十二岁。

在高帝病危期间，有人向皇帝说樊哙的坏话：

"樊哙与吕氏结党营私，一旦皇上宫车晏驾（晏驾是皇帝死去的讳称），便将率所部兵马诛杀赵王如意等人。"

高帝闻言大怒，采用陈平的计谋，召见绛侯周勃到皇帝病榻前接受密诏：

"陈平亟驰传载勃代哙将；平至军中，即斩哙头！"

陈平、周勃二人接受密诏后，驰传前往。在到达樊哙军中之前，二人在途中商量道：

"樊哙是高帝的故友，功劳最多，又是吕后妹妹吕须的丈夫，有亲戚关系且又高贵。高帝在一怒之下想要将他斩首，恐怕事过还会后悔；不如把樊哙囚禁起来并交给皇上，由皇上自行诛杀。"

二人为明哲保身，商议已定，在到达樊哙军营前便筑坛以所持符节召樊哙。樊哙接受诏书，当场被反缚双手，用槛车押送长安，令周勃代替樊哙，率兵平定燕地反叛的县城。

陈平在途中闻知高帝驾崩的消息，担心吕须在吕太后面前说自己的坏话，便乘驰传先行。这时，路遇使者持诏而来，诏令陈平与灌婴率兵驻守荥阳。陈平接受诏书，立即又急驰入宫，为高帝哭丧甚悲，并因此一再请求宿卫禁中。吕太后任命陈平为郎中令，掌宫掖门户，使令他傅教惠帝，吕须的谗言便不得施行。樊哙被押至京师，吕太后将他赦免，恢复樊哙的爵邑。

高帝死，太子刘盈即位，是为汉惠帝，尊吕皇后曰皇太后。

吕太后囚禁戚夫人，令她穿上囚服，服劳役。太后派使臣召赵王如意，使臣三次往返，赵王如意也没入京。赵相周昌请使臣转告太后说：

"高帝嘱托臣辅佐赵王，赵王年少，臣私下闻知太后怨恨戚夫人，想要把赵王召入宫中一并诛杀，臣不敢遣赵王前往。况且赵王患病，无法接受诏书。"

吕太后听过使臣的转述，大怒，便首先诏令周昌入京。周昌到达长安，太后又派人再次召赵王入京。赵王受诏已经启程，在尚未到达长安时，惠帝得知太后发怒，便亲自到灞上迎接赵王入宫，与赵王一道饮食起居。太后想要杀死赵王，一时得不到机会。

惠帝元年（前194）十二月，惠帝早晨起身出宫射猎，赵王如意因年少不能早起，太后便派人赐毒酒给赵王。天色黎明，惠帝还宫，赵王已被毒死。

吕太后下令砍断戚夫人的手足，挖去她的眼睛，用药使她耳聋口哑，让她居于厕中，称她为"人彘"。

数日后，吕太后召惠帝入观"人彘"，惠帝见此惨状，经询问得知眼前所见的便是戚夫人，目不忍睹，大哭而归。惠帝归后患病，不再起身视事，并派人向太后请示，愿一如太子之时，由太后处理国家大事。从此之后，惠帝便日夜饮酒为乐，不再过问国家政事。

相国萧何自从上年因请命被投入监狱，精神上受到很大的刺激，再加之年事已高，精力已大不如从前。因此，萧何出狱后已没有更多的精力来处理政务。加之此时高帝也患病在身，心情烦躁，萧何同高帝也很少有机会见面。因而在高帝死前想要改立太子、诛杀樊哙以及高帝死后一度秘不发丧、吕后杀害赵王如意、残杀戚夫人等事件，萧何都未与闻。这是因为萧何也正处于年老多病之中。

惠帝二年（前 193）夏，天气炎热大旱，而相国萧何的病也日渐严重。惠帝闻知萧相国病重，便亲自登门探视。探视时，惠帝问道："相国百岁以后，谁可以替代您的职务？"

"只有君主才最了解他的臣下。"萧何并没有直接回答惠帝的发问。惠帝见相国如此回答，便接下去说道：

"您看曹参怎样？"

萧何见惠帝如此发问，立即叩头说：

"皇帝已有人选，臣虽死而无有遗恨啦！"

秋，七月辛未日，即惠帝探视后不久，萧何因病去世，终年六十余岁。

萧何一生勤俭，他所购置的田宅总是选择穷乡僻壤之处，治家从不修建围墙门楼之类。亲朋见萧何不想为子孙后代留下什么家产，便都劝说他。萧何对亲朋的好意相劝，总是笑着回答：

"后代如果贤明，可效法我的勤俭；如果不贤明，这穷乡僻壤中的田宅也不会遭受有势力人家的夺取。"

萧何死后，果然由曹参接任相国职务。

曹参也是沛县人，秦时萧何任沛县主吏，曹参任沛县狱掾，二人都是县府中诸小吏的豪长，又同是刘邦的好友。刘邦起兵为沛公，萧何"常为督丞事"，仍然是以文职官员的身份辅佐刘邦，后来位至相国；而曹参于沛县举事后却投笔从戎，在征战中成长为刘邦麾下的一名主要战将，屡建奇功。

沛县举事后，曹参在同秦军的战斗中曾多次击败秦将章邯的部队，击破秦将李由军，杀死李由，由七大夫爵位迁为五大夫，后来被楚怀王封为"执帛"（孤卿），号曰建成君。又升迁为戚公（戚县县令），隶属砀郡长沛公。

在随从沛公转战河南的诸多战役中，曹参屡屡斩杀秦将，夺取城池，迁爵为"执圭"。他率兵与南阳郡郡守𬮱交战于阳城东，攻陷陈，夺取宛（南阳郡治所所在地，今河南南阳），俘虏郡守𬮱，平定南阳郡。接着随同沛公西向攻取武关、峣关，又以前锋将领在蓝田南击败秦军，并夜袭秦北军，大破之，兵至咸阳，是沛公经武关、峣关灭秦的主将。

沛公受封为汉王，封曹参为建成侯。曹参随同汉王到汉中，升任为将军。

汉王拜韩信为统兵大将，北上平定三秦。曹参在平定三秦的诸多战役中，屡战屡胜，以将军的身份率兵将章邯围困在废丘城中。随后曹参以中尉的身份率兵同沛公东渡黄河，多次与项羽的部将交战，屡获胜利。

汉王二年（前205），拜曹参为假左丞相，率兵入关中驻守。月余后魏王豹反叛，曹参与韩信东攻魏，生获魏王豹，将魏地全部平定，共攻克五十二县。在韩信攻赵的井陉口战役中，曹参受令围赵王别将戚公于邬城，将戚公斩首。

韩信破赵，为相国，东击齐，曹参以左丞相隶属韩信，攻破齐历下军，接连攻克齐地城池，斩楚龙且，虏亚将周兰，平定齐郡，共得七十县。

韩信被立为齐王，引兵诣陈参加围攻项羽的垓下战役，而曹参被留在齐地，平定尚未归服的县城。

据《汉书·曹参传》的统计，曹参在同秦军、楚军以及平定陈豨、黥布的诸多战役中，立过很多战功。

凡下二国，县百二十二；得王二人，相三人，将军六人，大莫敖、郡守、司马、侯、御史各一人。

天下平定后，高帝六年（前201）十月甲申日，"始剖符封诸功臣为彻侯"。萧何受封为酂侯，食邑最多；曹参次之，受封为平阳侯，食邑一万零六百三十户。诸武将对萧何"未尝有汗马之劳，徒持文墨议论"而居诸功臣之上甚为不服，是高帝关于"功人""功狗"的一番议论，功臣们才不敢再多言语。

列侯受封已经完毕，诏令议定"元功十八人位次"。这时，武将们又出来替曹参论功，异口同声地说道：

"平阳侯曹参，身被七十处创伤，攻城略地，功劳最多，应位列第一。"

此时，谒者、关内侯鄂千秋出来反驳群臣的议论，论证萧何功在曹参之上，应是萧何位列第一，曹参次之。

高帝赞成鄂千秋的议论，排定功臣位次一事的争论就此而结束。

后来，陈豨发动叛乱，曹参以齐相国的身份率兵攻击陈豨的部将张春，大破叛军。黥布发动叛乱后，曹参随从齐悼惠王率领车骑十二万，与高帝东征大军会师后共击黥布，大破黥布军，南至蕲（今安徽宿州南），收复竹邑、相、萧、留四县。

在刘邦部下的战将中，除异姓诸侯王韩信、黥布以及彭越等人外，曹参是武将中战功最为卓著的人，并得到了诸将的公认。

如果说沛公举兵后曹参以刀笔吏的身份投笔从戎，成长为刘邦部下的武将之首，战功卓著。那么，在天下平定后，曹参又以齐国国相的身份在治国中显示出异乎寻常的才能。

高帝五年（前202）正月，更立齐王韩信为楚王，曹参归还左丞相相印（曹参曾以左丞相隶属韩信）。

高帝六年（前201）正月，高帝立长子刘肥为齐王，任命曹参为齐相国，辅佐刘肥。孝惠帝元年（前194），废除各诸侯国"相国"的称号，改称"丞相"，以有别于朝廷的相国，于是又以曹参为齐国丞相。

在刘邦所封的同姓诸侯王中，齐王刘肥辖有胶东、胶西、临淄、济北、博阳、城阳郡共七十三县，领土最广，而且下令能讲齐地语言的流民都要归还齐地。正如《史记正义》所言，齐国形势，仅次于秦中（关中），可见齐国在各诸侯国中地位最为重要。

刘肥受封为齐悼惠王，正是年富力强之时。曹参作为齐相，在齐地召见长老、先生，向他们询问安抚百姓、治理国家的良策。而齐都临淄郊外的稷下学官，在战国时期曾是中原各国学者荟萃的地方，是全中国的学术中心和教育中心，因而在西汉初年，这里拥有战国及秦时留下来的儒生数以百计。曹参向这些人询问治国安民的方案，每个人讲的都不尽相同，各有自己的一套高论，使得曹参也不知所从。

后来，曹参闻知胶西郡有一位名为盖公的老先生，精通黄帝、老子之书，便派人带着贵重礼物将盖公请到国都临淄。曹参接见盖公，向他询问治国之道，盖公向曹参讲治国之道"贵清静而民自定"，并以这一理论具体地论述了治国当中的其他一些问题。曹参听得很认真，钦佩盖公所讲述的以黄老之术治国的高论。曹参请盖公住在很讲究的馆舍，用黄老之术治国。在曹参担任齐相的九年之中，齐国被治理得很好，国泰民安，人们都称颂曹参是贤相。

萧何病故的消息传到齐国，曹参闻知后便告诉府中主管家事的舍人，催促他尽快治理行装，并对舍人说：

"我将要入朝出任相国。"

不久，朝廷果然派使臣召曹参入京出任相国职务。

曹参在天下平定后出任齐相，转眼间九年的时光已经成为过去。今日一旦要离开齐国到朝廷出任新职，心中很不平静。临行前，曹参对即将上任的齐相嘱托说：

"要以齐国的刑狱诉讼和市场交易为寄托，一定要慎重对待，不要扰乱这两个场所。"

"治理国家难道没有比这再重要的问题吗？"后任齐相困惑不解地问道。

"不是像您说的那样。狱与市这两个场所，是好人与奸人并容的地方，现在您一定要扰乱这两个场所，那奸人还会有容身的地方吗？如果奸人无处容身，岂不会铤而走险，把天下扰得大乱不宁？我因此把它作为治国首先要处理好的问题。"

曹参嘱托后任齐相的一番话，要旨还是在于贯彻治国"贵清静而民自定"的原则，主张清静无为，把黄老思想奉为治国的主导思想。

　　曹参应召入京，到相国官府就任新职，感慨万千。当他就坐于当年萧何处理公务的几案面前，心中对生前的好友充满了无限的怀念。此时曹参已年近六十，时常在"怀旧"之中度过晚年的时光。回首往事，二人同是沛县府中的"豪吏"，共事多年，交情颇深。当陈胜在大泽乡高举义旗、天下闻风响应之际，是萧何同他一起建议沛县县令召刘邦率众前来共举义旗。刘邦率众前来，沛令反悔，想要把萧何同他杀死，二人恐惧，一道跳城出逃，并同刘邦共举义旗。

　　刘邦以沛公起兵灭秦，又与项羽争夺天下。在战争连年的岁月，曹参一直在刘邦的麾下南征北战，是前线的一员战将；而萧何则以丞相、相国的身份留守关中，为前线调运粮草、补充兵员，是后方根据地的全权行政长官。在战争岁月，二人有着共同的理想与命运，唇齿相依，彼此之间关系正常。

　　待到天下平定、论功封赏之时，曹参与萧何在关系上出现了嫌隙。刘邦以萧何功劳最高，应位列第一，所封食邑最多。曹参认为萧何无有战功，深感不服。非但曹参不服，几乎所有的战将都对萧何位列第一表示不服，都认为曹参战功卓著，应位列第一。尽管刘邦、鄂千秋一再阐述萧何应当位列第一的理由，曹参等人在内心深处仍是耿耿于怀。

　　封赏之后，曹参就任齐国相国。曹参在齐相位上一连任职九年，九年之中，他深感治国并不比征战容易。在齐国相国任上，曹参逐渐地理解了高帝把萧何排位第一是正确的，当初对萧何的怨气也就逐渐地雪化冰消了。由于职务上的关系，曹参对萧何为汉王朝所制定的法律制度及其所奉行的治国方针大计也深感佩服。于是二人之间的关系在经历了一段曲折之后，在更高的层次上又回归到一处，在治国问题上二人已经取得了共识。

　　萧何呢，他并非不了解故友曹参。然而，在论功封赏时，曹参在武将中带头对自己表示不服，萧何心中很不理解，对曹参等人的态度不以为然。可是，曹参在齐国相国任上竟然把齐国治理得那样出色。在"相齐九年，齐国安集，大称贤相"的事实面前，萧何不得不对自己昔日的老朋友刮目相看，从内心中无限钦佩曹参的文武全才，认为在治理国家方面，没有人比得上曹参。正是基于这种认识，当萧何病危、汉惠帝向他询问相国接班人时，萧何认为只有曹参可堪当此任。

　　曹参就任汉王朝相国职务后，遵照萧何生前所制定的制度和政策行事，处理国家日常政务，不再另搞什么新的名堂，这就是史书所说的"参代何为相国，举事无所变更，壹遵何之约束"①。

　　曹参把遵照萧何的治国方针和政策奉为自己履行相国职务的原则，这并非出于萧何在临终前推荐他继任相国，而是由于曹参既然把盖公所阐述的黄老之言奉为治国的指导思想，又怎能不"壹遵何之约束"呢？

　　曹参上任后在"举事无所变更，壹遵何之约束"的原则之下履行相国职务，推出了一些令当时人不大理解而又颇有趣味的举措。对此，史书曾有生动的记载，本传亦介绍如下。

　　选拔丞相史是曹参上任后所做的第一件事。为贯彻执行既定原则，曹参从各郡、国的长吏中挑选年长而又不善于言辞的忠厚长者，把他们征召到京师，委任为丞相史，做自己的助手；把相国官府中那些善于辞令、为政苛察、追求名声的官员，一律从相国官府中调离出去。

　　有既忠厚又年长的丞相史作为自己的部下，曹参放心了、满意了。因为这

---

① 以下引文不注明出处者，均见《汉书·曹参传》。

些人见多识广，阅历丰富，又不善于言辞，不追求虚名，遇事从不大惊小怪、小题大做，而是尽力平息事端、得过且过。最大限度地发挥这些人"忠厚"与"年长"的特长，这正是曹参贯彻执行既定原则所必须具有的前提条件。

在曹参看来，选择丞相史是他就任相国后的第一要务。这件工作，他做得分外认真。此项任务一旦完成，人事安排已经妥善，曹参便认为没有更多的事情可做，于是便"日夜饮酒"，不理政务。

朝廷中的卿大夫以及相国官府中的下属官吏，还有曹参门下的宾客，见曹参就任后日夜饮酒，从不处理相国所应处理的政务，感到如此下去，终归不妥，于是便有人前来相国官府，想要对他进行劝说。

曹参是个聪敏过人的人，他知道前来的人都是自己的故友，也深知他们前来的意图和一片好心。为应付这一场面，曹参想出了一个颇为风趣的办法，那便是凡有想要劝说自己的客人前来，登门后不由客人分说，首先以十分的热情与诚意请客人先饮醇酒（即酒精含量较高的"厚酒"）。碍于主人的一片诚意，客人往往盛情难却，不得不喝。这便是曹参应付前来劝谏的客人的第一个回合。每当此时，主客双方都是各怀心腹事，一般都能保持着清醒的头脑。客人虽在饮酒，但总是想寻找话题进行劝谏；主人虽在饮酒，却总是留意于察言观色，一旦察觉出客人想要借题发挥、进行劝谏，便马上给客人斟酒，举杯共饮，直到把客人劝醉而去为止，使得前来劝谏的客人始终得不到进言的机会，又不伤害同故人的友情。曹参用这种办法对付前来劝谏的客人，习以为常。时间一久，人们自然发现了他的这一奥秘，很少有人再来劝谏。有谁会愿意既不得进言又被灌得大醉而归呢？

史书还记载了如下一段故事：

相国官府的宿舍后园同吏舍邻近，官吏们白日无所事事，便在舍中饮酒高歌狂呼，吵闹得人们不得安宁。曹相国的随从官吏以此为患，但也毫无办法。随从官吏想借助曹参来制止这一行为，便请曹参游览后园。进入后园，果然闻听园外吏舍中醉酒高歌的狂呼声。曹参的从吏进前请相国查问并制止他们白日饮酒，谁知相国却在园中张设坐席饮酒，大声高歌，与园外吏舍中的醉歌狂呼相应和。

在相国官府中，曹参如发现某人犯有小的过失，非但不责问处理，反而替当事人掩盖事实，大事化小，小事化了，因而官府中一向安然无事。

曹参日夜饮酒而不处理公务的事，传入汉惠帝的耳中。惠帝感到很奇怪，大惑不解，以为曹参是不是因为自己年少即皇帝之位，使得他毫无顾忌，根本不把相国重任当回事。

曹参的儿子曹窋，在朝廷任中大夫。一日，汉惠帝对曹窋说：

"你回家的时候，试探着私下自然地问问你的父亲，就说：'高帝新近离开群臣而仙逝，皇帝年富而力强，您作为相国，整日饮酒，不处理政务，如何以天下之忧为忧？'但你千万不要告诉父亲是我让你问这些话的。"

曹窋接受汉惠帝的旨意，寻找曹参闲暇的时候向父亲进行劝谏，把惠帝教他的话语在父亲面前重述一遍。

曹参见儿子用这些话来教训自己，十分生气。一怒之下，令人用荆条将曹窋抽打二百下，然后训斥曹窋道：

"你马上回宫中去侍奉皇帝，天下大事不是你所应当谈论的。"

曹窋被抽打得皮开肉绽，疼痛难忍。然而，父亲既然勒令他立即回宫，他怎敢违命不遵，只好强忍疼痛，连夜回宫。

汉惠帝当天晚上便知道了曹参笞打儿子的事情。

第二天早朝，惠帝见到曹参，开口便责问道：

"您是怎么教训曹窋的啊？那是我让他向您进行劝谏的。"

其实，曹参知道儿子身为中大夫，是皇帝的顾问、参谋一类的官员，经常有机会侍奉皇帝，以备顾问。他昨日觉得儿子劝谏的那番话语，不似出自儿子之口，似乎是什么人指使他这么讲的，莫非是皇帝令他来责问自己吗？想到这里，曹参气不打一处来，便责令将曹窋毒打一顿。他这样做，不仅是教训自己的儿子，也是借此让那些背后指使曹窋的人知道，不要再使用这种手段来进行所谓的"劝谏"。

今见惠帝当面向自己点明事情的真相，方知果然不出所料。然而既然皇帝责怪下来，自己也不得不向皇帝有所交代。于是曹参立即免冠向皇帝认罪，说道：

"陛下自察在圣明、英武方面比高皇帝如何？"

"朕怎敢同先帝相比？"惠帝答。

"陛下观参与萧何谁更贤能？"曹参问。

"您似乎比不上萧何。"惠帝答。

曹参说："陛下讲得很对。高皇帝与萧何安定天下，法令既已明了完备，陛下垂衣拱手，参等恪守其职，遵而勿失，不也是可以的吗？"

惠帝说："很好。您也回府歇息去吧。"

在皇帝的责问之下，曹参终于向天下人表白了自己整日饮酒、不理政务的缘由。在曹参看来，高帝与萧何所制定的法令既已完备，又被天下人所知，只要官府中的执事人员依法办事，也就可以了，用不着相国再说东道西，另搞一套。

曹参继萧何出任相国，虽整日饮酒，但并非完全不理政务。且看他在挑选丞相史时是何等严肃认真，而他所表白的"参等守职，遵而勿失"，难道不恰恰表明他在执行萧何所制定的法律、恪守相国职责上是何等的一丝不苟吗？在西汉前期，曹参堪称西汉最高领导集团中推行黄老政治承前启后式的典范人物。

曹参以年近六十的高龄就任大汉王朝的相国，之前战争年代的戎马生涯中，他身上留有七十余处创伤。在京城为相国三年后，曹参因病而死。

曹参就任相国后的许多故事，在民间也有广泛的传播。当曹参去世的消息传出后，百姓都很悲痛。京师的百姓为怀念曹参生前的恩德，为他编了一首歌谣：

　　萧何为法，顜若画一；曹参代之，守而勿失。载其清靖，民以宁一。

这首歌谣的大意是：萧何所制的各项法令，明白易懂又整齐划一；曹参接替萧何出任相国，遵守萧何的法令而没有违背。因而政治清明，天下太平，百姓安居乐业。

这首歌颂萧何、曹参生前功绩和恩德的民谣，很快地便由京师传遍关中大地，乃至函谷关以东。因而司马迁著《史记·曹相国世家》时，载录了这首歌谣的全文。

西汉扬雄《解嘲》说：

夫萧规曹随，留侯画策，陈平出奇，功若泰山，响若坻隤。

以上寥寥数语，亦可看成是对萧何、曹参等人历史功绩的肯定。所谓"萧规曹随"，正是对于上述历史事实的概括。

司马迁著《史记·萧相国世家》，对萧何有如下评价：

萧相国何，于秦时为刀笔吏，录录未有奇节。及汉兴，依日月之末光，何谨守管籥，因民之疾秦法，顺流与之更始。淮阴、黥布等皆以诛灭，而何之勋烂焉。位冠群臣，声施后世，与闳夭、散宜生等争烈矣。

太史公的这段评论是说，在秦朝时，萧何不过是沛县府中从事文墨工作的一名小吏，整日忙忙碌碌，看不出他有什么异乎寻常的才能。是秦末农民起义的烈火，使萧何经受了锻炼；是时势使他登上了丞相、相国的宝座，发挥了自己的才能，为刘邦争夺天下、治理国家做出了杰出的贡献。萧何功绩的取得，在于他关心民众的疾苦，得乎天下之人心，顺乎时代之潮流，而又无限忠诚于刘邦和他所开创的事业。在为刘邦争夺天下中立有大功的韩信、彭越、黥布等人都被诛杀了，因而萧何的功勋更显得格外灿烂辉煌，位居群臣之上，声名传于后世，完全可以同周文王、周武王时期两位著名的辅佐大臣闳夭、散宜生相媲美。

《史记·曹相国世家》对曹参的历史功绩亦有评论：

曹相国参，攻城野战之功所以能多若此者，以与淮阴侯俱。及信已灭，而列侯成功，唯独参擅其名。参为汉相国，清静极言合道。然百姓离秦之酷后，参与休息无为，故天下俱称其美矣。

太史公在对曹参的评价中，指出他在攻城野战中之所以能立下那么多功劳，是同他大多是在统兵大将韩信的直接指挥之下作战这一事实联系在一起的。这一论断，并不意味着否认或贬低曹参在楚汉战争中所立下的战功，而是实事求是地评价历史人物的功绩。后来韩信被杀，人们便只是称赞曹参的战功了。太史公充分肯定曹参担任相国职务后的历史功绩，认为他实行清静无为的黄老政治，与民休息，使百姓得以从秦末的苦难中被拯救出来，所以他得到天下人的称颂。

班固著《汉书·萧何曹参传》，把萧、曹二人放在一处加以评价，揭示了萧、曹二位历史人物的共性，虽借用了《史记》中的某些评价，但要旨在于揭示萧、曹二人相同或相似的出身、经历和历史功绩。班固的评价说：

萧何、曹参皆起秦刀笔吏，当时录录未有奇节。汉兴，依日月之末光，何以信谨守管籥，参与韩信俱征伐。天下既定，因民之疾秦法，顺流与之更始，二人同心，遂安海内。淮阴、黥布已灭，唯何、参擅功名，位冠群臣，声施后世，为一代之宗臣，庆流苗裔，盛矣哉！

班固的评价指出，萧、曹二人都是出身于秦朝时从事文墨工作的小吏，当时并没有显示出什么奇异的才能。是秦汉之际的历史风云和时势，使得萧何以丞相留守关中，曹参随同韩信南征北战，皆立有大功。天下平定后，萧、曹二人均以相国的身份，根据百姓痛恨秦法的心理，顺乎民心，与民休息，开创汉王朝的基业。二人又不计前嫌，在治国安民的方针大计上，同心协力，遂使海内平静，国泰民安。韩信、黥布既已被诛灭，萧何、曹参便专享有开国元勋之名，位冠群臣之上，名声施于后世，成为有汉一代被后世所尊仰的宗臣，他们的子孙后代也都享有爵禄。在西汉的开国功臣之中，没有人能比得上萧、曹二人所享有的爵禄和声誉。

司马迁和班固虽然都是封建时代的史学家，但他们对萧何、曹参历史功绩的评价，在主要方面概括了问题的本质，足资今人认真地思考与玩味。

在秦汉之际的政治风云中，刘邦与萧何、曹参可谓三位一体式的人物：

在秦王朝时，三人同是沛县的小吏，彼此间过从甚密，堪称好友；

沛县起兵后，萧、曹二人拥戴刘邦，一文一武，辅佐刘邦争夺天下，功居群臣之首；

天下平定后，萧、曹二人分别担任中央与齐国的相国职务，双双执行与民休息的政策，成绩出色，均被百姓誉为贤相；

萧何去世后，曹参接任中央政权的相国职务，"举事无所变更，壹遵何之约束"，使刘邦、萧何为西汉王朝所制定的政治路线得以继续贯彻实施，为后来的文景之治与汉武盛世的出现奠定了基础。

至于刘邦评价辅佐他夺取天下的三位人杰，除了萧何之外，张良在刘邦沛县起兵前彼此并不相识，在天下平定后他又托病而急流勇退，明哲保身；韩信在刘邦沛县起兵前彼此亦不相识，天下平定后他又被剥夺兵权乃至于处死。可见，张良与韩信虽然在辅佐刘邦争夺天下的战争中立有大功，但在同刘邦的关系上没有像萧何、曹参那样：既是刘邦举事起兵前的故友，又是刘邦争夺天下时的功臣，更是天下平定后为刘邦治国安民继续呕心沥血的忠臣，直到生命的最后一息，一生无限地忠诚于刘邦及其所开创的事业。

刘邦与萧何、曹参原为故友，后来在关系上确有君臣之分；这种君臣之分，并不妨碍我们在某种意义上称刘邦、萧何、曹参为"同功一体之人"。所谓"同功"，是说同有功于汉室；所谓"一体"，是说萧何与曹参早已把自己的命运同刘邦的事业结合在一起，尽管在身份上有君主之分。

史书曾记载楚令尹薛公称韩信、彭越、黥布"此三人者，同功一体之人也"。

韩信、彭越、黥布三人同有功于汉室，但在同刘邦的关系上有着相似的情形，均被刘邦视为异己力量和心腹之患，因而有着相似的处境和命运，皆被刘邦所诛杀；

刘邦、萧何、曹参三人亦是同有功于汉室，是汉王朝的开创者，萧、曹在同刘邦的关系上却被视为手足，因而他二人有条件为汉王室效力终生，得以善终，福及子孙后代。

萧何生平大事年表 ①

公元前 256 年（周赧王五十九年）

刘邦生。周赧王卒，周不再称王，史家遂以秦纪年。刘邦生后数年，萧何生。

公元前 221 年（秦始皇二十六年）

秦统一六国，以十月为岁首，分全国为三十六郡。

公元前 218 年（秦始皇二十九年）

秦始皇东游，至阳武博浪沙（今河南原阳东南），张良令力士操铁锥狙击始皇，误中副车。始皇惊，未捕获刺客，令天下大索十日。

此年前后，刘邦任沛县泗水亭长，萧何任沛县主吏掾，曹参任沛县狱掾，三人结为好友。

刘邦任泗水亭长后曾多次押送本县民夫到咸阳服徭役，行前，县府中一些小吏向刘邦资助旅费，吏皆送奉钱三百，独萧何奉钱五百。

公元前 213 年（秦始皇三十四年）

沛令设宴接待吕公及宾客，萧何以主吏的身份主持宴会、接受礼物，刘邦

---

① 萧何生年不详，故本表未载其年龄。

欺骗说"贺钱万"，实不持一钱。吕公见刘邦相貌不凡，引入上座，萧何对吕公说："刘季固多大言，少成事。"吕公将女儿吕雉嫁给刘邦为妻。

此后不久，萧何因政绩卓著，受到监郡御史的赏识，乃给泗水卒史事，考课全郡第一。御史欲入奏朝廷，征何入京重用，何心不愿，以情固请，御史放弃征何入京的想法。

公元前 211 年（秦始皇三十六年）

刘邦以亭长为沛县送民夫服劳役于骊山，因民夫很多都逃亡，刘邦遂放走所有人，并与十几名愿意随从自己的壮士夜入大泽草莽之中，隐于芒、砀山泽间，沛中子弟多有归附者。

公元前 210 年（秦始皇三十七年）

秦始皇南巡，北还。七月，死于沙丘平台（今河北广宗西北）。李斯、赵高矫诏立胡亥为二世皇帝，赐公子扶苏、将军蒙恬死。

公元前 209 年（秦二世元年）

七月，陈胜、吴广于大泽乡首举义旗，旋入陈，陈胜称王，号张楚。

九月，沛令欲以沛县响应陈胜起义，萧何、曹参建议沛令召刘邦共同举事，派樊哙召刘邦。刘邦率众数百前来，沛令反悔，欲杀萧、曹，萧、曹逾城投刘邦。沛父老子弟共杀沛令，萧、曹与沛父老推戴刘邦为沛公，收沛子弟，得三千人，于沛县高举义旗反秦。

刘邦立为沛公，萧何尝为丞专督众事；曹参以中涓从，为沛公左右近侍。

公元前 207 年（秦二世三年）

十一月，项羽杀宋义，自为假上将军，渡河救赵，大破秦军，秦将章邯投降。

六月，刘邦在河南接连攻下城池。八月，攻武关，入秦。九月，绕峣关，大败秦兵于蓝田。

公元前206年（汉王刘邦元年）

十月，刘邦至灞上，秦王子婴投降，秦亡。

刘邦率军西入咸阳，诸将皆争走金帛财物之府分之，萧何独先入收秦丞相御史律令图书藏之。

正月，项羽自立为西楚霸王，分封十八个诸侯王，刘邦被封为汉王。

项羽三分关中地，封秦降将为王以拒汉王，汉王怒，欲攻项羽。经萧何分析形势利害，汉王接受了萧何"养其民以致贤人，收用巴蜀，还定三秦，天下可图"的战略方案。

四月，于戏下罢征秦之兵，诸王各就封国。刘邦入汉中就任汉王，以萧何为丞相。

七月，萧何向汉王举荐韩信，汉王拜韩信为统兵大将，部署北上的军事行动。

萧何以丞相留收巴蜀，镇抚谕告，以给军食。

公元前205年（汉王刘邦二年）

十月，刘邦率军出函谷关东向略地；三月，刘邦率军自临晋渡黄河东向略地。

汉王与诸侯击楚，萧何留守关中。

五月，刘邦至荥阳，萧何亦发关中老弱未傅者悉诣荥阳，汉军复大振，与楚军相拒于荥阳。

八月，汉王如荥阳，命萧何守关中，侍太子，为法令约束，立宗庙、社稷、宫室、县邑；事有不及奏决者，辄以便宜施行，上来，以闻。计关中户口，转漕、调兵以给军，未尝乏绝。

公元前 204 年（汉王刘邦三年）

刘邦与项羽相拒于荥阳南面的京、索之间，刘邦多次派使者慰劳丞相萧何辛苦，鲍生对萧何说："今王露盖，数劳苦君者，有疑君心。为君计，莫若遣君子孙昆弟能胜兵者悉诣军所，上益信君。"萧何听从鲍生计策，刘邦果然大悦。

公元前 202 年（汉高帝刘邦五年）

十二月，刘邦、韩信、彭越围项羽于垓下，项羽突围走乌江，自刎而死，楚汉战争结束。

正月，徙齐王韩信为楚王，立彭越为梁王。

二月，刘邦即皇帝位于汜水之阳，是为汉高皇帝，西都洛阳。徙衡山王吴芮为长沙王。

刘邦论三"人杰"："夫运筹策帷幄之中，决胜于千里之外，吾不如子房；镇国家，抚百姓，给馈饟，不绝粮道，吾不如萧何；连百万之军，战必胜，攻必取，吾不如韩信。此三者，皆人杰也，吾能用之，此吾所以取天下也。"

公元前 201 年（汉高帝六年）

十二月，黜楚王韩信为淮阴侯。剖符封诸功臣为彻侯，萧何封酂侯，所食邑独多，其他诸多功臣对此不服，说："萧何未尝有汗马之劳，徒持文墨议论。"高帝说："诸君知猎乎？""夫猎，追杀兽兔者，狗也；而发踪指示兽处者，人也。今诸君徒能得走兽耳，功狗也；至如萧何，发踪指示，功人也。"

正月，大封同姓诸侯王。

列侯毕已受封，诏定元功十八人位次，以萧何第一，曹参次之。赐萧何带剑履上殿，入朝不趋。是日，悉封何父子兄弟十余人，皆有食邑；益封何二千户。

公元前 200 年（汉高帝七年）

二月，高帝至长安。萧何治未央宫，高帝见宫殿壮丽，甚怒，质问萧何："天下匈匈，劳苦数岁，成败未可知，是何治宫室过度也！"萧何答对："天下方未定，故可因以就宫室。且夫天子以四海为家，非壮丽无以重威，且无令后世有以加也。"高帝闻言而悦。

公元前 197 年（汉高帝十年）

九月，代相陈豨反，自立为代王，劫掠赵、代，高帝亲率大军征讨。

公元前 196 年（汉高帝十一年）

陈豨反，淮阴侯韩信称病，不从击豨，阴使人至豨所，与通谋。

正月，韩信舍人上书密告韩信谋反。吕后欲召，恐其党不就，乃与萧相国谋，诈令人从上所来，言豨已得，死，列侯、群臣皆贺。萧何哄骗韩信说："虽疾，强入贺。"信入，吕后使武士缚信，斩之长乐钟室。

刘邦在外地统兵与陈豨作战，闻知韩信谋反被诛，立即派使者拜丞相萧何为相国，益封五千户，令卒五百人一都尉为相国卫。诸君皆贺，召平独吊，平谓何曰："祸自此始矣。上暴露于外，而君守于内，非被矢石之难，而益君封置卫者，以今淮阴新反于中，有疑君心。夫置卫卫君，非以宠君也。愿君让封勿受，悉以家财佐军。"何从其计，高帝悦。

公元前 195 年（汉高帝十二年）

高帝所统率的大军与黥布的军队在蕲西遭遇，黥布大败逃往江南，于番阳被杀。

高帝率大军征讨黥布期间，多次派使者问相国何为，使者报："为上在军，乃拊循勉力百姓，悉以所有佐军，如陈豨时。"萧何的门客为此对萧何说："君灭族不久矣。夫君位为相国，功第一，可复加哉？然君初入关中，得百姓心，十余年矣。皆附君，尚复孳孳得民和。上所为数问君，畏君倾动关中。今君胡不多买田地，贱贳贷以自污？上心乃安。"于是何从其计，上乃大悦。

高帝征黥布，凯旋，民道遮行，上书言相国强贱买民田宅数千。高帝至，萧何拜见，高帝笑曰："夫相国乃利民！"民所上书皆以与相国，曰："君自谢民。"后萧何为民请曰："长安地狭，上林中多空地，弃，愿令民得入田，毋收稿为兽食。"高帝大怒曰："相国多受贾人财物，乃为请吾苑！"乃下何廷尉，械系之。数日，王卫尉侍，前问曰："陛下距楚数岁，陈豨、黥布反，陛下自将往，当是时相国守关中，摇足则关以西非陛下有也。相国不以此时为利，今乃利贾人之金乎？"是日，高帝使使持节赦何出。何年老，素恭谨，入，徒跣谢。高帝曰："相国休矣！相国为民请苑，吾不许，我不过为桀纣主，而相国为贤相。吾故系相国，欲令百姓闻吾过也。"

四月，高帝死，皇太子刘盈即位，是为孝惠皇帝。

公元前194年（汉惠帝元年）

正月，始筑长安城。

公元前193年（汉惠帝二年）

萧何病重，惠帝亲自临视，因问曰："君即百岁后，谁可代君者？"对曰："知臣莫如主。"帝曰："曹参何如？"萧何顿首曰："帝得之矣，臣死不恨矣！"

秋，七月，辛未日，萧何死。萧何生前置田宅必居穷处，为家不治垣屋。

曰：“后世贤，师吾俭；不贤，毋为势家所夺。”

萧何死，曹参闻之，告舍人趣治行，曰：“吾且入相。”居无何，使者果召曹参入京。

曹参代萧何为相国，举事无所变更，壹遵萧何约束，日夜饮酒，习以为常。

大汉王朝首席智囊

张良

第一章 博浪沙锥击秦皇

现今河南省原阳县境内，在秦代，有一条连接东西的平坦宽阔的驰道。驰道土高石厚，是用铁锥敲实的。驰道两旁青松成行，浓荫密布。

公元前 218 年，阳春时节的一天，只见旌旗蔽日，甲乘如云，骅骝开道，貔虎扬镳，驰道上一排排装饰华丽的车辆由西而东雁行而来，一队队威风凛凛的武士鱼贯而趋。

踌躇满志的秦始皇戴冕旒，穿衮龙袍，安坐于銮舆上面，一路驰来。驰道两旁，青松苍翠欲滴，一派莺歌燕舞景象，像是欢迎皇上出巡人马的来临。始皇到此，真是心旷神怡，爽适异常。

不料，队伍行至博浪沙时，突然从土丘后面蹿出一高一矮两位黑衣侠士，刹那间一个大铁锥从黑衣大侠手中飞向秦始皇御驾。始皇一惊，大喊"有刺客"。

御车旁的武士眼快手捷，挥起钢枪挡铁锥，却被飞来的铁锥猛然一击，摔下马去。随后，一声巨响，御驾前的副车被击得碎片四飞。

这时，随从武官才回过神来，指挥卫士抓刺客。黑衣大侠毫无畏惧，挥舞着铁锥前冲后杀，只见卫士们手中的兵器纷纷被铁锥震飞。

武士越聚越多，组成重重人墙将秦始皇的御车远远地隔开了。黑衣大汉冲了一次又一次，无法接近御车，只得掩护另一黑衣侠士撤退，接着自己也且战且走，落荒而去。

秦始皇脸色铁青，怒不可遏，命令武士搜捕。武士们四下搜索，毫无结果。

秦始皇大骂武士无能，又严令地方官吏全力捉拿。弄得附近地区的百姓家家不宁，人人不安，却仍然无法捕获刺客。地方官也只好请命大驾，宽延期限。

秦始皇令人扣留地方官员，又下令在全国大索十日，务期捕到凶犯，酷刑究办。

十日期限过去，仍不见刺客踪影。秦始皇也无计可施，只好继续驰驾东行。

以上，就是历史上有名的博浪沙锥击秦皇事件。两位黑衣侠客就是后来汉初三杰之一的张良与他的侠士朋友。

张良为什么要谋杀秦始皇？博浪沙事件以后，张良的命运如何？由于博浪沙事件以及张良的一生都与中国古代文明的历史转折密切相关，我们不妨先看看这一伟大历史转折时代的风云变幻。

第二章　秦国的崛起

自古驱民在信诚，

一言为重百金轻。

今人未可非商鞅，

商鞅能令政必行。

　　这是宋代政治家王安石写的《咏商鞅诗》。王安石说，自古以来统治者驾驭百姓，全靠诺言和法，后人不应指责商鞅，商鞅有令必行值得称道。

　　的确，公元前356年的商鞅变法强行拆除旧的血缘结构组织，规定"民有二男以上不分异者，倍其赋"，将前文明社会的血缘大家族结构裂解为个体小家庭。在此基础上，"全民为什伍"，借用军事组织的形式，将人民重新编制组织起来，登记在户籍之上。五家为一伍，十家为一什，实行什伍连坐法，从而将全社会纳入文明管理轨道。又规定"耕织致粟帛多者，复其身。事末利及怠而贫者，举以为收孥"，奖励耕织，发展小生产，打击私人工商业。同时，还规定"有军功者各以率受上爵"，以至于"宗室非有军功论，不得为属籍"，重赏军功，发展武备，等等。通过商鞅两次变法，秦国生产水平大幅提高，"家给人足""民以殷盛，国以富强"，全国"粟如丘山""蓄饶多"。而另一方面，人民又"安难乐死""勇于公战"。秦国很快就拥有"虎贲之士七百余万，车千乘，骑万匹"的强大军队。整个秦国社会很快地摆脱各种旧的、野蛮的习俗，成为一个军功等级制社会。就对旧的社会制度改革及其成效而言，可以说，东方六国没有一个可与秦国相比。

秦孝公任用商鞅变法，为秦国的富强奠定了基础，也为秦王朝的迅速覆灭留下了深深的隐患。让我们再来看看商鞅变法前前后后的过程。

秦人崛起于文明的西陲边缘，继献公之后，秦孝公更急于跃入强国行列，收复穆公时代的国土，并进而希望有朝一日以虎狼之势而并吞天下。所以孝公继位，即急迫地下达一个明显有偏激色彩的"求贤令"，征聘"宾客群臣有能出奇计强秦者"。

商鞅三次见秦孝公。他故意大谈尧舜等五帝治理国家的办法，令孝公边听边打瞌睡。再见孝公，商鞅稍加修正，由尧舜五帝的帝道渐入夏禹、商汤、周文王、周武王的王道，很明显，仍未能合于孝公的心意。到最后商鞅才亮出他的法宝——春秋五霸的"霸道"来，大谈霸道之术。于是秦孝公听得津津有味，越听越爱听，不知不觉地在垫席上向商鞅移动，这样他们谈了好几天，孝公不觉得厌烦。

其实，商鞅年轻时代就喜欢刑名法术之学，他的思想倾向很明显，正是孝公所欲寻找的奇才。

据司马迁记载，变法之前，秦国的最高统治层有过一番争辩。大约早期的理性发展，很难避免片面性。当时争辩的焦点是要不要变法，而不是应该如何变法。商鞅对保守派的批驳坚决有力、慷慨激昂："一般人安于旧有的习俗，读书人拘泥于书本上的见闻。这两种人奉公守法还可以，却不能与他们谈论改革。治理国家没有一成不变的办法，改革国家的面貌就不能仿效旧制度。商、汤、周武王由于不循古制而王天下，夏殷王因其不更换旧礼制而走向灭亡。所以反对古法无可非议，沿袭旧制不足称道。"

　　事实上，商鞅变法的负面影响在当时已经有明显表现。据说，商鞅出任秦相十年，招来各方面的怨恨。有个叫赵良的去见商鞅，商鞅一看是早就认识的，就想与他进一步交个朋友，对方居然婉言谢绝，商鞅很惊讶：难道他不高兴我对秦国的改革治理？于是问赵良，赵良却表示，这理由是无须问的，因为虞舜说过，自我谦虚的人被人尊重，您商鞅能照虞舜的话去做，能听从别人的意见，自我克制、自我省察就好了。商鞅仍不理解：当初秦国还与野蛮的戎狄一样，父子关系不清楚，一个血缘家族同居一屋，是我对秦国进行了文明改革，令秦国人民男女有别，并且建造起雄伟的宫殿城阙，令秦国跻身于鲁卫那样高度文明水平的国家之列，我的贡献难道还小吗？商鞅问赵良，要赵良将他与秦国历史上的五羖大夫即百里奚作个比较的评价。于是，作为同时代人，赵良对商鞅及其变法作了最早的理论批评。

　　赵良说："五羖大夫出身于楚国的偏僻乡下，他去拜见秦穆公，没有路费，就把自己卖给秦国人，穿着粗布短衣给人喂牛。秦穆公知道后，才把他从牛嘴下面提拔起来。他出任秦相六七年，对外三次拥立晋君，一次出兵救楚，四方落后民族前来朝见投奔。对内施行德政教化，严以律己。五羖大夫劳累不坐车，酷暑炎热不用人为他打伞，走遍全国，不要随从车辆，不带武装护卫。他的功名载于史册，藏于府库，他的德行泽被后代。五羖大夫去世时，全国男女无不为之悲痛流涕，小孩子停止歌唱，正在舂米的人也放下劳作。

　　"五羖大夫的德行就是这样，而您呢？您靠秦王宠臣景监推荐去见的秦王，谈不上什么名声。担任秦国国相不为百姓造福却热衷于大规模营造宫阙，称不上建立了功业。惩治太子的师傅，用严峻的刑罚残伤百姓，这更是积累怨恨，聚满了祸患。教育对改变人民落后习俗的作用比法令更为深入，百姓仿效官吏的行为比听从命令更为快捷。如今您违背情理地建立权威，与教化政策是背道而驰的。您又在商於封地南面称君，天天用新法逼迫秦国的贵族子弟。《诗经》说：'看看老鼠都有体面，人反而没有礼仪，人既然不讲礼仪，何不快去死了好？'从《诗经》的这个教导来看，您是很难长此下去的。公子虔闭门不出已经八年了，你还杀死祝懽，用墨刑惩办公孙贾。《诗经》又说，得人心的兴盛，失去人们支持的会垮台。你做的这几件事，都不是得人心的。现在您出门，后面要跟着十数辆车，车上有顶盔掼甲的卫士，有身体强壮的力士做警卫，有持矛操戟的人在车旁跟随。这些防卫措施少了一样，你都不敢出门。《尚书》说，凭靠德行的昌盛，倚持武力的灭亡。您的处境就好像早晨的露水，面临即将消亡的危险！您还打算要延年益寿吗？那您不如把商於十五邑封地交还秦国，到偏远的地方浇园务农，劝说秦王重用隐居山村的贤才，赡养老人，抚育孤儿，父兄相互敬重，依功序爵，尊重有德行的人，这样或许可以稍保平安……"

赵良对商鞅及其变法的这些批评未必就是真理，其中甚至不乏保守的言论。但赵良对五羖大夫德行的称道和引述《诗经》《尚书》对商鞅及其变法残忍一面的批评却是十分中肯的。

遗憾的是，对赵良的有益批评，商鞅毫无反应。这就决定了商鞅个人命运的悲剧性。五个月以后，秦孝公去世，太子即位。之前，太子犯法，商鞅曾让太子的老师公子虔代为受罚。这时，公子虔一伙人告状说商鞅要造反。秦惠王派人去逮捕商鞅，商鞅逃跑到边境关口，想住旅店，旅店的主人不认识这就是商鞅，说商鞅有命令，住店的人没有证件，店主要连带判罪。商鞅这才长长叹息说："啊！新法的弊端竟然到了这种地步！"

以后，商鞅好不容易逃到魏国。魏国人怨恨他用欺骗公子卬的手段打败魏军，拒绝收留他。商鞅打算去别的国家，但是魏国人说，商鞅是秦国的逃犯，秦国强大，它的逃犯来了魏国，魏国不遣返他，行吗？于是把商鞅送回秦国。商鞅返回秦国后，潜逃到他的封地商邑，发动他的亲人部属，向北攻击郑国想求得一条生路，但秦国仍发兵攻打商鞅，把他杀死在郑国黾池。不但如此，秦惠王还将死去的商鞅五马分尸以示众，诛灭了商鞅全家。

伟大的历史学家司马迁对商鞅的才能与功绩虽如实记载，但对商鞅其人，却毫不欣赏。在名著《史记》中，司马迁对商鞅的评语是：

商君，是个天性残忍刻薄的人。当初他用帝王之道游说孝公，凭借的是虚饰浮说，并不反映出他自身有好的资质。再说他是凭借了国君宠臣太监的推荐，但等到一上台，就处罚公子虔，欺骗魏公子卬，不听赵良的规劝，这些都足以证明商鞅的残忍少恩。我曾读过商君开塞耕战的书籍，其内容和他本身的作为相类似。商君最终在秦国落得个谋权的恶名，这是有缘故的啊！

司马迁的这条评语仅仅是针对商鞅本人写的。其实，商鞅变法以及商鞅的理论对整个秦国的负面影响极为深刻，可以说，商鞅既是把秦国引上富强之路的功臣，也是把秦王朝推向覆灭深渊的罪人。

第三章 韩国的灭亡

在秦国任用商鞅进行变法的第二年，即公元前 355 年，韩国也起用法家申不害为相，实行改革。不过，申不害的法家理论及其改革与商鞅的理论及其改革有较大的差别。

申不害强调的是术，是国君任用、监督、考核臣下的一套办法。实际上是国君管理群臣的理论，申不害把这套管理理论归纳为"无为"和"独断"。

申不害的"无为"管理是要求国君深藏不露，不要暴露自己的智慧和欲望，让臣下无从揣测其意图，也就无从投机取巧，而君主则要能洞察一切。"无为"管理，还要求明确君主与臣下的职能分工，认为君主的职能是赏罚、监督臣下，具体事务应让臣下去干。

申不害的"独断"管理理论旨在进一步提升国君的权力，他主张君主决策要有主见，无须考虑臣下的建议。英明君主的决策应当决定全局，运转乾坤。保证君主独断的重要条件是百官的严格分工，朝廷群臣的工作不应超越其职责范围，各人对非其职能内的事就是了解也不应发言。

东周以来氏族贵族弑君弑父，对国君地位构成极大威胁，因而也是当时文明国家的国家形态进一步发展的障碍。申不害说，现在的国君建城池严守卫，是为了防止寇戎盗贼。但实际取国君而代之的，常常是萧墙之内共享富贵、不用越城犯禁铤而走险的氏族贵族。申不害"无为""独断"的国君管理理论就是在这种情况下提出来的。这一理论对早期文明国家、国家形态及其管理的进步，应该说是有贡献的。事实上申不害在韩国为相十五年，帮助韩昭侯加强国家管理特别是对政府官员的管理，对渎职者或贬或罚，对称职者论功行赏，"修术行道，国内以治，诸侯不来侵伐"。

不过，正如后来韩非批评申不害所指出的，当时韩国急迫的问题还不是管理，阻碍韩国走向富国强兵之路的，是氏族贵族及其制度，只有用新的军功等级制取代贵族等级制，用新的以一家一户为基础的郡县国家组织取代以氏和族为基础的旧氏族贵族国家组织，国君对国家的管理改革才能实现。也就是说，管理的改革，在当时有赖于社会的政治改革。正由于韩国未能实行社会政治方面的改革，所以政随人去。申不害、韩昭侯去世后，申不害的管理理论及其办法也失去影响，内乱、外患接踵而来。

由于魏国越过韩国与秦接壤，秦国对东方的蚕食从魏国开始。公元前389年，秦进攻魏国在河西的城邑阴晋。公元前364年，秦攻魏于石门，斩魏军首级六万。公元前362年，魏国与韩、赵两国大战，秦乘机伐魏的少梁，大败魏军，俘虏了魏相公孙痤。

魏都原在安邑，地处河东，在秦、赵、韩三国中间，只有上党地区还有一线地可以和河内腹地交通。因而公元前361年，魏惠王迁都大梁，极力图谋在中原发展。但这样一来，也给秦国的东进创造了条件。

秦孝公时代，公元前358年，秦在西山打败韩国，公元前354年于元里打败魏军，攻取了河西的少梁。商鞅变法期间，秦攻入魏河东，一度攻取安邑，次年又包围魏国的固阳，迫使固阳魏军归降。

公元前341年，申不害去世，公元前339年，秦攻取韩的宜阳。

以后秦仍以魏为其心腹之患，不断攻魏。公元前332年，魏献阴晋给秦，与秦修好，秦把阴晋改为宁秦。公元前334年，秦公孙衍打败魏军于雕阴，俘虏魏将龙贾，迫使魏国把河西献给秦国。公元前 329 年，秦攻取魏国河东的汾阴、皮氏、焦等地。公元前 328 年，魏献上郡十五县给秦。公元前 324 年，秦占有河西、上郡，并在河东占有部分土地，在河南占有陕等地，声威震动一时。

张良的祖父开地，做过韩昭侯、宣惠王、襄王的相。时间在公元前 362 年至公元前 295 年。这段时间里，前期即从公元前 362 年至公元前 308 年，韩国尽管改革不成功，但有魏国作为它在西部边境的屏障，同时秦国的发展也需一段时间，所以外患威胁尚不严重。但到后期，即公元前 308 年至公元前 295 年，由于韩国失去了魏国河西、河东的屏障，秦于是步步进逼韩国。

公元前 308 年秋天，秦国派甘茂进攻韩国的宜阳，次年，秦攻下宜阳，斩杀韩军六万人。

公元前 306 年，秦国把占据韩国的武遂还给韩国。三年后，秦国再度攻取韩国的武遂。

公元前 301 年，秦军攻韩，占领了穰邑。

公元前 298 年，韩国、齐国、魏国联军攻秦，打到函谷关。公元前 296 年，秦求和，归还韩国河外之地及武遂。

张良的祖父开地在公元前 295 年前后逝世。此后，张良的父亲张平又做韩釐王、悼惠王的相。但这期间，韩国的处境日益险恶。公元前 293 年，韩国、魏国和周的联军攻秦，韩国军队二十四万人被秦军打得大败，韩军统帅公孙喜在伊阙做了秦的俘虏。公元前 291 年，秦军攻下韩国的宛城，次年，韩国把武遂地区的二百里土地送给了秦国。

公元前 275 年，秦攻魏，打到魏的大梁。韩国出兵救援魏国，被秦军打得大败。

公元前 264 年，秦军攻占韩国北部的陉城，并在汾水旁筑城。次年，秦军在太行山进击韩军，韩国的上党郡守献出上党郡投降赵国。没过几年，到公元前 259 年，上党仍被秦军夺得。

公元前 256 年，秦攻占韩国的阳城、负黍。从阳城、负黍到韩国后期的两个都城——阳翟、南郑只有一百来里。两城被攻占，秦军已进驻韩国心脏地区。

韩国的父城是三家分晋时，韩国分得的地盘，属于颍川地区。到东汉时，仍属颍川，但父城改称为城父。现在这个地方在河南省宝丰县内。

公元前 252 年，张良诞生于父城。过一年，张良又有了一个弟弟。在国家内忧外患愈益严重的年代，张平连得二子，一则以喜，一则以忧。在忧虑、劳累之际看一眼孩子，心中自然感到莫大的安慰。另一方面更感到这两个孩子生不逢时，秦军的进逼，一年紧似一年。韩国的悲惨命运一天天地在逼近。自己身为韩相，于国于家都没有回天之力，只有仰望苍天保佑了。

事实上，积劳成疾的张平在张良出世的第三年即公元前 250 年就抛下了他的苦难的国家，舍弃了张良母子三人而去。张良的母亲也承受不起这一打击而告别人世。

张良实际是在韩国政府和家族的监护、教育下长大的。幼小的张良，对自己的祖国和亲人充满了爱。他一方面从小就照顾弟弟，担负起一家之主的责任；另一方面勤奋学习，期望长大了为祖国效力。

韩国面临的形势在继续恶化着。

公元前 246 年，秦王派蒙骜攻取韩国十三座城。

公元前 239 年，韩桓惠王去世，他的儿子韩王安即位。

韩王安即位的第五年，即公元前 234 年，秦军又进攻韩国，韩国面临灭亡危险，于是派遣秦王最崇敬的专家韩非出使秦国求情。

秦王很喜欢韩非，但未等秦王信用，嫉妒韩非的李斯、姚贾就在秦王面前说：

"韩非是韩国贵族子弟。现在大王要吞并各国，韩非到头来还是要帮助韩国而不帮助秦国，这是人之常情啊。如今大王不信用他，在秦国留的时间长了，再放他回去，这是给自己留下的祸根啊。不如给他加个罪名，依法处死他。"

秦王是个实干家，对他来说，最重要的是灭亡六国、统一天下的大业，要是留着韩非，反而留下祸根，当然不行。于是下令给韩非送去毒药，叫他自杀。当秦王后悔，派人去赦免韩非时，韩非已经死了。

其实，韩非在韩国根本不被重视，所以韩非本人就是不死，也已无法挽救韩国。

公元前 231 年，韩国不得不把残存的南阳地献给秦国，秦国派内史腾做南阳假守。

公元前 230 年，秦国派内史腾攻韩，轻而易举地俘虏了韩王安。张良的祖国终于灭亡。

第四章　坭上授书

国家灭亡，少年张良满腔悲愤。不久，弟弟又病逝，张良更是倍觉凄凉。

不过张良悲愤，倒不是由于他从此失去了贵族身份，失去在韩国的大好前程。亲人的一一故去，也未能令他消沉。少年张良已经饱经忧患。他从小就未想过谋取一官半职，弟弟的去世，又令他磨炼得更加坚强。他痛心的是韩国的大好河山沦于残暴的秦国之手。

此时天下多为秦所有，进而秦马上会鲸吞宇内。张良区区一人，要报仇雪恨，谈何容易！这时张良想起自己曾在颍川东邻的淮阳地区习礼，想起自己旧时的师长学友，很想东去淮阳。

张良少年时代，尽管战乱频繁，但有志向、有抱负的青少年仍然远离故土，出外求学。当时的东方各国，儒家、兵家、法家、道家等诸子百家仍各持己见，其中又以儒家及其教育较有影响。张良学礼，就是接受儒家的教育。

《礼》在当时，就是指《仪礼》。后来十三经中有三礼，其中《礼记》是七十二子后学论述孔子讲礼的思想内容。

《仪礼》是中国早期文明生活的百科全书。《仪礼》十七篇，内容涵盖了早期文明的整个社会生活。无论是《士冠礼》《昏礼》等关节礼，还是《乡饮酒礼》《燕礼》等团结礼，都注入了周公制礼作乐所赋予的文明等级制的新内容。

张良在淮阳学礼，首先是学习在新的文明社会中如何做一个文明新人。

"兴于诗，立于礼，成于乐"，孔子开创的儒家学说认为，诗、礼、乐都是青少年修身学习的内容，它们各自分别侧重思想、智慧的启迪，处世立身的实践，情感性格的培养。三个方面互相补充，缺一不可。其中礼应当是核心。诗乐都服从于礼，都要合乎礼的要求。诗必须"止乎礼义"，乐必须"通伦理"。从修身的过程看，儒学认为，始兴于诗，复守之以礼，最后完成于乐。从志意的感发、启蒙到礼法文明制度的学习和实践，直到性情的净化，才是人格修养的最后完成。所以，孔子说，"不学礼，无以立"（《论语·季氏》），"不知礼，无以立也"（《论语·尧曰》），"博学于文，约之以礼"（《论语·颜渊》），他的学生也说，"夫子循循然善诱人，博我以文，约我以礼"。

张良在淮阳学礼，首先是学习渊博的理性知识，提高文明理性修养。不过在孔子时代，文明的政治律即礼和文明的道德律即德已受到社会的怀疑，孔子在东方历史上第一次深刻地反思了文明的政治律、道德律，要求"携礼归义""携礼为仁"。

孔子说："君子义以为质，礼以行之。"（《论语·卫灵公》）这就是人们说的孔子"摄礼归义"。孔子摄礼归义，是摄文明秩序的礼，归理性精神的义。它揭示出文明的秩序性与理性精神的内在关联。在孔子看来，义就是理性，它是文明社会较高层次的调节体系，文明的秩序性建设需要理性的精神建设，理性精神是文明秩序性的内核。

孔子认为，文明秩序性的礼，不仅以义为依据，它更需要仁。仁是理性精神的最高层次。孔子说："人而不仁，如礼何？人而不仁，如乐何？"（《论语·八佾》）这就是人们说的孔子"携礼归仁"。孔子携礼归仁，为徘徊中的古代文明指出了新的发展方向。

张良时代的大儒荀子继承了孔子学说，对礼作为文明政治律的本质及其重要性有进一步更明确的阐释。他根据文明的新发展，将礼和法连接，综合起来。荀子说，"隆礼至法则国有常""故非礼，是无法也"。

更重要的是，荀子大量吸收墨家的逻辑学工具理性成果，将孔子的儒学扩建为一个宏大的百科全书式的体系。这就为儒学走向社会、为儒学服务于新文明建设打下了坚实的基础。

因而，在淮阳的学习生活中，好学上进的张良不仅慢慢懂得并立志做一个文明君子，他对秦文明的弊端也有了些认识。青年张良既仇恨秦始皇侵占了他的祖国，也痛恨秦始皇的残暴政治。

思考再三，张良决定去淮阳投靠师长，寻找机会刺杀秦始皇，为祖国报仇雪耻，为天下庶民除害。

于是，张良将去世的弟弟薄葬。变卖家族财产，散尽大半钱物，遣走了家族的三百多个仆人，独自一人踏上了去淮阳的道路。

从南郑到淮阳，路途并不太远，张良却走了十来天。尤其是启程的头几天，沿途见到满目疮痍的祖国和流离失所的父老乡亲，内心有难以忍受的痛楚。好不容易到了淮阳，不料淮阳也是一片萧条冷清，昔日幽静、肃穆的学府如今门可罗雀。

张良找到一个似曾相识的房院打听师长仓海君、项伯的消息，院里人告诉他，项伯不知去向。至于仓海君，也回徐淮家乡了。

无奈，张良只得离开淮阳，继续东行，在徐淮沿海终于辗转找到了仓海君。

仓海君是张良的忘年友。他一向器重张良的学识品行，见张良找来，当然满心欢喜。他安排张良住在自己家里，一面让他继续学习，一面派人帮张良探听时事变化，查访可刺杀秦始皇的义士。

不久，仓海君将一勇士介绍给张良。这勇士身躯雄伟、相貌魁梧。张良一见，就断定不是等闲之辈。接下来张良试验勇士的技艺，果然是矫健绝伦，见所未见。张良喜出望外，于是以后便解衣推食，以诚相待，交上了知心朋友。这期间，勇士的母亲尚在，张良一直未向勇士提起自己的心事。

过了两年，勇士的母亲病逝，张良又张罗着帮他厚葬了母亲。这时，勇士自己开口了："张兄，这几年我们的友情我一直铭记在心。我知您是胸有大志的人。有时见您似有心事，很想帮您一把。只因为母亲健在，时刻挂牵着她。现在我已无后顾之忧，您有事尽管吩咐吧！"

张良激动地握住勇士的一双巨手，连称："好兄弟！好兄弟！"向勇士倾吐了心中的秘密，并告诉勇士，秦始皇不久会再次东巡，上天赐给了他复仇的良机。

勇士不等张良细说，便即投袂起座，表示义不容辞，说干就干。

张良大喜，接着当然是紧张的准备工作：研究秦始皇东巡的活动规律，考察沿途地形，铸造一百二十余斤的铁锥，设计行动方案……

待到秦始皇大队人马在咸阳起程，张良计算了路途时间，与勇士来到博浪沙。这里离张良的家乡不到一百里，周围的地形、民情他都非常熟悉。博浪沙的驰道建筑高厚，两旁却低洼，又有大片青松林，最便藏身狙击。

张良与勇士伏在道旁大约一顿饭工夫，见西边尘头大起，御驾渐已驰至，二人纵身跃起，勇士兜头锥击，不料用力过猛，那铁锥从手中飞出，误中副车……

这就是本书第一章所展示的一幕：博浪沙锥击秦皇。

博浪沙事件，张良和黑衣勇士虽有周密部署，但铁锥一飞，未能击中秦始皇，秦卫士得以迅速组织围捕。两人最终各自逃命。

张良逃出后，一直担心勇士的生死。过了十几天，张良从几位商人的口中得知勇士也已逃离，才放下心中的石头，开始筹划自己的去向。

博浪沙在秦朝属三川郡阳武县，在今郑州附近。张良从博浪沙逃脱，一直向东部走。他知道，东方是秦始皇统治薄弱的地区，越向东行，才越能安全摆脱官府的缉捕。张良生得俊美，身材虽然瘦小，却也风度翩翩，谁能想到这样一个文弱秀美的书生，会是刺杀秦始皇的大侠？所以一路上，张良竟完全没有受到留难和盘查。

张良跋山涉水，足足走了半个月。幸好他腰间留有余蓄，可易衣食，不致饥寒，终于到了一个叫下邳的小镇。

下邳，旧时是楚越淮夷之地，秦时才划属东海郡。这个地方的风俗人情与中原之地大不相同，秦国的势力在这里已是强弩之末。于是张良决计改姓换名，在这里住了下来。他起初仍不敢出门，蛰居避祸。

不过有一天，张良还是被惊吓一次。

这天，张良正在专心阅读刚从市上购得的一部旧籍，突然房门被冲开，进来一个大汉，张良正准备抵抗，对方却一把将他抓起。原来此人就是他的学长项伯。

真是喜从天来。淮阳一别，数年不见，两个知己畅谈起来。

项伯告诉张良，秦灭楚后，他本想隐居下来，消磨光阴，无奈他难以忍受秦人对楚的统治，终于杀了几个秦官，逃来下邳。在这里，竟看见改名换姓的张良，于是尾随至此。

张良也将博浪沙锥刺秦皇的经过详细说了一遍。项伯听得如痴如醉。

"没想到这事竟是您干的！子房兄真是大智大勇！只可惜偏了一点，没打死秦王，真可惜！真可惜！"

二人只顾谈心叙旧，项伯竟忘了自己没有了盘缠。还是张良提醒他，让他在自己住处躲过十来日。以后张良给他些钱，他找自己的亲人去了。

张良一人在下邳继续居住下去。不过他不断结交新朋友，因帮助别人而有侠义之名。

时间一年一年过去了，转眼间张良已年近四十。这些年，秦朝的统治日益严酷，地处偏远东海郡的下邳人都难以忍受了。然而，灭秦机会仍未到来。张良的心中不免时时有些忧郁、惆怅。

一天，张良送别朋友，走出住房。这时户外已是暮色苍茫，四周一片空灵。享受着这份恬静，思索过去，策划、等待明天，张良又浑身充满了力量。

穿过几块菜地，眼前就是一座小桥。只见桥上坐着一位黄衣老人，却正招呼张良过去。

张良走近，老人把鞋子扔到桥下去了，让张良去桥下把鞋子拾来。

张良一人出门散步，本不喜人打扰。今见这老头故意找他的麻烦，真想揍他。但凑近一看，老人胡须花白，飘在胸前，身旁放着一根竹杖。料想这么大把年纪的人，或许有些糊涂。鞋子被扔到桥下，他足力已衰，行走不便，怎么回家？

顿时张良心平气和地答应了老人，绕到桥下，把那只鞋子捡了上来，递给老人。老人不接鞋子，却直把一只脚抬起，说："给我穿上！"

张良想，老人年迈，想必弯不下腰来自己穿鞋。于是屈着一腿，长跪在老人面前，帮老人把鞋子穿好。

鞋子穿好了，老人从容起身，头也不回就笑着走了。

张良见这老人并不称谢，更不道歉，又看不出有糊涂的样子，真觉得有些离奇。就留意老人去哪里，是干什么的。一面想，一面自己也走下桥来，跟着老人走了一段路。走近里巷，老人仿佛早已知道张良会跟在他后面，他转过身来对张良说：

"不错啊，年轻人，你还可以造就，这样吧，五天以后，天色平明，你可再来到那个地方，与我见面。"

张良这时更觉奇怪，心想这老人一定有些来历，当即给老人跪下应诺。老人不再说什么扬长而去。张良也不再追随，回到自己住房睡觉。

时光易过，很快就到了第五天，张良遵照老人的约定，黎明就起床了，草草梳洗，便走去五天前的地点准备伺候老人。不料老人早已在这里等着他了，不待张良道歉，老人愤然作色说：

"年轻人与老人约会，理应是你等我，你要早些来，为什么这个时候才到？"

说着，老人起身就走，边走边说：

"你回去吧，过五天再来，要早点！"

张良不敢多说，只好回家。

过了五天，张良格外留心，不敢贪睡，一听到鸡叫，立即赶到约定地点。

万万没想到，老人又比他早到了。老人又生气地说：

"你又迟到了！怎么搞的？再过五天，早些来吧！"

张良只好照办。

再过五天，张良准备一个整夜都不睡觉，还不等夜半，便戴月前往，幸好老人这时还没来。张良松了口气，伫立桥上，急切地等待着。

夜很静，张良的心却颇不平静。祖国灭亡后，张良锥刺秦皇，结交义士，卧薪尝胆，度过了十几个春秋。何时才能推翻秦朝的残暴统治？何时才能实现自己的宏大抱负？"路曼曼其修远兮。"在这关键时刻，但愿老人能给自己一些指点。

过不多久，老人策杖而来，见张良已经在等候他，开心地笑了，对张良说：

"好哇！这才对嘛！年轻人要想请教别人，理应如此。"

说着，老人从袖中取出一书，交给张良，嘱咐他说：

"这部书名叫《三略》，是为处乱世而作的。它分为三个部分。《上略》讲设置礼赏、辨别奸雄、阐明成败。《中略》讲区别德行、明察权变。《下略》阐述人和政的关系，指明盛衰的根源、国家的纲纪。做君主的深通这部书的《上略》，能任用贤人、打败敌人。深通《中略》，能驾驭将帅，统率士众。深通《下略》，能明白盛衰的根源，熟悉治国的纲纪。做人臣的深通《中略》能成就功业，保全身家。据我看你，现在虽隐居江湖，但你有学识有勇气，现时天下不宁，你只要深研此书，将来必定成为栋梁之材。"

张良心中大喜，正要再问，老人又申嘱道：

"十年后你当佐命兴国。十三年后，你可去济北谷城山下，如见有黄石，那就算是我了。"说完，老人即转身走了。这时，仍是夜色茫茫，张良抚摸书册，心中感慨万千。赶忙回到家中，却无法入睡。待到天亮，急切将书展阅。

这书果然非同寻常。卷首写着《太公兵法》。张良知道，太公就是熟谙韬略、为周文王师的姜子牙，但姜子牙所传兵法，张良却未能读过。现在，秦王行暴政，天下百姓苦不堪言，正是英雄豪杰揭竿而起推翻暴秦的好机会。老人在此时将《太公兵法》传授给自己，岂非真是上天有意令我速速饱览兵书，日后佐命兴国、成功立业？

再细细品味《太公兵法》，张良更是爱不释手，越读越爱读。

《太公兵法·上略》讲战胜敌人的军事理论，是张良急需学习的。它阐明了军队最高统帅应具备的个人素质、工作作风、用兵的要道以及军政、军纪建设等问题。它指出：作为军队的高级统帅，务须延揽英雄志士的心意，对有功绩的，应赐以官禄。本军信奉的道理思想，应通达全体官兵，使大家都明白，凡与大众共做善事的，无不成功；反之，与人共做恶事的，一定会失败。《上略》又说：士是民众中的精英。若能网罗一国的精英为自己所用，则敌人将陷于穷困境地。精英有如国家的骨干，人民是国家的根本。得其骨干，收其根本，则政治与教化的推行毫无阻碍。

张良既学过儒学理性学说，又多年出没江湖，结交各方英雄豪杰，对人民及精英分子各自的重要性颇有认识。现《太公兵法》加以强调，他当然倍感亲切。

至于用兵秘诀，张良反复揣摩领会的是《上略》这几段话：

军中谚语说："柔弱能克制刚强。"因为柔的意义，并非柔懦不能自立，是示以柔而制其刚。弱亦非怯弱不振，是示以弱而克其强。要知道，谦柔中和，是德行；刚愎不仁，则为残贼。弱而有德，最易得人同情帮助；刚强不仁，有抱怨者，多迁怒而攻击之。所以，不应小视柔弱，仗其刚强，而应柔有所设，刚有所施，弱有所用，强有所加，对这四者要加以制衡地运用，令其兼而有之，各得其宜，不致有所偏失。

天下的事，端始本末未见，安得预测而知。如天地神妙，运转自然，阴雨风晦，变化无常。敌情也是如此，所以作为将相之才，欲求未卜先知，殊为不易。苟能因敌虚实而定我奇正之用，则能克敌制胜，而天下太平矣。若能做到这一层，就可以为帝王之师。

一般人只知贪求坚强，很少能持守机微的。若能持守机微的道心，则能永葆生机。唯圣人能常存机微的道心，以应事机。舒而放之，则弥乎四海，卷而收之，则不盈乎一杯。居居不用室宅，守守不用城郭。因为道心存乎身而守之，当然不用屋宅与城池来居守之。道心为人身之主，妙众理而宰万物。所以说，藏之胸臆而敌国服。

军谚说："能柔能刚，能弱能强，国家自当彰大光明；一旦纯刚纯强，纯柔纯弱，有所偏废，国家必将削弱败亡。"

张良知道，这几段话，有儒家的主张，有道家的主张，还有法家的思想。然而，这有什么关系？广纳诸家思想，有什么不好？想到这里，张良深感自己过去所学知识还过于狭窄。要在乱世之中有所作为，真正为帝王师，一定要深沉一些，宽宏一些，再深沉一些，再宽宏一些。"变动无常，因敌变化。不为事先，动而辄随"，"能柔能刚，其国弥光。能弱能强，其国弥彰"。《太公兵法》太妙了！真是太妙了！读到这里，张良简直要手舞足蹈起来。不过，他还是沉住气，又细细推敲《中略》。

军事将领统率官兵，动辄成千上万。士众既多，对于各种人才，都能因情使用之，才算是好的将领。《太公兵法·中略》集中阐述了军事领导人的用人方略，它说：

"古兵书论兵家的形势时说，为将领的人，当任使兵众中各种人士，如智者、勇者、贪者、愚者。智谋之士，多喜建立功勋；勇敢之士，喜欢逐其心志；贪财的人，喜趋取货利；愚昧的人，争战肯效死命。应该知人善用，奖其长，护其短，因其至情而使用之。这是军中的机微权妙。"

《中略》还指出，人主治理国家不可以无道德，无道德，则臣民叛离。不可以无威严，无威严，则会失去统治权。两国之间，道德威严相同，气势匹敌，无法倾覆对方时，就需要收揽人心，培养士气，再加以权变法术，才足以对付敌方。所以非妥筹良策，无以决嫌定疑。非运用奇谋诡道，无以破奸息寇，非阴谋无以成功。

"非谲奇无以破奸息寇，非阴谋无以成功"这话与《上略》的"天地神明，与物推移。变动无常，因敌转化"一样，都堪称政治谋略家的千古警句。当此衰乱之世，对学礼出身、谋略不足，又亟待大显身手的张良来说，它简直是及时雨，以后它也成为指导张良政治军事生涯的座右铭。

《中略》还概括全书的内容说：《三略》一书，是为衰微世道而作的。《上略》陈述礼法赏罚之事，辨别奸雄诈伪之人，而论成败之关键。《中略》述德行的差别，审权变之机运。《下略》陈道德而察安危，明贼贤之咎。所以君主深明《上略》，则能任贤用士，击败敌国。深明《中略》，则能统率将帅，抚治兵众。深明《下略》，则能明了盛衰之根源，审查治国之纲纪。为人臣的深明《中略》，则能知明哲保身之道。

这话正是当时老人特意嘱咐时所说。现在读完《上略》和《中略》，张良深感其字里行间有千钧之力。

书中为何强调做人臣的读了《中略》能明白明哲保身之道？接着而来的这话也是应予牢记的：

"夫高鸟死，良弓藏，敌国灭，谋臣亡；亡者，非丧其身也，谓夺其威，废其权也。"

"全功保身"，这又是老子的思想！它说得太妙了。张良真觉得老人所赐的这书就是为自己写的。从行政用兵，到功成身退，无疑是令自己终身受益的宝书。

"《下略》陈道德，察安危，明贼贤之咎。"这内容在大体上是学"礼"多年的张良所熟悉的。不过，它仍有一些内容越过了儒家学说，吸收了不少道家的营养。有的段落则很贴近身处衰世的张良，引起他久久的思索。《下略》中的一段说：

"圣人君子，应当明盛衰之源，通成败之端，审治乱之机，知去就之节；虽穷也不会受亡国的爵位，虽贫也不食乱邦的俸禄。隐名抱道的人士，能审机观变，时至而任，则能极人臣之位；德同道合，则能成绝代之功，以期道高而扬名于后世。"

此时的张良，不正是在审机观变，时至而任吗？他不正是应该审去就之节，寻找德同道合的圣人天子合作，以期成就绝代之功吗？

第五章 昙花一现的新文明

秦王扫六合，虎视何雄哉！

挥剑决浮云，诸侯尽西来。

明断自天启，大略驾雄才。

收兵铸金人，函谷正东开。

铭功会稽岭，骋望琅琊台。

刑徒七十万，起土骊山隈。

尚采不死药，茫然使心哀。

连弩射海鱼，长鲸正崔嵬。

额鼻象五岳，扬波喷云雷。

鬐鬣蔽青天，何由睹蓬莱。

徐市载秦女，楼船几时回。

但见三泉下，金棺葬寒灰。

　　这是唐代大诗人李白咏秦始皇的《古风》诗。李白的诗，尽情地描绘了秦始皇开拓新文明的空前盛况，最后，也为这一新文明及其追求的悲剧结局而深为惋惜。

　　正如李白所描绘，由秦始皇亲自组织的中华民族向文明的新时代挺进的最初行程，是极其威武豪迈的，是前无古人的。在秦始皇带领下中华民族跨进新文明的最初几步，不仅令李白这位中古盛世的大诗人倾倒，它甚至令现代文明也为之震惊。

秦始皇统一六国以后，公元前 215 年，派大将军蒙恬以太子扶苏为监军，率领三十万大军，北击匈奴，占领了河南地区。随后，又征调数十万劳动力大规模修筑长城，把战国时秦、赵、燕国修筑的长城修葺、连接起来，筑成西起陇西临洮、东至辽东的长达一万多里的万里长城。

万里长城在古代为抗御北方游牧民族的侵扰，对国家的安全和稳定起到了重要的作用。如此浩大的工程，当然凝聚了中华儿女的血汗。到今天，它已成为中华民族精神和力量的象征，是人类文明和理性刻在地球上的巨大浮雕。

交通通信事业的进步也是文明发展的重要条件。"条条大路通罗马"，古代罗马很讲究道路的修筑。文明所到之处，一定要修筑大道，令这些地方能与罗马沟通。秦王朝修造的大道，完全可以与罗马大道媲美。

公元前 209 年，秦始皇下令修筑驰道，驰道以首都咸阳为中心，一条向东直通齐燕地区，一条向南延伸到吴楚地区。驰道宽三十丈，用铁锥夯打结实。驰道两旁，隔三丈植青松一株，掩映如盖。

在派大将蒙恬北伐匈奴，设置九原郡后，为了巩固这一地区，秦始皇又于公元前 212 年令蒙恬修筑直道。

在战国时期，西南地区峭岩陡壁上就开辟有栈道，是在陡壁上凿孔架桥连阁而成的。秦始皇下令在原来栈道的基础上加以拓宽，修筑成五尺宽的"五尺道"。

秦始皇下令修筑直道及其他驰道，对新文明的发展和跃升，是有重要意义的。后来秦始皇登上碣石山，刻写了著名的"碣石门辞"，他提到"堕坏城郭，决通川防，夷去险阻。地势既定，黎庶无繇，天下咸抚。男乐其畴，女修其业，事各有序"。应当说，它表达了新文明开拓者秦始皇的宏伟抱负，并非自我吹嘘。

秦始皇还下令开凿灵渠，将秦文明推进到岭南地区，对岭南地区融入新文明起了积极作用。传说，开凿灵渠时，当地有猪婆精作怪，白天修好的堤岸，晚上又被猪婆精拱倒。开凿者毫不气馁，拱倒又重建。终于，人的理性和意志感动了天神，忽然一夜狂风大雨，从天外飞来一巨石，猪婆精被巨石砸死镇压在渠堤下。于是灵渠修成。这一神话故事生动地歌颂了新文明创业者的伟大气魄。

秦的郡县制则为后世奠定了行政体制的基础。

县制在春秋初年已有，但主要是边防性质。尤其是楚国的县，仅仅由中央政府派员去，负责协调原来那个古老共同体与国家的关系。秦国商鞅变法以后，县才成为法定的地方行政单位。设置县令、县丞、县尉、县司马、县啬夫，分别作为当地社会的主管、主管助理和军事主管、畜牧主管、农业主管。

秦统一后，实行郡县制。在县下又设乡（亭）、里等基层管理机构。乡设三老、啬夫或有秩啬夫、游徼、乡佐。乡老是掌教化的官。啬夫或有秩啬夫是负责法律诉讼和收赋税的官，是乡政府的首脑，它代表了文明管理的权威。后来甚至有人说"人但闻啬夫，不知郡县"。游徼是专管治安的官，负责巡逻及捕捉盗贼。乡佐的职责是收赋税。

亭是和乡同级的地方管理机构。除了乡一级管理职能外，它还负责传递文书、管理交通、安排官吏行旅食宿、检查来往行人等文明社会的通信及信息沟通方面的工作。

里是社会最低的基层管理组织。一般是百家为里。里由里典管理，他负责征派徭役、监督户口、维护治安、组织生产等。

分封制下的封君领地及城邑，其中血缘组织保存仍较完整。战国时期，各国的地方管理，一般也以乡、邑为单位，各国的乡、邑也多是较小的血缘组织的变形，所以战国时期地方政府的文明程度仍然是有限的。秦王朝实行郡县乡亭制，一方面用更具文明权威的地方管理取代了六国有血缘色彩的地方管理；另一方面将这种文明的体制化管理推及整个王朝，从而创造了新文明的行政管理体制。此外，秦始皇下令修筑直道和其他驰道、开凿灵渠、行郡县制，为中华文明进入新时代开辟了道路。秦王朝统一货币、统一度量衡、统一文字，则为迈向新文明签发了通行证。

文字符号是人类传递信息最主要的方式之一。人类必须用信息世界来描述客观世界。

战国时期各国文字形体紊乱不堪，这种信息符号只能用来描述狭隘的古代文明生活。

秦始皇统一六国以后，肩负着在空前辽阔的地域建设新文明的历史使命。据统计，秦刚统一时，分天下为三十六郡，以后总郡数最多时达四十六郡。郡以下的县约有一千个，乡、亭、里更是不计其数。

在幅员辽阔的秦王朝，人们交往的范围迅速扩大，信息交换频度空前增大。官府事务的繁多，公众交流的重要性及范围等都远非春秋战国时期的古代文明可比拟。在这种情况下，改革旧的、紊乱的文字信息符号系统，创造一个新的、规范的、完备的文字信息符号系统，以描述新文明的客观世界，是秦王朝的当务之急。

公元前 221 年，秦始皇采纳李斯的建议，进行"书同文"的改革。改革的内容可以总结为三个方面：

其一是简化和改进复杂的、写法各异的大篆体，使之成为被称作小篆体的文字。

秦始皇巡行各地时制作的刻石，文字均为小篆，传说是李斯手书。留传到现在的仍有《泰山刻石》《琅琊台刻石》以及峄山、会稽刻石的摹本。从刻石上的秦小篆字体看，它仍然保留了大篆字体结构和象形文字的基本特点，但是各种偏旁形体统一了，每个字所用偏旁固定为一种，偏旁的位置固定，每个字的书写笔数和笔顺也基本固定。

对大篆字体结构规范化整理加工后，小篆的文字要简易得多，比起六国文字，也更为易认易写，易于学习掌握，成为文明跃升新的信息工具。

其二是把各地区的异体字统一为一个以秦通行的字形为基础的单一体系。

其三是在全国普及这一体系。

为此，秦始皇令李斯、赵高等人分别用小篆体编写了《仓颉篇》《爰历篇》《博学篇》，作为标准文字的范本。

秦始皇非常关注文字信息符号系统的改革过程。据说当初有个叫王次仲的隐士上书秦始皇，要求使用民间流行的隶书。秦始皇非常高兴，曾三次派遣使者召见王次仲。王次仲推辞未至。秦始皇便下令根据王次仲的隶书进行整理。还有一个叫程邈的人，也把民间的书写体加以搜集和整理，呈报给秦始皇，受到秦始皇的奖励。

以后除了一些庄重、重要的诏书用正规的秦小篆书写外，一般公文都用隶书来写，隶书逐渐被广泛采用。

从商周古文字到秦国的小篆，中国文字象形的程度越来越低，符号化程度越来越高。隶书的出现，彻底抛弃了象形原则，解散了古文字写实性的曲线，代之以点、横、竖、折、撇、捺、挑、钩等笔画，大大降低了书写繁复程度。所以，隶书的出现是汉字发展史上的一场大革命，它是顺应了文明发展新阶段要求而由秦始皇领导实现的。

新文明是一个宏大的系统工程，其基本目标是完成对古代社会中如汪洋大海的古老血缘共同体的文明改造，前提条件是实现交通、通信以及文字信息系统的革命，而基本的手段则是法制建设。

秦国的成文法制始于商鞅时代。商鞅以李悝的《法经》为基础，"改法为律"，制定"盗律、贼律、囚律、捕律、杂律、具律"六律。

秦始皇统一前夕，秦国的法律已极严密。

秦律内容极广泛。上至军国大事管理，下至人民日常生活，都有法律的限制。如秦律对人民穿衣着鞋都有规定，若有用不同色彩的丝织鞋，鞋上有花纹，是视为犯法的。

秦律在刑事和民事以及诉讼法方面，涉及犯罪构成、量刑标准、刑事责任、共犯、犯罪未遂、犯罪中止等一系列理论原则和概念，也涉及诉讼权利、案件复查、诬告、失刑等诉讼的处理原则问题。

秦律中有许多类似现代国家的经济法规，如《田律》《苑律》《仓律》等。这些法律对所有制关系、农田水利、山林保护、种子保管等都作了具体的规定。

秦律中关于军队建设的法律对服役年龄、士吏训练、军事检阅、战斗指挥、军队纪律、功劳计算、军马饲养作了具体的规定。

在秦王朝看来，政府应当行法也应当守法。它本身应当成为一种根据理性来调节的组织系统。秦律中的《置吏律》《行书》《尉杂》《内史杂》等行政法规就反映了秦政府的理性觉悟。

从 1975 年出土的睡虎地秦墓竹简内容可以看出，秦国将任用、考核官吏的要求写进了法律。秦律对在职官吏规定了名目繁多的考课法，从基层评比到政府机构上计，成绩优良的予以奖励，成绩低劣的予以惩罚。

从形式上看，秦的法律有四种。

其一是律。律是由中央政府发布的法律条文，具有最高的法律效力。

其二是对律的解释，它是对律的补充和具体的解释，实际与律具有同样效力。

其三是关于案件审理的准则和法律文书程式的规定。

其四是地方政府发布的布告。

秦统一后，与交通、通信、文字信息系统革命相结合，极力将秦国的法律制度推向全国。

作为新文明的伟大设计师，秦始皇在这方面投入了极大的精力。

秦始皇在结束统一战争的次年，即公元前 220 年就不辞辛苦，马不停蹄到咸阳以西的地区巡游。

公元前 219 年，秦始皇去东方和南方长途巡游，到了山东半岛和江淮一带。

公元前 218 年又巡游山东半岛。

秦始皇第三次出巡遇刺，回咸阳后两年没有出咸阳。第三年即公元前 215 年，第四次巡游。

秦始皇的第二、三、四、五次长途出巡，沿途在名山立石刻辞。历次刻辞的内容都显示出始皇巡游的目的，主要是炫耀、歌颂新文明，宣扬新文明的法制秩序。

第二次巡游，驾车登泰山，行封禅礼后，在泰山刻石说："治道运行，诸产得宜，皆有法式。""训经宣达，远近毕理，咸承圣志。"就是说，国家治理有其治道，农商之业各得所宜，天下事务，俱有法理。

随后登芝罘到琅琊，在琅琊刻石说："维二十六年，皇帝作始。端平法度，万物之纪。以明人事，合同父子。""匡饬异俗，陵水经地。忧恤黔首，朝夕不懈。除疑定法，咸知所辞。"就是说："始皇帝制定了法律制度，作为万事万物的准则。规定了人际事务准则，使父子同心协力。整顿改造旧的风俗，跋山涉水，历经千里，忧虑怜恤黎民百姓，朝夕不敢懈怠。除疑惑定法律，人人遵守不至触犯。"

第三次巡游，再游芝罘，刻石说："普施明法，经纬天下，永为仪则。"就是要全面普及施行法制，使之成为治理天下的永久准则。

第四次巡游，在碣石门刻石仍说："男乐其畴，女修其业，事各有序。"强调社会生活的理性秩序。

大约由于过度劳累或纵欲，秦始皇很快衰老了。第四次巡游以后，他在宫中待了四年多。然而，秦始皇最后一次出巡，也就是在他的最后岁月，仍念念不忘自己开创新文明的历史使命。会稽刻石的内容中，运用法制手段，改造社会旧习俗、建设新生活秩序的勃勃雄心不减当年。我们不妨看看刻辞含义：

……

皇帝统一宇内各地，兼听所有一切事务，远远近近清楚异常。

运筹治理天下万物，考察验证各种事实，使其各有各的名分。

高贵低贱一并通达，好事坏事清楚明白，任何情节无可隐瞒。

整治过关宣扬理义，已有子女重新嫁人，背弃亡夫不守贞操。

防范隔离内外有别，禁止非礼淫荡关系，男女之爱应当洁诚。

既为丈夫在外私通，将其杀掉依法无罪，男人应当遵守法规。

妻子若有弃夫逃嫁，子女不得认其为母，社会风俗俱化廉清。

大力治理改造风俗，普天之下风俗良好，全体享受良好纲常。

人人遵守法律制度，和睦平安敦厚勤勉，无人会不遵守法令。

百姓讲究理性修养，乐意规守理性秩序，保证美好太平生活。

后世如果认真奉法，长期治理以至无极，车船不倾天下太平。

群臣颂扬始皇功绩，请求铭刻此石，令光辉事迹永世流传。

为了炫耀秦王朝新文明的力量，秦始皇每次巡游都组织了豪华的仪仗和宏大的车队。秦始皇自己乘坐金银车，使六马挽驾。前面的随从属车蒙以虎皮，最后两辆车悬以豹尾。随从车队按五行配五色，有五色安车和五色立车，又称"五时副车"，还有能调节温度的辒辌车。车队挽车的马是上等的河曲马，膘肥体健，佩戴明光灿灿的金银络头构件。御手头戴均云冠，腰佩长剑。穹窿似的车盖和舆辐都绘有色泽艳丽的变形夔龙风卷云纹和纤柔的云气纹饰。

浩浩荡荡、气势磅礴的车队，雍容华贵的车马，向全天下夸耀着新文明事业的壮丽无比。

秦始皇第二次巡游，先到泰山行封禅礼。来到雄伟峻拔的泰山脚下，却不知封禅礼仪式应是如何。据说，当时秦始皇召来齐鲁当地儒生七十人询问，儒生们研讨之后对秦始皇说：

"古代封禅，天子的乘舆，要用蒲草包裹车轮，以免伤害山上的一草一木，要扫地而祭，上铺秸席。说来容易遵照实行却不简单。"

这时正叱咤风云、气吞山河的秦始皇哪里听得进儒生们的话？他认为儒生们简直就是在捉弄自己：远途跋涉，何曾备有蒲轮车舆？大队人马上山，伤害草木又有何妨？

于是秦始皇斥退儒生，反而下令士兵斩木除草，开山辟路，登山祭天。祭天完毕，率众下山，行至半路，暴风雨骤然而至，始皇只得在山腰一棵大松树下避雨，雨住以后威风凛凛的始皇觉得松树挡雨有功，下令封这松树为五大夫。在踌躇满志的始皇看来，爵位等级制对自然界也是有效的。

更有意思的是始皇由南郡行至湘山祠的经过。当时，遇上了大风，阻挠了始皇一行渡江，始皇大怒，问随从的博士：湘君是个什么神？博士回答，两位湘君娥皇、女英本是帝尧的女儿，后来做了帝舜之妻，非常贤惠。后来帝舜南巡病死于江南，她们到江南寻夫，未能如愿遂投湘江而死。秦始皇想，自己功盖五帝，尧舜都不在话下，湘神只是两个帝妃，竟敢兴风作浪阻拦我巡行？于是始皇下令从附近调集三千刑徒，伐尽湘山树木，让它变得光秃秃的，又放火烧毁人们奉祀湘神的湘山祠。人们说，这是始皇向自己的政治对手示威。其实，岂止如此，文明社会的皇帝，惩罚了神界的帝妃！这是文明社会的主宰向神界威力的第一次挑战。

这种向神的威力的挑战，只能发生在秦始皇身上。始皇统一六国，所向无敌，"凡平生志无不遂"。所以他相信齐人徐福的说法，相信海中仙山上的仙人有长生不死的药，派徐福率童男童女几千人入海求不死药。几年过去后，徐福说是因为海中有大鲛鱼作怪，掀风作浪，阻住海船，无法上山求药。始皇还相信徐福的话，挑选出善射的兵士，带上能连发多支箭的上等弓弩，到海上去与海神决一雌雄，并亲自射死了一条大鱼。但正如李白的《古风》诗中所说，海里还有高大的鲸鱼，头部像五岳那么大，能扬起波浪，喷出云雾。它的鳍遮住了青天，怎么能到蓬莱呢？徐福载着童男童女也入海一去不回了，最后秦始皇仍不免一死。后人只能见到三重泉下灌铜的墓穴中，埋葬着秦始皇腐朽的尸骨。

秦始皇派徐福入海求长生不死之药，对自己所创下的宏伟大业更相信能传之万代。当初统一六国，他回顾自己的赫赫功绩，要求群臣郑重其事地讨论自己作为国家元首的称号，以"称其功，传后世"。经过一番研讨，决定"去泰著皇，采上古帝位号，号曰皇帝"。把皇和帝这两个最神圣的字连在一起占有，表示秦王远远高于以前的三皇五帝。为了安排好自己的儿孙继位，又自称始皇帝，如此下去，"后世以计数，二世三世至于万世，传之无穷"。然而正像求长生不死药不可得一样，始皇的帝业也很快夭折。

第六章　文明与理性的偏失

秦始皇对早期理性的掌握和运用可以说是登峰造极的，他对理性的崇拜也是前所未有的，在这方面，他的确无愧于始皇的称号。

然而，徐福载秦女，楼船几时回。但见三泉下，金棺葬寒灰。始皇帝开创的如此宏伟的事业，结局却是悲剧性的。这是为什么？

为此，我们应当先了解一下秦始皇所推崇、所掌握和运用的理性是怎么样的一种理性，它的具体内容如何。

在诸子百家的著述中，唯一得到秦始皇青睐的就是韩非子的著作了。那么，韩非子是什么人？韩非子的书到底有些什么内容？能令"焚书坑儒"的始皇厚爱？秦始皇的事业与韩非子的学说有何关联？

韩非（前280—前233）是战国时代韩国的一位公子。他是继商鞅之后集法家之大成的理论家。为了适应时代的要求，韩非总结了文明国家政治的、管理的丰富经验，创造出比商鞅更成熟的文明的法学、管理学的专门理论体系。这在孔子时代则是无法做到的。

韩非讲过一个晋文公处理事务的故事：

在一次酒宴中，御厨端上了一道香喷喷的烤肉，文公正要动筷子吃，发现有一根头发沾在肉上，马上把御厨叫来，责问他："你为什么把头发弄到肉上了？你是想让寡人哽住喉咙吗？"

御厨急得立即下跪叩头赔罪说：

"臣真有死罪！因为臣犯了三重罪：臣拿磨刀石磨菜刀，磨得有如干将那样锋利，可是用它切肉，肉被切断了，头发却没有切断，这是臣的第一重罪；臣用锥把肉一片一片穿起来，竟然没有看到有头发在肉上，这是臣的第二重罪；臣把烤肉的火烧得很旺，肉片都烤得火红火红的，却没有把这头发烤焦，这是臣的第三重罪。不过，请陛下也不妨考虑一下，或许在厨房里有忌恨臣的人，故意和臣过不去呢？"

晋文公说："可以。"于是把伺候酒席的厨子全找来，果然找出一个隶属御厨的下臣，他才是把头发放到肉上的真犯。

这是韩非在介绍"君主应留心考察的六种微妙事端"即"六微"时举的事例之一。

韩非就是在分析大量实践经验的基础上，归纳提出他的"十过""八奸""八经""八说""七术""六反""六微""三导""二柄"的国家政治学、管理学理论的。用现代话来说，即国君行为的十大过错、部属令组织崩溃的八种手段、君主管理国家的八大原则、令组织受损个人受益的八种行为、君主考核属下的七种方法、君主应予留心的六种微妙事端、维持组织的三大要素、君主赖以操执治事的两个权柄等。

韩非的君主管理学说，乃至于他的法制理论有明显的应用性，同时他也移植了道家理论作为自己的理论基础。

英国哲学家怀德海在谈到罗马法对中世纪欧洲的影响时引用了勒启《欧洲伦理思想史》关于罗马法的理性哲学基础中的两段话。

"塞涅卡认为神规定了一条毫不容情的命运法则，一切事物都有了规定，但神本身也服从着这条法则。"

"罗马的立法从两方面来说都是哲学的产儿。首先，它是根据哲学的模式制定的。因为它并不光是适应社会实际需要的经验系统，而是首先确定了许多关于权利的抽象原则，然后再力求符合于这些原则。其次，这些原则又都是直接从斯多葛派哲学中搬用的。"

从商鞅到韩非也正是如此。

首先，韩非继承了早期法家关于人性利己的抽象原则。早期法家中，慎到说过，"人莫不为己也，化而使之为我，则莫可得而用矣"。意思是说，人没有不为自己打算的，要改变得使他"为我"，不可能。商鞅说："名与利交至，民之性。饥而求食，劳而求佚，苦则求乐，辱则求荣，此民之情也。"韩非也说："好利恶害，夫人之所有也。""人情皆喜贵而恶贱。"

确定了关于人性的这一抽象原则之后，韩非再力求令法律符合这一原则。这就是韩非所说的"凡治天下，必因人情"。

其次，韩非比早期法家进了一大步。罗马的立法者从斯多葛学派哲学中搬用其抽象原则，韩非则从道家哲学中直接搬用了"道"和"无为"的抽象原则。

什么是道？韩非所说的道，不但是自然物质的本体，即所谓万物之始，万物之所然，并且是一切自然物质或人类社会规律的总汇之源，即所谓万理之所稽，是非之纪。

这种"道"的存在是"弘大而无形"的。既无形，故不得闻见。但"今道虽不可得闻见，圣人执其见功以处见其形"。为什么无形、无常操？"道不同于万物"，"物有理，不可以相薄，故理之为物之制，万物各异理，而道尽稽万物之理，故不得不化。不得不化，故无常操"。

引进了道家哲学后，韩非的法、术、势的理论及其方法都不再仅仅是"适应社会需要的经验系统"，它们已成为哲学的产物，它们是根据哲学的模式来制定的。

"塞涅卡认为神规定了一条毫不容情的命运法则"，韩非则认定是神秘的道规定了一条毫不留情的命运法则，一切事物都有了规定。

毫无疑问，韩非法、术思想充满了理性精神，它为走向新时代的秦始皇，为秦王朝社会机体的详细结构及其周密的行动方式规定了法律的义务的方向。

韩非术的理论来自申不害，法的理论来自商鞅，不过韩非批评申不害只讲管理术不讲法制，批评商鞅只依靠法制而无视管理术，他把申不害的术、商鞅的法，乃至慎到的势即国君的政治权力论结合起来，将文明国家中君主政治、君主管理以及法制理论融成一体并进一步将它们哲学化，从而令他的著作成为当时君主及其国家管理新的最深刻的教科书。这就无怪乎秦始皇对它爱不释手。韩非的法家理论包容了法、术、势即法制研究、君主管理学和君主权力论，比起商鞅等，无疑成熟得多，深刻得多。然而，法家与兵家、墨家、纵横家差不多，它们都是新兴的工具理性学说，它们毕竟是以当时文明理性的某一方面的内容如军事学、逻辑学、外交学等为自己的研究对象。

要构建新文明，社会不仅需要法制理性建设，需要新的管理体制及其理论，也丝毫不可缺少伦理理性及其精神文化的建设。在某种意义上说，后者甚至是更为重要。

春秋战国时期，孔子开创的儒学密切关注整个文明的发展。孔子有极其宽阔的胸怀，他的学说涵盖了当时整个文明理性的成果。孟子继承孔子的学说，着重阐发了他光彩夺目的心性主体学说。另一方面，在维护、发展儒学的同时，孟子也表现了某些偏颇。但到荀子，以伦理理性为核心的儒学则大量吸收了墨家、法家、兵家甚至文艺家的工具理性成果，形成以伦理理性为基础的百科全书式的宏大理性体系。

荀子是古代百科全书式的思想家，而他的学生韩非则是古代研究君王政治、管理、术及国家法制的专家。这种大哲学家、思想家与专家的分野，在战国时代，正是文明理性进一步发展的标志。

但韩非仍未走出早期法家狭隘、偏激的怪圈。韩非对文明和时代的看法就是片面的、短视的。他说：

"古代的时候周文王只管理丰邑与镐邑之间的方圆百里的地方，他行仁义、安抚，感化了西戎，成为天下之王。后来的徐偃王管理着汉水以东方圆五百里的地区，他也行仁义。有三十六个国家割地给他，向他朝拜称臣，但荆文王唯恐徐偃王对自己有威胁，举兵伐徐，把徐国灭掉了。在禹的那个时代，苗人不服，禹打算讨伐苗人，舜反对禹的做法，说：'不要讨伐吧，由于我崇尚德化不够，结果要诉诸武力，这是不好的。'于是他们修教三年，执干戚而舞，有苗信服了。到共工之战，使短的铁铦即用作兵器杀敌，穿的铠甲不坚实就会伤到身体。古代干戚用于舞蹈、感化人，近代用铁铦杀伤人。所以说，客观情况不同，治理国家的手段也要改变。上古以道德高下作修德的竞赛，中古以智谋的多寡较量胜负，当今之世则完全靠实力生存。"

从这种文明观出发，韩非对儒学、墨学等都口诛笔伐，将它们视为巫祝、骗子、寄生虫，要求国君们及早地清除它们。韩非说：

"在一个危乱的国家里，儒者总是称颂先王之道，托辞仁义，盛修仪容服饰，铺设巧妙的辩说，以扰乱当世的法治，迷惑人主的思想；游说之士，虚辞矫诈，借境外的势力实现他个人的欲望，而放弃了国家的利益；带剑的侠士聚集党徒，立节操以显扬名声，干犯官府的禁令；国君的左右私聚财产，广收贿赂，借助重臣的请托，逃避从军作战的辛劳；商人和手艺人制造粗劣器具，集聚无尽的钱财，积蓄以待时机，希图从农民身上牟利。以上这五种人都是国家的寄生虫，国君如果不除去这些寄生虫，不培养耿介的人士，那么，国家破亡，朝廷覆灭，是不足为怪的。"

秦孝公时，商鞅非议儒家，孝公即"燔诗书而明法令"。时过若干年，尊奉韩非学说的秦始皇又下令焚书。当然，始皇焚书的直接促成者是韩非的同学——另一个法家代表人物李斯。秦始皇三十四年（前213），秦始皇置酒咸阳宫，大会群臣。博士仆射周青臣颂扬始皇；另一博士淳于越提出不同意见说："臣闻殷周能称王千余岁，是因其分封子弟功臣，自为枝辅。今陛下有海内，而子弟为匹夫，倘若有齐国田常、晋国六卿那样的叛臣篡政，何以相救？事不师古而能长久者，闻所未闻。周青臣现在面谀陛下，是加重陛下的过错，这样做算不上忠臣。"

早在秦始皇二十六年（前221），丞相王绾等人曾上奏始皇建议分封诸子到各地为王，被李斯驳倒。这次，李斯再次批驳淳于越说：

"五帝的帝业没有相重复的，三代王政也不可能相沿袭。他们都各有自己的治国方略，这并非他们刻意反其道而行之，而是由于时代变了。现在陛下创大业，建万世之功，这实在很难为愚顽的儒者所理解。而且，淳于越说的是三代时候的事迹，何足效法？前一时期诸侯并起，争雄天下，以厚礼招来游学之士。现在天下已定，法令统一，百姓在家应该致力于农工生产，读书人应该学习法令刑禁。现在儒生们不学习现实的东西，却要效法古代，以此诽谤当世，惑乱民心。如果不禁止，陛下的威信会降低，他们会结成私党，聚众闹事。"

接着李斯提出焚书议：请让史官把秦国典籍以外的书全部焚毁。除博士官署所掌管的外，民间收藏的《诗》《书》以及诸子百家著作，全部送到地方官那里去烧掉。有敢在一块儿议论《诗》《书》的处以死刑以示众，借古非今的满门抄斩。官吏如果了解而不举报，以同罪论处。命令下达后三十天仍不烧书的，处以脸上刺字的黥刑，服城旦之刑四年，即让他们白天守边防寇，晚上筑长城。法律规定不予取缔的，限于医药、占卜、种植之类的书。如果有人要学习法令，则以官吏为师。

于是秦始皇采纳李斯的建议，下令焚书。这次焚书，就不只是祸及孝公时代小小的诸侯国秦国范围了。原来六国各地，大批书籍被付之一炬。整个秦国"经书缺灭而不明，篇章弃散而不具"。

商鞅非议儒家，秦孝公也仅仅是燔诗、书而明法令。尊奉韩非学说的秦始皇则下令大规模坑儒。

陕西临潼洪庄堡，是秦始皇诱坑儒生的地方。焚书以后，始皇唯恐天下儒士不服，设计了一个圈套，让人在骊山温谷，挖坑种瓜。瓜熟后令儒生们下谷去观看议论，在儒生们各执己见、相互争执时，便下令从上面填土，将前后封拜为郎的七百余名儒生全部活埋。据说，由于"焚书坑儒"的烈火灼烧，到现在洪庄堡的土都是红色的。

唐代诗人章碣有一首诗《焚书坑》说：

竹帛烟销帝业虚，关河空锁祖龙居。

坑灰未冷山东乱，刘项原来不读书。

　　秦始皇"焚书坑儒"，是秦代理性偏失的集中反映，而直接导致秦王朝崩亡的则是它的一系列走向了极端的社会经济政策。

　　从商鞅到韩非，法家的法制理论的极端性也是一贯的。

　　韩非说：

　　"现今一些有不良行为的青少年，父母怒责他们，他们不改过，同村邻里申斥他们，不为之动心，师长一再教训也没有改变。以父母之爱、乡村邻里的行动举措、师长的智慧三种美德都加之于他们，可他们到底仍然不动心，甚至连腿上的毛也不改变一根。地方政府官吏指挥官兵，按政府法律去查办逮捕违法者，这时人们才会恐惧，改变他们的不良行为。如此，父母的爱不足以教育好孩子，一定要依靠地方州署的严刑。爱对于人民只会纵容他们，只有威刑才能使他们服从。十仞高的城，善跳的勇士楼季无法翻越，是由于险峭；千仞高的山，母羊都能被赶着上去，是由于坡度平缓。所以，明智的君主应当实行酷法严刑的政策。"

　　秦始皇以吏为师，"事皆决于法"。秦朝法网严密，以至于对君主有任何非议，都要被灭族。秦法苛刻，连坐法有家属连坐、邻里连坐、部门连坐，弄得人人自危，整个社会惶恐不安。秦律的死刑有戮刑、弃市、生埋、枭首、腰斩，甚至凿颠、抽胁、镬烹等，极为残酷。

　　秦始皇就是依仗这种高压的法律制度，无限度地征服赋役，大兴土木。

　　唐代诗人王维写过一首诗《过秦皇墓》，抒发他路过秦皇墓时的感慨：

　　　　　　　　古墓成苍岭，幽宫像紫台。

　　　　　　　　星辰七曜隔，河汉九泉开。

有海人宁渡，无眷雁不回。

更闻松韵切，疑是大夫哀。

秦始皇陵在今陕西省临潼区，坟高五十多丈，周围五里多宽，掘地极深，灌入铜液。墓中设有百官牌位，有豪华的宫殿，有水银造的江河大海，天上的大雁和水中的野鸭用黄金制成。这个空前宏伟的地下宫殿由丞相李斯主持修建，大将章邯监工，历时三十七年，筑陵劳役最多时达七十万人，占当时全国壮丁总数的十分之一。

秦始皇还扩建阿房宫。阿房宫东西五百步、南北五十丈，殿上可以同时坐一万人，殿下可容纳十万人。还有不可胜数的离宫别馆，加上长城的修建，岭南和匈奴的用兵，秦王朝时田租二十倍于古，力役三十倍于古。这一切终于逼得广大农民、刑徒，还有六国豪杰有识之士揭竿而起，推翻秦王朝，从而深陷于片面泥沼的历史也翻开了新的一页。

第七章　留邑之会

张良盼望已久的日子终于来到了。

秦二世元年（前209）七月，秦朝政府征发一批农民去渔阳（今北京密云）戍边。这批被征农民行进到蕲县大泽乡（今安徽宿州西寺坡），遇上连日大雨，不能前进，无法如期到达渔阳。按秦朝的法律，误期者是要被处死的。在死亡威胁下，担任屯长的阳城人陈胜和阳夏人吴广商量："今亡（逃亡）亦死，举大计（起义）亦死，等死（同样是死），死国可乎（不如拼着一死，干一番大的事业）？"

于是，他们在帛书上写上"陈胜王"三个字，放到鱼腹中，戍卒买鱼得书，传为怪异。吴广又在驻地旁丛祠中篝火狐鸣，发出"大楚兴，陈胜王"的呼声。接着，陈胜、吴广率领戍卒，杀掉押送他们的将尉，用已被赐死的秦公子扶苏和已故楚将项燕的名义，号召农民反秦。

附近农民纷纷斩木揭竿，投入起义军。

在起义军的影响下，许多郡县的农民杀掉守令，响应陈胜。尤其在原来楚国的境内，"数千人为聚者不可胜数"。陈胜的起义军很快发展到数万人。他们分三路攻秦。陈胜自立为"张楚王"，吴广为"假王"，西击荥阳；武臣北进赵地；魏人周市攻魏地。吴广军在荥阳被阻，陈胜加派周文西击秦。

周文的军队又迅速发展到车千乘，卒十万人，进抵关中的戏（在今陕西临潼），逼近咸阳。秦二世慌忙征发修骊山陵墓的刑徒为兵，以少府章邯率兵应战，打败了周文。

武臣占领了原来赵国都城邯郸后，在游士张耳、陈余的怂恿下自立为赵王。陈胜命武臣率兵西上，支援周文。武臣不救周文，却派韩广掠取燕地。

韩广在燕地自立为燕王。

周市进到旧魏国南部和旧齐国境内，派人把魏国旧贵族魏咎从陈胜那里迎接到魏地，为魏王，自为魏丞相。

陈胜起义后，原楚国名将项燕之子项梁和侄儿项羽在吴（今江苏苏州）杀掉秦会稽郡守，起兵响应。

秦王朝很快就陷入农民起义的汪洋大海。

张良在下邳听说四方兵起，当然兴奋万分。他也聚集起志同道合者百余人，正要去投奔陈胜手下秦嘉所立的楚王景驹，刚走到留邑，碰上原沛县亭长刘邦所率领的几千起义人马。

刘邦起事也在秦二世元年（前209）。当时，沛县令奉秦廷诏书，派担任亭长的刘邦押送罪徒西至骊山，添筑始皇陵墓。一路上罪徒多有逃亡，刘邦一人无法处置，心想如此下去，等到了骊山，罪徒岂不会跑光？一路行至丰邑西面的泽中亭，刘邦竟呼酒痛饮。到晚上，刘邦干脆将罪徒一一解缚，宣布："现在，大家都可以走了，从此我也只好逃匿而去！"一时也有十来个壮士情愿追随他。于是壮士十几人乘着酒兴，夜行泽中，刘邦拔剑斩杀当径大蛇，随后进入芒山砀山之中。陈胜起义的消息传到沛县，县令欲响应陈胜。县掾萧何、县主吏曹参都是刘邦知交，即劝县令赦罪召还刘邦及其追随者，协助起事。县令应允，派樊哙去召回刘邦。等樊哙与刘邦百余人返回沛县，县令却后悔了，闭城守门，要诛杀萧何、曹参。于是，刘邦与沛县父老杀沛县县令，收集沛中子弟两三千人，举起义旗。

秦二世二年（前208①）十月，刘邦攻胡陵、方与，并据守丰邑。秦朝泗水郡官兵围攻丰邑，刘邦率义军与官兵周旋，派雍齿把守丰邑。不料魏人周市率军攻略丰邑，雍齿投向周市。刘邦怨恨极了，立即回师攻打丰邑，却未能攻下。刘邦也想到留邑去找楚王景驹借兵攻打丰邑，行至留邑正好碰见张良一行。

张良、刘邦两支队伍在留邑相遇，纯属偶然。但张良是有心人，他听刘邦诉说其起事前后经历，又见刘邦手下一班人——萧何、曹参、樊哙、夏侯婴、任敖，有文有武，阵营整齐，甚有气象，内心即有所震动。进而两人谈及一切兵机，乃至治国方略、盛衰根源等，居然刘邦也一一体会，很是投机。张良不禁想起圯上老人所言，暗自叹息："这沛公如此智识，定由上天所授，否则我所说的，全是《太公兵法》的内容，别人一概不懂，为何他能这般神悟？"

在刘邦看来，自己身边虽已有深谋远虑的萧何、曹参，但这位子房先生思维敏捷异常，知用兵之道，实为难得的人才。于是刘邦当即授张良为厩将，而张良也决意辅佐刘邦。

随后，刘邦率义军仍行进到留邑，与张良等会见楚王景驹，借兵以攻丰邑。正要向丰邑发兵，章邯的秦兵已从陈州向东北方压来，眼看要打到萧县。刘邦只好引兵在萧县西部堵住秦兵的攻势，结果打了败仗，退回留邑。

这之前，秦将章邯连败陈胜派出的周文西进义军，周文自杀。章邯又逼近荥阳，吴广部将田臧杀吴广，迎击章邯，一战败死。章邯进到陈县，陈胜败退到下城父（今安徽蒙城），被庄贾杀死。原来奉陈胜之命略取广陵（今江苏扬州）的召平，听说陈胜兵败、秦军东来的消息，就渡江到会稽（今江苏吴县），

① 秦代及汉初以十月为岁首，以下各月依次为：十一月，十二月，元月……九月。秦二世二年十一月、十二月在公元前207年，元月、二月至九月都在公元前208年。下同。

用陈胜的名义封项梁为楚上柱国，建议他"引兵西击秦"，于是在会稽起义的项梁、项羽率八千精兵渡江北上，在东阳（今安徽天长境内）会合了陈婴的起义军两万多人，进到盱眙，英布、吕臣、蒲将军等都率军至盱眙相会。项梁的义军力量日益壮大，进至下邳时，已达七万多人。

拥立楚王景驹的秦嘉企图阻挠项梁义军北上，项梁即进军胡陵（今山东鱼台境内），追杀秦嘉及景驹。

秦嘉及景驹的势力被消灭，刘邦又找项梁借兵攻丰邑。得到项梁军队的帮助，刘邦才打败雍齿，夺回丰邑，以后，刘邦便率兵到薛，接受项梁的指挥。

这样，项梁的人马便发展到十万人，形成对抗秦军的一支新的最强的起义队伍。而这时周市所立的魏国，张耳、陈余所立的赵国，韩广自立的燕国以及齐旧贵族田儋自立的齐国，其声势都不如项梁义军大。但这时，项梁在名义上仍是陈胜名义封的楚上柱国，而陈胜又已经死去，项梁和刘邦、张良等都认为义军要重新推立楚王，增强自己的政治力量，求得进一步发展。

正在这时，年已七十的范增求见。范增向项梁、刘邦分析陈胜起义的成败说："陈胜本来就不是望族，没有号召力，又缺乏大的才干，毫无基础地骤然称王，谈何容易！现在项将军起自江东，渡江前来，楚地豪杰，无不响应，正是因为将军世为楚将，必主楚后。将军若能顺应民情，扶植楚裔，天下必然闻风趋附，关中定然一举可下了。"

项梁、刘邦立即采纳范增的建议，于秦二世二年（前208）六月拥立前楚怀王的孙子为王，建都于盱眙，仍称楚怀王。从此，起义战争进入一个新的阶段。

从陈胜兵败到项梁、刘邦共立楚怀王，经历一段急剧的分化改组之后，秦末起义的形势已稍见明朗：项梁已成为反秦的主要力量，在一段时间内，刘邦也只有依靠项梁，共同拥立楚怀王。而项梁、刘邦、楚怀王几人的结合，及项梁集团的前途如何，张良很有疑虑。因而，张良决定自己还是离开项梁集团，也暂时离开刘邦，到自己的故土——韩国故地去发展。他认为刘邦终应在项梁集团之外，开拓自己的反秦斗争空间，发展壮大自己。或许，自己离开刘邦，就能发现、开辟出一片新天地，至少要比留在项梁集团，留在刘邦身边强。拿定主意后，张良又与刘邦多次商议，并规划了自己走后一段时期刘邦集团自我发展的方略，才找到项梁，向项梁提出请求：

"将军，您知道我本来是韩国的公子。现在楚、齐、赵、燕、魏都已纷纷复国，只有韩国连个影子都没有，我心里难受得很，所以想请您在韩王的后裔中挑出一位为新韩王。这样，既可号召韩国的遗民，增强抗秦的力量，我们韩国百姓又会感激您的扶立之恩。您看如何？"

项梁自己是一国名将之后，对义军中少有的像张良这样的名相之后，当然十分器重。何况据项梁所知，张良曾有过锥击秦皇的壮举！所以项梁对张良的要求毫无疑虑，他只是问了一下具体的人选。

张良早已成竹在胸，马上回答：

"韩国公子韩成，贤德而有威望，可推他为韩王。"

"好吧，就由你去找韩成，策划恢复韩国，你就是韩国的司徒。"

于是，张良拜别了刘邦，辅佐韩王成，率领着项梁拨给他的千余人义军开赴颍川地区，与秦兵展开战斗。

第八章 进军关中

在张良与秦军周旋于颍川的日子里，秦军主力章邯的军队企图逐个消灭魏、齐、赵三国反秦武装。章邯夜袭临济（今河南封丘东），击败魏军，魏王咎自杀。接着，章邯进攻齐国的东阿（今山东东阿西南）。项梁与刘邦援救齐国，于东阿大破章邯军。刘邦与项羽乘胜追击，在濮阳东面再战章邯，又击败之。章邯收散卒，环水固守濮阳。刘邦、项羽率军弃濮阳，转攻定陶，未能攻下，又攻雍丘（今河南杞县），大败秦军，杀三川郡守李由，切断了章邯与洛阳间的联系。项梁又率军攻定陶，再败秦军。

在一连串的获胜之后，项梁产生了轻敌情绪，放松了对秦军的警惕性。秦二世二年（前208）九月，章邯在得到充分补充后，夜袭定陶，大破楚军，项梁战死。

项梁战死，最强大的反秦义军十几万将士失去统帅，这噩耗震撼了淮河两岸、大江南北，它大长了秦军的威风，大灭起义军的士气。

章邯击败并杀死劲敌项梁，志得意满，根本不再把刘邦、项羽放在眼里，所以他没有乘胜追击、扩大战果，反而将部队调往北方，攻打赵国。

正在率军围攻外黄的刘邦、项羽听说项梁败亡，赶紧连夜撤兵，与各部退保彭城。吕臣驻军于彭城东，项羽驻军于彭城西，刘邦驻军于砀，结成掎角之势。楚怀王也自盱眙迁到彭城，对起义军进行了整顿，将吕臣和项羽的部队合并，由自己亲自统帅。以刘邦为砀郡郡守，率领驻砀的部队，封武安侯。以项羽为鲁公，封长安侯，吕臣为司徒。

经过一番休整，楚怀王召集众将共商进军大计。这时秦军主力远在河北，关中空虚无备，大家决意进攻关中。但这段战事，秦军屡屡获胜逐北，楚军将领对进攻关中仍有顾虑。怀王于是向诸将领宣布：先入定关中者为王。

就这样，挺身而出、愿率军进攻关中的也只有刘邦、项羽。项羽又特别激愤，秦军击败项梁，他仇恨在胸，毫无畏惧，愿与刘邦西入关。然而，怀王部下的老将领反对项羽西进，他们都说：项羽为人剽悍猾贼。他攻下襄城时，将守城军民全部坑杀，未留一个活口。他所过之处无不残灭。西取关中，事关重大，不如另派有长者风度的将领举义旗西进，一路告谕秦地父兄。秦地人民忍受痛苦已久，现在如有长者前往，无侵暴于人民，关中是可以从秦廷手中夺得的。刘邦素来宽大忠厚，是合适的人选。项羽则不能担此重任。

其实，怀王对项羽也有看法。他当然没有批准项羽的请求，而是派了刘邦率军进军关中。

同年闰九月，秦军攻赵，大破赵军，章邯乘胜进占邯郸。赵王歇和张耳退守巨鹿（今河北平乡西南），赵将陈余收得常山（今河北正定）兵数万人，驻在巨鹿城北。章邯派王离包围巨鹿，自己驻军于巨鹿南面的棘原，并修筑甬道（两侧有墙的运粮道路）以补给王离军。王离兵多粮足，急攻巨鹿。赵王歇急得连连派人向在彭城的楚怀王求救。

楚怀王应如何组织力量去解救赵国？

楚怀王将吕臣和项羽的部队合并归自己亲自统率，可他的驾驭指挥能力却远远不及项梁。他听信齐王使者高陵君的建议，把统率大军北上救赵的重任交给了宋义，任命宋义为上将军，项羽为次将，范增为末将，其他诸将均归宋义指挥，号为"卿子冠军"。

　　秦二世三年（前207）十月，宋义率军北上救赵。大军开到安阳，却停止前进。

　　项羽建议立即进兵，宋义则想保存实力，乘秦赵相斗，坐收渔利。宋义下令"有猛如虎，很如羊，贪如狼，强不可令者，皆斩"，企图压服项羽，令项羽屈从他的意思。不仅如此，宋义还亲自到无盐（今山东东平东）大设宴席，送他的儿子去齐国担任相国，置巨鹿危急与将士冻馁于不顾。

　　十一月，项羽激于义愤，杀宋义。英布等诸将领共同推举项羽为假上将军，楚怀王不得不承认。

　　十二月，齐国田安也率齐军助项羽救赵。但救赵的各路大军都畏惧秦军，不敢出战。

　　项羽整顿军队后，首先派英布、蒲将军领两万人为前锋，渡河切断秦军运粮的甬道，分割了章邯与王离的部队。随后，项羽率主力渡河，并下令破釜沉舟，烧毁庐舍，"持三日粮，视士必死，无还心"。以雷霆万钧的气势，围杀秦军，绝甬道，九战九捷，大破秦军，杀秦军副将苏角，俘秦军大将王离，迫秦军另一副将自杀，一举解救了巨鹿之围，取得了辉煌战果。

　　十二月，正当巨鹿之战、项羽大破秦军之际，刘邦、萧何、曹参、夏侯婴、樊哙、周勃等将士，经砀、阳城、杠里几次小战役后，队伍到达粟地。

　　北方战场的赫赫战果，当然大大减轻了刘邦向西进军的军事压力，但同时，却又令刘邦感到自己面临任务的紧迫：一方面要尽快挺进咸阳；另一方面，要抓住时机发展自己。

　　张良西略韩地辞别刘邦时，曾特别叮嘱刘邦伺机发展自己的力量。现在踏上西进征途，发展壮大自己的队伍，已是现实的迫切任务。

在粟地，刘邦遇上刚武侯的四千人部队，刘邦毫不犹豫夺过刚武侯的指挥权，吞并了这支人马。

魏将皇欣、武满这时也来到粟地，刘邦对这支队伍实行联合的办法，接纳他们共同打击秦军。

大军经过昌邑（今山东金乡）时，原先在钜野泽地打鱼为生的豪杰彭越率领一千多名徒众前来依附。刘邦大喜，立即接纳。

昌邑城兵源充足，粮食丰富。刘邦久攻未下，便改变计划，绕道高阳，继续西进。

高阳有一位名儒，名叫郦食其。这人已六十余岁了，家道贫穷，充当里中小吏为生。这老人仍自负甚高，不愿随便出山。陈胜、项梁起兵，曾有数十起义军路过高阳，郦食其问明情况，他都瞧不上，认为是草寇一群，不足以成大气候。

现在刘邦的军队到了高阳，恰好郦生有一同里子弟是刘邦军中骑士，郦生便找到他了解情况，他问骑士：

"听说刘邦性情倨傲，不肯下人，是吗？"

骑士说：

"这传说不是没有根据。但刘邦也特别喜求豪俊，韩国公子张良一次见面即成深交。"

这一点正是郦生看中的。他立即让那骑士带他去见刘邦。

两人到了大营，进入统帅内帐，见刘邦坐在床上，有两名侍女正在替他洗脚。郦生走到刘邦面前，长揖不拜。刘邦也不动，好像没看到郦生走来。这时，郦生径直问刘邦：

"将军领兵来此，不知是想助秦攻各国，还是和各路义军共图破秦？"

刘邦虽与萧何、曹参一帮文雅之士有长期交往，但萧何等均非纯儒。现在见这老者儒服儒冠前来，有些讨厌。再加上看到郦生语言唐突，不由得动了怒意，骂了起来：

"书呆子！你不知天下百姓苦于秦王暴政已经很久，现在诸侯相率攻秦，还说什么助秦？"

郦生接口说：

"将军既要聚徒联合义兵诛灭无道的秦朝，就不应如此踞见长者！"

刘邦猛然醒悟，不再洗脚，整齐衣冠，延请郦生上坐，并向郦生道歉、请教，郦生说：

"足下起瓦合散乱之卒，兵不满一万，却想径入强秦，这真像探虎口一样。依我看，陈留这地方是天下要冲，四通八达，且城中又多积粟。我与县令相识，愿往游说。如不成，请将军夜攻，我为内应。"

刘邦自然很高兴，即派郦生先行，并下令作攻城准备。

郦生到了陈留，未能说动县令。于是待到半夜，悄悄地溜出县署，开了城门，把刘邦的军队放了进去。轻取陈留，刘邦军得到充足的补给。为了酬谢郦生，刘邦封郦生为广野君。郦生的弟弟郦商，陈胜起义时也聚众响应，这时手下有四千多人。郦生劝说郦商也归附了刘邦。刘邦的力量又有所壮大。

三月，刘邦军围攻开封受挫，又有消息传来，秦将杨熊企图解开封秦军之围，其军队已在途中。刘邦果断命令撤开封之围，截击杨熊。在白马城旁，刘邦军突袭杨熊军。杨熊军伤亡多人，慌忙退到曲遇（今河南中牟）东面。

曲遇东部地势平坦，杨熊就地布阵，与刘邦军对垒。两军交战，互不相让。正杀得难分难解，忽有一支军队赶到，向杨熊阵中横插进去，将杨熊军打乱。刘邦乘势攻杀，杨熊只得夺路而逃，退入荥阳。

击败杨熊，刘邦正要亲自酬劳前来夹攻杨熊的友军，却有一队人马来到面前，其统帅滚鞍下马，向刘邦低头便拜。刘邦也下马答礼，扶起对方一看，竟是张良。刘邦喜出望外，二人当即下令择地安营，共庆重逢。

原来，张良拜别刘邦，与韩王成率军西略韩地，也曾夺得数城。但在韩国故地，秦军势强，张良的兵力有限，一些城池往往得而复失。起义军将十余万秦军牵制在韩地，本身的发展并不快。

其实，张良最关注的是反秦战争全局的变化：自张良离开彭城，项梁因轻敌败亡定陶。此后，项羽在军事上虽声威显赫，但政治上失去楚怀王及其老将们的支持。刘邦开始是依靠项梁，在政治上发展自己。项梁死后，在楚怀王及其老将的支持下，很快脱颖而出，成为一支独立的力量。至于齐、赵、魏、燕，则仍然处于割据态势。

整个形势大体未超出张良在彭城时的分析。只是项梁败亡定陶，令刘邦的全面发展得以加快步伐。

因而，当张良在颍川得知刘邦将挥师西进，竟等待得焦急起来：从此刘邦集团即进入新的发展阶段，他能按当时自己在彭城时商定的方针，放手发展吗？巨鹿秦楚大军决战在即，是否会波及南线战场？从彭城到韩地，秦军虽无重兵屯驻，但昌邑、陈留、开封之敌，不可轻视。且荥阳附近驻有秦将杨熊大军，更有令西进的刘邦军陷入腹背受敌的危险。于是，张良一面企盼着刘邦大军的到来，规划着将来继续西征的战略战术，一面则率军密切监视杨熊秦军的动向，终于在曲遇一役出奇兵，协助刘邦大破杨熊，令刘邦赢得了西进以来第一个大胜仗。

刘邦从项梁阵亡，到进军关中，发展颇为顺利。当然这些，与当初张良在彭城的筹划分不开。项梁死后，刘邦一直希望张良能回到自己身边，西取关中，更需要张良来运筹帷幄，决胜千里。如今张良来了，刘邦如鱼得水，如释重负，感到西进的重担都要轻松了许多。于是，四月，在韩地，刘邦指挥军队一口气攻下十几个城池，打得秦军晕头转向。整个西征军都变得生龙活虎，势不可挡。

在韩国故地很快打下一批城池后，刘邦安排韩王居守阳翟，自己与张良等向南阳进发。

秦南阳郡守名叫焦崎，他虽风闻刘邦军势如破竹，接二连三攻取韩地十几座城池，仍不甘示弱，出兵至犨县东，拦截刘邦，被刘邦军迎头痛击，焦崎慌忙退守宛城（今河南南阳）。

刘邦挥师追至宛城，只见这城工事坚固，倘若硬攻，不仅损失很大，更会延误西进时机，便下令将士从城西过兵，迤逦而去。

张良当时就在刘邦身后，见刘邦下令越宛西进，没有急于劝阻。待大军行进数十里后准备歇息，张良才向刘邦缓缓分析形势：

"主公不欲进攻宛城，想必是急于入关。但此去关中，前途险阻尚多，驻守的秦兵必定不少。宛城是个大城，四周人口稠密，粮秣充足，若不攻下宛城，宛城军从背后截击，前面关卡的秦军据险死守，我们进退失据，岂非危道？"

刘邦的确是急欲入关：此时，北方巨鹿会战很快即会结束，秦军章邯主力一旦被歼灭，任何一支义军或割据势力都可能问鼎关中，到那时，刘邦西进大军将前功尽弃。事实上，赵将司马卬就曾企图南渡黄河窥视关中。幸而刘邦当机立断，北攻平阴，塞住了黄河渡口，阻止了司马卬的军队。但放弃宛城，这次的决策也实在太匆忙了。看来还是张良分析得透彻，只有快中求稳，才能立于不败之地。

刘邦寻思过后，立即问张良：

"照你看，现在怎么办？"

"我看不如还攻宛城。趁其不备，连夜回师将宛城重重围住，孤立它，断绝它与其他城邑的联络，然后乘隙攻取。"

刘邦听后，认为可行，便传令各军绕道回宛，偃旗息鼓，连夜疾行。天未亮，大军静悄悄地到了城下，将宛城围住，环绕三匝。布置已定，即命擂鼓，准备攻城。

城内南阳太守焦鹬，当时亲见刘邦大军远去，料想他不能返回，乐得遣散各路人马，撤去许多守备。直到城外鼓声大震，才从床上惊起。登城一看，见敌军环集如蚁，喊声震天。城上守军势单力薄，竟不知所措。这时焦鹬只得连声叫苦，回到帐中，便要拔出佩剑，决意自刎。

忽然后面有人按住他的手，急呼："大人不必！大人不必！"

焦鹬回顾，见是舍人陈恢，连声说：

"事已至此，我还苟活什么，苟活什么！"

陈恢却很镇静严肃：

"大人不必急躁，请听我细说。大人应知，自陈胜反秦以来，天下大乱，丢城弃地的何止你一人？北边巨鹿之战，王离战死，章邯败走，秦军大势已去，有谁能力挽狂澜？况且，秦政的确也过于苛刻。二世皇帝继位以来，更弄得宫廷不安，百姓颠沛流离。您现在以死殉国，这个秦国有谁会赞赏你？"

焦赪这时才凄声说：

"现在破城在即，你说怎么办？"

陈恢仍然不紧不慢：

"郡守，你有所不知。我听说刘邦宽厚容人。这次他率兵西向伐秦，沿途秋毫无犯。一路大小会战数十次，亦未曾滥杀无辜。所以刘邦军深得人心，从彭城打到宛城，沿途百姓纷纷响应投靠，兵力越聚越多，越战越盛。况且刘邦西进，志在入关。你若能举宛城以投顺刘邦，刘邦定不会加害于你，且能保境安民。"

焦赪听到这里，不觉心动，于是问陈恢：

"你的话诚然有理，但你愿意为我去刘邦营中请降吗？"

陈恢一口应承。焦赪便派人让他缒城下去。

陈恢下城，即被攻城兵士抓住，陈恢声称有要事要见刘邦。兵士便将他押到刘邦帐中。

见到刘邦，陈恢又长篇宏论：

"我听说楚怀王有约，诸将领中谁先入关中，便可为王。现在将军领兵攻打宛城，宛城郡县连城有数十座，人口稠密。宛城众多吏民倘若都自知投降必死，则不得不奋起坚守。如此，将军则要硬打强攻，虽有精兵猛将，未必能很快破城，反而会伤亡惨重。您若是舍弃宛城不攻，仍然西进，宛城必发兵追迫。将军攻宛则恐失关中之约，弃宛又患宛卒追迫。依我的主意，将军不如招降郡守，赐他爵位，令他保守宛城，通道输粮。您还可收编部分宛城士卒，壮大队伍。如此，西行所经各城，将闻风归附，将军自可长驱直入关中了。"

刘邦耐心听陈恢说完，不断赞许，对他说：

"我西进大军是仁义之师，不会拒绝归降者，焦齮郡守若果真出降反秦，我万分欢迎，定当给予封爵，并确保城内军民平安，这些，请您还报郡守。"

陈恢回城中，将刘邦的许诺转告焦齮。焦齮当即大开城门，引刘邦军入城，刘邦封焦齮为殷侯，封陈恢为千户。随即收编宛城士卒，扩充队伍继续西进。果然沿途城邑，无不闻风归附，秦军投降队伍愈来愈多。

大军到达丹水（今河南淅川西南）。在丹水，有高武侯鳃、襄侯王陵投降。

刘邦又东取胡阳（今河南唐河南），西克郦（今河南内乡东北）、析（今河南内乡西北）两城，肃清了南阳地区少数敢于抵抗的秦军。沿途刘邦更是严申军纪，禁止掳掠，百姓从未见过这种队伍，竟至欢喜雀跃。

大军逼近武关，刘邦派魏人宁昌为使节，赴咸阳责令秦二世投降。

这时，已是七月了。

这几个月里，在河北战场，秦军章邯于巨鹿溃败后，将部队集中在巨鹿以南的棘原（今河北平乡南）。项羽乘胜至漳水南岸，两军形成对峙。

项羽一方由陈余写信给章邯，指出秦将白起、蒙恬也功勋卓著，但终遭杀害。秦朝对其大臣是有功亦诛，无功亦诛。信中劝章邯与诸义军联合起来，共同攻秦，分地为王。

这时，秦朝廷内部矛盾加剧。由于河北巨鹿会战失败，二世派人责备章邯，丞相赵高怕承担责任，同时也已不信任章邯，将章邯派去咸阳请示的长史欣拒于司马门外三日，又派人追杀偷偷返回的长史欣。

章邯非常恐惧狐疑，秘密派人向项羽求和。约未成，项羽派蒲将军率一部分兵力趁夜渡过三户津（今河南临漳西南），在漳南击败后撤的秦军，项羽率主力再破秦军于汙水（漳水支流，在今临漳附近）。

章邯迭遭打击，又怕遭秦二世和赵高杀害，再次派人向项羽乞降。项羽也因军粮缺乏，接受了章邯的请求。

七月，章邯率秦军二十多万人，在汙水南岸的殷墟（今河南安阳西）向项羽投降。项羽封章邯为雍王，封司马欣为上将军，均收留在楚军中。

八月，刘邦大军进抵武关。武关秦将来不及征兵，仓皇之中率数千人出关迎战，被刘邦将士打得抱头鼠窜。刘邦安然进占武关（今陕西商州西）。

这时，秦宫廷内部，赵高仍然日夜谋划，要篡夺王位。他害怕宗室大臣有人不服，想出一条分辨敌我以铲除异己的毒计来。

一天早朝的时候，赵高牵了一只鹿上殿，向秦二世胡亥报告说：

"启禀陛下，臣捕获了一匹神马，它能为人带来吉祥，臣特地牵来献给陛下。"

二世说：

"马在哪儿？"

赵高指着面前的鹿：

"就是这匹马，陛下。"

二世一看，笑了：

"这不是鹿吗？丞相弄错了吧？"

赵高仍一本正经地说是马。二世当然不信，便问左右大臣，大臣们面面相觑，不敢说话。经二世再三诘问，居然好些人说是马，只有几个大胆点的直说是鹿。

过了几天，赵高将当时说是鹿的大臣拘捕，定其死罪。以后，大臣们没有一个不惧怕赵高的了。朝廷内外大事，二世全蒙在鼓里。

刘邦、项羽两支大军东西并进，赵高还想瞒住二世。等到刘邦攻克武关，派人招降，赵高才急了起来，他怕二世知道，只好装病数日不上朝。但武关失守的消息终于还是传到二世耳中。二世闻知，大惊失色，慌忙派人责问赵高，令他赶紧调兵，部署抵抗。

赵高很恐惧，于是叫来女婿阎乐、弟赵成商议说：

"皇上不听劝谏，现在时局危急，又想归祸于我。我准备改立公子婴。公子婴仁义俭朴，人民会拥戴他。你们同意干吗？"

阎乐是咸阳令，赵成是郎中令，但二人一是其女婿，一是其弟，当然听他的。

赵高令郎中令赵成为内应，令阎乐率将卒千余人，诈称追贼，到望夷宫殿门，喝令捆住守卫的卫令仆射，责问：

"贼从这里进去了，为何不抓？"

卫令莫名其妙：

"宫内外门卫森严，哪会有贼进去？"

阎乐不由他分辩，杀了他，直闯了进去，令手下边射箭边向宫内突进。宫内秦二世惊起，急呼卫士抵抗，阎乐、赵成已冲到跟前。阎乐严厉责令二世：

"你昏庸骄恣，肆意滥杀，暴虐无道，天下人都起来反叛你，怎么办？你自己决定吧。"

二世说："我可见见丞相吗？"

阎乐说："不行！"

"我愿只做一郡之王。"

"不行！"

"愿为万户侯。"

"不行！"

"愿与妻子同为普通百姓。"

阎乐说："我是受命于丞相，为天下人诛杀你，任你有何请求，我都无法应承！"

二世只好自杀。

秦二世死后，赵高宣布二世的罪状。九月，立公子婴为秦王，令公子婴斋戒，择日庙见受玉玺。同时赵高派人至刘邦营中，提出与刘邦分享关中，刘邦没有允诺。

子婴知道赵高对自己是假心假意的，并获悉赵高在寻求与刘邦谈判分王关中，就于斋官刺死赵高，捕杀赵高三族。继而征兵遣将，镇守峣关（今陕西蓝田东南）。

峣关前据峣岭，后枕黄山，地形险要，是武关以西靠近咸阳的最后一关。

刘邦率军开赴峣关前，见秦军增兵把守，负隅顽抗，一怒之下，下令不惜一切代价攻城。

张良连忙劝住刘邦说："秦廷内部虽然刚发生政变，但子婴继位为王，诛杀了赵高，名正言顺，且为防守秦都咸阳，秦军力量尚强，不可轻敌。"

"哦，我又急躁了。不过，您有好计破峣关吗？"

"兵法说，用兵之要，必先察敌情。我派人了解了敌守军的情况：峣关新来的守将商奉，他的父亲是个屠夫，父子爱财如命。'贪者，邀趋其利'，我们可以'因其至情而用之'，派一个能言善道的人，带上金银财宝诱他投降，当然，另一方面，应再派军士在峣关附近，登山插旗，以为疑兵。商奉内贪重赂，外怯强兵，哪有不降的道理？"

刘邦照张良的计策，立即下令拨数千将士，登上峣关附近的山地，遍插旗帜。秦将登关东望，只见山上山下，到处是楚军的旗帜，不由得胆战心惊。

依张良的谋划，刘邦派郦食其前往诱降。

商奉在城内早已得知楚军声势很盛，内心颇有不宁，见郦食其来了，也想听听郦食其有些什么说道。郦食其开始是晓以利害，他说：

"暴秦无道，早已失掉民心。今沛公率四十万大军，兵临峣关，秦都咸阳指日可下。商将军是一时俊杰，沛公不愿开罪于你，所以先派我来与将军商议。"

"那您先谈吧，沛公有什么见教？"

郦生接着就直截了当地说：

"将军若愿为秦死，孤守峣关，则沛公有精兵数十万，当兵戎相见。但沛公素仰大名，现备礼物致意，望商将军收下。"

说罢，郦食其命人将礼物送上，商奉一看是一大包黄金明珠，光彩夺目。于是心花怒放，一口答应郦生，与沛公联合，共同攻取咸阳。

郦生当即出关，回报刘邦。刘邦想不到诱降如此顺利，峣关唾手可得，对张良说：

"果然不出所料，痛快！痛快！"

张良却反而神色凝重，说：

"且慢，沛公，我们还应细加斟酌。"

刘邦满是狐疑，问张良是什么意思。

张良说：

"照郦先生所报告，商奉见财眼开，竟不与手下任何人商量就一口答应。他又是刚调任的主将，其他将士都会服从他这个决定吗？万一不服者杀了商奉，设下陷阱，引我军进去，那不糟了。"

"那怎么办？"刘邦又急了。

张良沉思了一下，说：

"非谲奇无以破奸息寇，非阴谋无以成功。我们要乘其松懈不备，马上攻城！"

刘邦连声称好。于是命令周勃率精兵悄悄越过黄山险阻，绕过峣关，袭击秦军。商奉以为郦生去后，定要再来联系联合攻咸阳的具体事宜，没有部署防守。只听得一声号令，营后许多敌兵铺天盖地而来。秦兵如梦初醒，纷纷溃退。商奉出帐力图稳住阵脚，正撞上周勃。周勃把刀一挥，商奉即死于非命。

刘邦又引军入关，接应周勃，追击溃逃的秦军。直追至兰田，再战，再次击败秦军。大军直抵渭水东岸的灞上（今陕西西安东）。

这时，是汉元年十月。

第九章 约法三章

刘邦用张良的计谋，乘商奉松懈不备，破峣关，至此，秦王朝灭亡的命运已定。刘邦下书招降子婴，子婴只好投降。他以白马驾素车，穿着丧人之服，颈上套一根带子，做出要自杀的样子，手捧着传国玉玺，在轵道旁下车恭候刘邦，等待受降。

刘邦率全军将士，队伍整整齐齐，威风凛凛地来了，见到子婴，众将士中有人轻声向刘邦提议将子婴杀掉。刘邦说：

"当初怀王派我率军西进击秦，就是考虑我为人宽容大度。现在秦王他已经向我屈膝投降，我还杀他，这是不吉利的。"

说完，刘邦将俯首请降的子婴交给属吏看守，自己领着一班将领谋臣向咸阳驰去。此时，张良紧随着刘邦。他的内心在翻江倒海：暴秦终于被自己参与策划的起义军打倒在脚下，他追随着刘邦，正走向风云莫测的未来，走向一个新的时代。

很快到了咸阳。咸阳啊咸阳，这是刘邦年轻时服过徭役的地方。想当年，就是在这里，见到过秦始皇出行，威武雄壮，而自己，只有喟然叹息："真要这样威风，才是男子汉大丈夫啊。"曾几何时，秦始皇死了，咸阳城依旧。咸阳城内雄伟的宫殿、富丽堂皇的宫室、宫内的珍奇瑰异，仍然令刘邦惊叹不已。走过十余年的风风雨雨，历经数十场浴血奋战，数千里艰苦征程，他终于如愿以偿，就要成为这咸阳宫的主人。这是他过去，哪怕是两年前，做梦也不敢想的事。真是沧海桑田、天翻地覆啊！

进入后宫，见三千佳丽，个个如花似玉，刘邦这下真要瘫了，他再也不想出咸阳宫了。

刘邦如此，诸将士也争着抢夺财物，有的甚至兵戈相见。

樊哙见刘邦贪图享受，将士们也都变了，很担忧，他是刘邦的老搭档，又是连襟，就到宫中直率地批评刘邦：

"沛公，你到底是想得天下，还是只做个富家翁？秦朝之所以灭亡，就是亡在这些华丽奢侈的东西上面，你要这些东西有什么用？赶快回灞上去吧！不要留在这里了！"

尽管樊哙在西征途中叱咤风云，战功卓著，但在刘邦眼中，他终究是一个武夫，屠狗出身。他说得再有道理，刘邦也不听他的。相反，刘邦还不高兴。

樊哙见刘邦这个样子，也恼火了，又怕反而惹怒了他。想起平日刘邦特别敬重张良，对张良言听计从，就去找张良。

刘邦入咸阳宫以后的变化，张良也并非不知。张良其实比樊哙更担忧，只是没有樊哙那么性急。现在，樊哙找上门来，他觉得该跟刘邦谈了，便进宫劝谏刘邦：

"我今天之所以能有机会进咸阳秦宫，是由于秦君荒淫无道。凡是为天下百姓铲除残暴贼夫的，他本身应当服俭素以为资。我们反秦，理应纠其弊政。这叫作扶天地之危，除天下之忧，救天下之祸。如今我们才入秦都，便贪图安乐，这不恰恰相反，是'助桀为虐'吗？这样下去，势必步秦君后尘，亡得比秦还快！俗语说，忠言逆耳利于行，良药苦口利于病。愿沛公听从樊哙的意见。"

较之武将，刘邦更愿与谋士交谈、相处。尤其是张良，他不轻易发表意见，但一开口，就是深思熟虑的、不容置辩的，令刘邦佩服得不行。大约，这也正如张良初见刘邦的感觉，是天意让他们合作，将历史推进一步吧。

张良说完，刘邦即已起身出宫，下令封存府库，关闭宫室，全军整装，返回灞上屯驻。

于是，刘邦变回原样，又成了起义军统帅的刘邦。起义军将士也不再吵闹争斗。一支威风凛凛、斗志昂扬的起义部队回到了灞上。"师直为壮，曲为老"，目睹这变化，张良想：古之君子说得多好啊！

"能扶天下之危者，则据天下之安。能除天下之忧者，则享天下之乐，能救天下之祸者，则获天下之福。"这幅字是那天劝刘邦回军灞上后张良写好送赠的，驻军灞上近半个月了，刘邦闲时还会打开它看。刘邦庆幸有张良在身边，改变了自己，也挽救了义军。刘邦感到，这还不够，于是十一月他召集咸阳附近各县的父老豪杰，发表了他的施政纲领，即"约法三章"，他慷慨激昂地说：

"关中父老们：我率领大军西进关中，目的是伐暴救民。现在，秦朝的统治终于被我们推翻了！秦法苛刻，诽谤秦政者诛及其族，聚语政事者斩杀于市，关中父老无不深受其害。现在我大军进驻关中，按当初怀王与诸侯之约，我当为秦王。今天，在此我与诸位父老约法三章：其一，杀人者处以死刑；其二，伤人者抵罪；其三，盗窃财物者抵罪。我宣布，其他所有秦政府颁布的法律规定，一概作废！请诸位回去也向地方宣讲，从现在起，无论官吏人民，均可安心从事原来的职业，不必惊慌。我大军现在驻扎灞上，任务是等待会师诸侯军队，共定约束，决不干扰关中父老正常生活。"

咸阳一带的这些父老豪杰，从来没见过政治长官聚众讲演的，讲演结束后，竟有人不想离去，想找个机会多看看这个秦王。至于演说的内容，更是大家盼望已久的，因而人人都有一种获得解救的轻松、愉快，同时，恨不得把这大好喜讯告诉乡亲、子弟。

为了进一步扩大影响，刘邦又亲自派人会同原来秦的地方官吏到县、乡、邑等各地区、各乡村宣谕新法，安抚人民。

经过一连串的工作，秦地百姓如久旱获雨，欢欣鼓舞，争先恐后地牵牛羊、担酒食慰劳刘邦的军士，灞上刘邦军队驻地，竟被前来慰劳的民众一层层围得水泄不通，热闹非凡。

此时此刻，军民融洽的情景，又反过来令刘邦也为之激动和鼓舞。

刘邦又想起自己在咸阳服徭役的日子，想起自己的父辈兄长，原来也是风里来雨里去，春耕夏耘，秋收冬获。现在自己有幸入主关中，哪能只知安逸，不问政事，不图进取？还是张良说得对，"兴师之国，务先降恩，攻取之国，务先养民"，"道者人之所蹈，德者人之所得，仁者人之所亲，义者人之所宜，礼者人之所体，不可无一也"。只有隆恩养民，施仁政，行礼治，才能得到天下百姓的拥戴，立于不败之地啊！

沉思片刻，刘邦立即与张良、萧何、樊哙一班谋士武将，出帐接见前来拥军的关中父老乡亲。

如此，刘邦在关中更是深得民心，关中百姓唯恐刘邦不做秦王。人们担心，刘邦做不了秦王，他们怕会吃二遍苦，再陷于水深火热之中。

这时，又有人向刘邦献计说，秦这个地方比天下哪处都要富上十倍，地形也好。现在章邯投降项羽，项羽封章邯为雍王，让章邯做关中之王。如果章邯他们来，您沛公还做得了秦王？您应赶紧派人守住函谷关，不要放诸侯军进关，再在关中征兵壮大自己，以抗拒诸侯。

于是，刘邦就派人去驻守函谷关。

第十章　鸿门宴

刘邦在关中虽赢得了各阶层的支持，但这时全局的军事形势是严峻的。

项羽于河北巨鹿之战打败秦军主力之后，取得诸侯上将军的地位。这时，项羽统率诸侯军四十万和章邯的降卒二十万浩浩荡荡地向关中进发。

不过，大军行进到新安（今河南新安）时，项羽闻报秦降卒有谋反的消息。原来，诸侯军中吏卒，在秦时有被征调进关中服役的，在秦地曾受虐待，现在秦兵成为他们手下的降卒，诸侯吏卒乘机报复。秦降卒私下议论：章将军哄骗我们投降诸侯，我们随诸侯军若能入关破秦也就罢了，若不能破秦，诸侯军将我们掳掠东去，秦官吏又尽诛杀我们的父母妻子，怎么办？

这消息引来了项羽的杀心。

项羽出身将门，少年丧父，依项梁为生。项梁曾让项羽读书写字，但少年项羽在这方面毫无长进。后项梁令他学剑，仍然不行。他只对兵法感兴趣，项羽的成长大约与此有关，所以他这个人很鲁莽。

但不知为什么，项羽常常还很残忍。这回，听说降卒有不满和反抗情绪，项羽怕他们真的哗变，竟下令英布、蒲将军连夜袭击坑杀所有二十余万秦军降卒，只留下章邯等做了光杆司令。

坑杀秦降卒于新安后，项羽大军继续西行。由于沿途已无秦军把守，很快到了函谷关。

这时，函谷关关门紧闭。关上守军也是楚军，却是刘邦的人马。派人一打听，说是刘邦早已入关中，占领咸阳，并布置这些人马把守函谷关，拒绝诸侯大军入关。

项羽大怒，立即令英布等率士卒攻关，自己亲自在后面督阵。英布指挥兵士，架起云梯，猛攻函谷关。关上守军只有数千人，哪里抵挡得住英布的锐卒？不到一天，英布、项羽便打开函谷关，大军进抵戏县（今陕西临潼东）。这时已是公元前207年的十二月（从这年的十月开始，进入汉元年），项羽在戏县西部一个叫鸿门的地方扎下营寨。

扎寨后，项羽在营中设宴，一方面招待将士，另一方面则商讨局势。突然，有人报告说刘邦军中左司马曹无伤，有重要机密传报。项羽立即招他入帐。

原来，刘邦的这个左司马官，听说项羽拥兵百万，杀气腾腾，闯过了函谷关，料想刘邦无法抗衡，派人来向项羽献媚求封。来人入帐，对项羽说：

"刘邦想盘踞关中为王，以子婴为丞相，刘邦还将咸阳秦宫中所有珍财宝货一律封存，企图全数据为己有。"

项羽一听，怒发冲冠，说：

"刘邦刘邦，你有何功劳？敢目中无人！"

这时范增在旁边说：

"刘邦居山东时，贪财好色。现在入秦关后，他封存秦宫珍宝财货，哪是要据为己有，分明是珍物无所取。同时我又听说，还有一条：他对妇女无所幸。由此看来，刘邦其志不小，不可小视。此外，我已责令望气神人，遥遥察看刘邦军营，竟看到刘邦军营之上有龙虎形，呈五种颜色，这应是天子之气。上将军务必尽快击杀刘邦，勿失时机！"

项羽这时更急了，当即下令："各营将士早早歇息，明晨进击刘邦！"命令下达，又遣回密使，令他还报曹无伤，明晨进兵，准备内应。

鸿门到刘邦驻军的灞上，仅四十里路程，中间毫无险阻。刘邦的十万兵，哪里抵挡得了突如其来的项羽四十万大军？因而，这时的刘邦真正是处在生死关头，危在旦夕。刘邦却毫不知晓。

不过，恐怕也是天意。项羽的计划被其叔父项伯知道了，而项伯与张良是患难与共的知心朋友。当年，项伯杀人后逃到下邳，幸而遇到张良，是张良收留了他，让他躲过风头，才免去杀身之祸。以后，项伯总是铭记张良的恩情，时时想回报他。

现在，项伯得知项羽的命令，心急如焚：打刘邦不关我的事，但张良此刻正在刘邦营中，明晨仗一打起来，岂不会玉石俱焚？

项伯不敢迟疑，连夜出鸿门营帐，单骑加鞭，赶到灞上刘邦营中找张良。

这时，张良只觉得心中有种莫名其妙的不安，独自一人正在帐内踱步。听说项伯找来，便知有要紧军情，急忙出迎。果然项伯入帐后，竟不待坐下，即拉着张良的手要他快走。张良却不慌，仍让项伯坐下略述缘由。

听项伯说明情况，张良深表感激，但仍说自己不能走。他解释说：

"我奉韩王之命来帮助沛公，沛公也以我为知己。眼前沛公有急难，我却背着他逃离，那我张良成了什么人，你岂不也会责备我不义？不如您在我帐中稍坐，我即去告知沛公，再作决定。"

张良走出自己的帐篷，头脑更清醒了：目前局势，又到了一个转折关头。秦亡以后，刘邦与项羽之争已拉开序幕。较之项羽，目前刘邦仍势单力薄，但柔弱能克制刚强。以现在我方的处境，要能"守微，保生，以应事机"。一般人哪能做到这一层？他们只知贪求坚强，很少能持守机微的道心，只有保持超脱境界的人，才能守住机微的道心，以应事机，乃至妙众理而宰万物啊！看来，要点破一下刘邦，让他看远一点，否则，哪能应付得了眼前的严峻局面？

张良迅速地分析着形势，很快也就到了刘邦帐中。先把项伯带来的情况告诉刘邦，刘邦大惊，他万万没料到局势已急转直下。张良知道，已经没有时间谈更多，即转而问刘邦：

"是谁出谋守函谷关？"

"是鲰生。他提出派兵守关，阻住章邯和诸侯军，保守关中，壮大实力的意见，我采纳了。"

"沛公，我们的劲敌不是章邯，也不是其他诸侯，而是项羽。您想想看，凭我们现在的兵力，能打得过项羽吗？"

"不能。"

"既然如此，现在幸好项伯来找我。看来只有恳请项伯，让他回鸿门转告项羽，就说您派人守函谷关，不过为防盗，无意拒项将军入关。项羽或许会相信项伯的话。"

刘邦毕竟也是极聪明机灵的人，一点即明，马上追问张良：

"您是怎么认识了项伯，令他这样待您？"

"我们早在淮阳学礼时就是好友。后来他杀了人，逃到下邳，我们又在一起，所以是患难之交。"

"你与他谁的年龄大？"

"他比我大。"

"您赶快请他过来，我以兄礼事之！"

张良回帐，邀项伯去见刘邦。项伯本是为救张良而来，不愿去见刘邦，张良说：

"刘邦为人忠厚仗义，所以我才帮他。我已转告他明早的事。你帮他即帮我，帮我即已帮他。而且他邀你去坐，是与你共议和平大计。现在天下未定，义军内部有何理由自相残杀？"

项伯见事情已走到这一步，就索性走下去，或许不战，对大家都有好处，就随张良去见刘邦了。

刘邦见项伯来了，即呼役卒摆出酒肴，把项伯当兄长款待，亲自与张良陪他喝酒，酒过数巡，刘邦开始表白说：

"项将军年长于我，我应尊您为兄。为弟我自入关以后，封府库以待上将军，丝毫不敢据为私有。派人马守函谷关，也只因小股盗贼未除，防其扰乱现有秩序，哪是拒上将军入关？如今上将军怪罪，恐怕是有小人从中挑拨，搬弄是非。此实情还望兄长代为弟向上将军解释。小弟对上将军是始终敬佩，绝无二心。"

项伯心想：幸而我今晚来灞上，不然大事真会坏在曹无伤这种小人身上，当即表示愿代向项羽解释。

由于事关重大，张良又生一计。他问项伯子女婚嫁情况，乘机说：

"沛公子女数人，也有的尚未婚配，正好与伯结姻。"

刘邦自然马上接过话头应承。项伯尚未反应过来，张良又接了过去说：

"刘、项二家，共同起兵反秦，今天能在咸阳会师已是极有缘分，现又结为婚姻，是喜上加喜，老兄请莫多辞。"

于是大家又喝了几杯后，项伯告辞。出营时，项伯约刘邦明早亲自拜见项羽。

项伯策马回营，直趋中军，见项羽还没睡，就进去了。

项羽见项伯风尘仆仆的样子，就问：

"叔父刚下马，去哪里了？"

"明日大军进攻刘邦，我恐怕祸及好友张良，特地去邀他来降。"

"张先生来了吗？"

"哪里，子房还责怪你未近情理。他说刘邦入关，未曾有负于你，为何你竟令大军讨伐？我也转念一想，你是否轻信了小人之言？"

项羽猛地想起曹无伤的话，掠过一丝厌恶的感觉。项伯接着又说：

"刘邦若不先进关中，你也不会如此顺利。现在人家有功，你反而兴师诛伐，是否有失人心？况且刘邦令人守关，也为提防小股贼兵，并非拒我。否则我军破关何能如此容易？入咸阳后，刘邦封锁官库，更非据为己有，而是要待大军入关，协同处置。人家诚心待我，我们却兵戎相见，好吗？"

项羽似答非答：

"那叔父意下如何？"

项伯说：

"明日刘邦会亲自来谢罪。我们应以礼相待，也可笼络人心。"

项羽同意了，一面令人通知范增，一面着人安排，准备即在鸿门设宴等候刘邦前来谢罪。范增得知项羽准备收回成命，三步并作两步赶过来找项羽，但项羽已不耐烦了。范增只得退一步，约项羽在宴会时以掷杯为号，令埋伏在帐后的武士击杀刘邦。项羽未置可否，范增不便再说，就去安排鸿门宴暗杀事宜了。

第二天清晨，探马来报，鸿门方面项羽军队有调动集合的迹象。刘邦总算松了一口气，便带了张良、樊哙、纪信等及一百多名侍卫，奔赴鸿门。

鸿门守营兵士，入内通报，项羽即传请入见。

刘邦一行走入营门，见两旁甲士，威武森严，杀气腾腾，不禁一阵紧张。只有张良神色自若，旁若无人，领着刘邦一行，缓步前行。到中军营帐，才让刘邦在前，留樊哙在帐外守候，自己随刘邦进去。

帐内，项羽、范增、项伯早已坐定。见刘邦和张良进帐，项羽稍动了一下身体，表示请坐。此时的刘邦，表现出少有的谦恭，先向项羽下拜，说：

"刘邦未知上将军入关，有失远迎，今特来赔罪。"

项羽"嗯"了一声，刘邦接着说：

"当初我与上将军分两路攻秦。倚仗上将军在河北围歼秦军主力，我才得以侥幸先一步进入关中。入关以来，我仅与民约法三章，除秦苛法，此外不敢擅作主张，完全等待上将军前来处置。派些许士卒驻守函谷关，也仅为防盗，哪有胆量敢拒纳上将军？可恨有小人挑拨离间，令将军与我有隙，还望上将军明察！"

项羽生来豪放，昨夜听项伯一番话，胸中怒气已消去大半，现在又亲眼看到刘邦态度如此诚恳，反而觉得过意不去，错怪了刘邦，于是竟起身下座，握着刘邦的手说："函谷关一点小冲突，我并不介意。只是您的左司马曹无伤派人前来，否则我何至于此！"

刘邦还要再三道歉，项羽却只管拉刘邦入座，并下令陈列筵宴。

大家坐定，帐外军乐齐鸣，帐内酒宴开始，气氛在改变。不过，刘邦、张良仍是十二分警惕，虽然平日刘邦酒量很大，酒也不敢多喝。项羽这时却入了角色，真心劝二人饮酒，兴致很浓。

范增见项羽假戏真做了，将自己所佩的玉玦举起，以提醒项羽。谁知连举三次，项羽都毫不理会。范增急了，借故走出帐外，把项庄将军找到一旁，对他说：

"上将军外似刚强，心地柔善，他不忍心杀刘邦。我三次举玦示意他掷杯，他视而不见，在一个劲陪人家饮酒呢！看来只有您上场了：您进去敬酒，以舞剑助兴为名，杀掉刘邦！不然，将来你们都得成为刘邦的俘虏。"

项庄听完吩咐，大步闯入帐内，先向客人敬酒，然后对项羽说：

"今天上将军与沛公聚首欢宴鸿门，既无美女起舞，军乐也扰人，不如让末将舞剑，以助酒兴好吗？"

项羽挥手说："舞吧！"

项庄抽出佩剑，向项羽行了个礼，便舞了起来。只见道道寒光忽上忽下，左右翻腾。刘邦顿时感到阵阵杀气逼来，不禁冷汗直流，右手暗暗抓住放在身旁的长剑。张良也知不对头，连连暗示项伯解围。

项伯察觉，起身说："舞剑助兴，应有对手。"说着便拔出剑与项庄对舞起来，并时时留意护住刘邦。项伯剑术虽不及项庄，但项庄怕伤及项伯，一时无法杀刘邦，紧张情势稍有缓和。

张良感到仍有危险，赶紧出帐找樊哙，说：

"项庄席间舞剑，其用意在刺杀沛公。"

樊哙说：

"事情很紧迫了，让我去吧，我和他们拼了！"

说完，樊哙右手持剑，左手持盾，就要闯进去。帐门口的执戟武士上前阻拦，樊哙劲大，加之又急，他怒喝一声，侧过盾向卫士撞过去，撞倒五六个卫士，夺路直入帐内。

樊哙入帐，揭开帷幕，正对着项羽站着，瞪着两只铜铃般的大眼怒视项羽，头发要向上竖起了，眼眶也像要炸裂。

项羽见突然闯进一位勇士，威风凛凛地盯着自己，不觉地吃了一惊，警惕地跪直身子，握住剑，喝问："这位是谁？"

张良连忙说："他就是沛公的参乘樊哙。"

"好一个壮士！"听说是刘邦的贴身武士樊哙，项羽便不介意了，随之又吩咐，"来人！给壮士斟酒！"

役卒捧来一大斗酒。这时，项庄、项伯也已停住了剑，呆呆地望着樊哙。只见樊哙拜谢了项羽，然后昂然地站起，把一大斗酒一饮而尽。

项羽自己生性豁达粗犷，也最喜欢像他这般粗犷豪放的人物。他见樊哙这爽直样子，一点也不矫揉造作，真有一种惺惺相惜的感觉。他连忙又吩咐左右："再给壮士拿猪前腿来！"

左右侍者似有意捉弄一下眼前这位有点不拘小节的莽汉，奉上两只生的大猪腿。

樊哙好像没有察觉似的，满不在乎地接过生猪腿，翻转盾牌往地上一放，当作砧板，拔出佩剑便割肉，割一块吃一块，吃得津津有味。

项羽见樊哙虎虎有生气，越来越高兴，又问："壮士，能再饮酒吗？"

樊哙朗声回答："臣死都在所不辞，一斗酒推辞什么！"

项羽的眼神有点迷惑。只见樊哙严肃起来大义凛然地讲开了：

"将军应该知道，秦王是虎狼之心，杀人唯恐不能杀尽，行刑唯恐不能残酷到极点。所以天下人纷纷揭竿而起，反抗暴秦。当初楚怀王与诸将立约，先入秦关者为秦王。如今沛公先破秦入关，理应称王，却未称王，毫毛也不敢有所近，封闭宫室，还军灞上，恭候将军和各路诸侯。还特意遣将守关，防范盗贼出入及非常事件。沛公如此劳苦而功高，没有得到封侯之赏，将军反而听信小人的谗言，欲诛杀沛公这有功劳的人，这完全是重蹈秦朝灭亡的覆辙。我想，将军真不应该这样做！"

项羽是个粗人，本来就不善言辞，加上从来也没有人当面抢白过他，今天想不到被樊哙指着鼻子数说一顿，竟羞愤得脸上红一阵白一阵，一时无言以对，只会连声说："坐，坐吧。"

樊哙这时才坐下来。

张良当时叫樊哙进来，是为了应急。万一项伯抵不过项庄，有樊哙在。没料到樊哙滔滔不绝地讲了一番大道理，又不失分寸，令项羽服服帖帖，真很过瘾。不过，应当适可而止，立即脱身撤退，否则时间一长，会有变化。

于是，等樊哙稍坐一会儿，张良就向刘邦、樊哙示意，刘邦马上会意，装作要上厕所，走向帐外。张良又招呼樊哙也出了帐。

刘邦几人出帐才一会儿，项羽便打发都尉陈平来招呼刘邦。刘邦有点犹豫了，说："现在我们几个都出来要走，却没有辞行，怎么办？"

樊哙说："关系重大的事不必拘泥细枝末节，行了大礼不必讲小的谦让。现在，人家是刀，是砧板，我们是砧板上的鱼肉，有什么可辞行的？"

于是刘邦决意赶快走，让张良留下致谢。

张良问刘邦："沛公来时可带了什么礼物？"

刘邦说："我带来一对白璧，准备送给项羽，一对玉斗，想送给范增。当时那个气氛，我不便拿出，请您代我送吧！"

　　张良自然答应了。

　　从鸿门到灞上有四十里。刘邦将车骑仍留在鸿门，自己骑马，樊哙、夏侯婴、靳强、纪信四人手持宝剑、盾牌步行，从骊山、芷阳的小路回灞上。走这条路，大约不过二十里路程。

　　大约过了半个时辰，估计刘邦一行已返抵灞上营地，张良才进项羽帐内辞谢，说："沛公因为喝得有几分醉意，怕酒后失态，不方便来向您辞行，所以特命臣奉上白璧一对呈献上将军，还有玉斗一对献给范将军！"说完，张良即取出白璧和玉斗，分别献上。项羽接过白璧，放在座席上，问："沛公现在人在哪里？"

　　张良说："听说上将军还是有意督责沛公之过，已丢下车骑，先行离去，现在已经回到灞上了。"

　　范增听说刘邦已逃回灞上，把手上的一对玉斗摔到地上，还拔剑把它们砍成几块，气愤地说："唉！无用的小子，真是不足与谋！将来夺项王天下的肯定是沛公！我们都会成为他的阶下囚！"

　　刘邦返回军中，立即将曹无伤抓住杀了。

　　后来张良也谢过项伯，回到灞上军营。

第十一章

明修栈道，暗度陈仓

鸿门宴后的几天，项羽领兵自鸿门入咸阳。项羽在咸阳实行大屠杀政策。他杀了秦降王子婴。他疯狂地命令部下全部烧毁秦宫室，整个咸阳都陷入火海之中，大火烧了三个月。项羽又派人把所有咸阳宫中的货宝、美女，通通运送去自己家乡。

这时，有人劝项羽说："关中地区阻山带河，四塞险要，地力肥饶，可考虑于此建都立霸业。"

项羽见自己将咸阳烧得残破不堪，同时，自己又很想回到东方故乡，就拒绝劝谏说："富贵了不回故乡，好似穿了华丽锦绣的衣服在黑夜里行走，有谁知道？"

这个来劝项羽的人出门后对别人说："人们常说楚人不过是穿衣戴帽的猕猴，如今一看果然如此。"

这话传到项羽那里，项羽令人将他衣服剥去，投入油锅。

项羽想返回关东，但关中怎么办？给刘邦，让刘邦做名正言顺的秦王，他当然不干。不给刘邦，又怕失信于诸侯。于是，他派使者向楚怀王转告自己的意思，希望楚怀王能取消当初"先入关者王"的约定。谁知楚怀王却不肯食言，要求"如约"。

项羽自然很恼怒。其实，他早就不把怀王放在眼里，他见怀王如此答复，立即宣布，尊怀王为义帝，并召集诸将领，对他们说："天下义兵初起时，我们暂且立楚怀王，作为诸侯的后裔，以号召伐秦。然而被坚执锐、冲锋陷阵，浴血奋战三年，灭秦定天下的是谁？是诸位将领和我项羽！义帝虽无功，也当给一地区令其为王，与我们诸位将士一样。"

诸将相齐声说好。

于是项羽裂土分封，立诸将为侯王。

对诸义军首领，项羽、范增最疑惧刘邦抢夺天下。然而事情既已和解了，又怕诸侯指责自己负约，他们暗中盘算：巴蜀地区道路险塞，秦朝把罪犯都流放到那里去，不如把刘邦也封去巴蜀。

于是，项羽宣布说："巴蜀也是关中地区，所以，我立沛公为汉王，称王巴、蜀、汉中，以南郑为都城。"

项羽又三分关中。以秦降将章邯为雍王，统治咸阳以西地区，以废丘为都城。以有德于项梁的秦降将司马欣为塞王，统治咸阳以东到黄河，建都栎阳。以劝章邯降楚有功的董翳为翟王，统治上郡，建都高奴。项羽将关中分封给这三个秦降将，其意图是让他们抗拒刘邦，阻塞汉王刘邦东进，将刘邦困锁在边远险塞的巴蜀地区。

此外，项羽还分封了十四个诸侯王，共封十八诸侯。自己则立为西楚霸王，取梁、楚之地九郡（占有今江苏、安徽、山东、河南部分地区），定都彭城（今江苏徐州）。

也有一些反秦义军首领没有受到项羽的封王，他们是彭越、田荣、陈余等。因为田荣不肯跟项羽一起反秦作战，又曾几次有负于项梁。陈余则弃将印而去，没有跟随项羽入关。

刘邦见项羽果真背约弃义，要把自己赶到边远闭塞的巴蜀，而将关中分封给秦降将，再也按捺不住心中的怒气，立即要调兵遣将与项羽决一死战。樊哙、周勃、灌婴等众将士也不服，但仍劝说刘邦忍耐一下，刘邦哪里听得进去？

最后，萧何说话了，他问刘邦："汉中的各方面条件固然是差了一些，但是难道比去死还要严重吗？"

刘邦仍反问："我们哪至于去死呢？"

萧何说："现在我们各方面条件都敌不过人家，力量悬殊，百战百败，不等于送死是什么？俗话说：'天汉，天汉。'人们常常以汉配天。现在您先称王于汉中，这个地方称为'汉'，它正像天之有河汉、天汉一样。所以，'汉中'其实是一个很吉祥、很得天意的美名。《周书》上曾经有一句话，叫'上天授予的，您若不接受，您会反受其咎'。沛公您是接受上天赐予您的有吉兆的'汉王'呢，还是愿意反受其咎？另外，商和周创业之君王汤和周武王不也曾服事夏末和商末暴君桀、纣，屈于一人之下吗？当时的汤和武王，无非也是条件不成熟，不得不屈身，待时机一到，条件成熟，他们不立即就伸展于万乘之上了吗？我恳请大王暂且先称王汉中，养其民以致贤人，改革、整顿巴蜀政治，并很好地加以利用，然后以巴蜀为基地，还定三秦，则东方乃至整个天下都可能夺得。"

刘邦这个人，自己有粗犷的一面，但他对谋士，却是十二分敬重。对张良如此，对郦食其如此，对萧何也如此。从沛县到关中，这些谋士对刘邦事业的贡献比起武将来毫不逊色，而且应该说还要胜过一筹。刘邦清楚地记得，当初刚进咸阳，诸位武将干了些什么？他们纷纷跑进秦朝府库争夺金帛财物。当然樊哙是例外，只有张良、樊哙看到潜伏的危机，劝谏自己。而萧何则独自找到丞相府，特意搜寻秦朝的律令、图书并妥为收藏，以准备以后查用。现在我刘邦能知悉天下关塞险要、户口多少、经济条件强弱、人民疾苦所在等情形，不就是谋臣萧何妥善收藏秦朝图书的结果吗？

如今，萧何的一番话，层层剖析，说得刘邦口服心服。刘邦立即决定接受项羽的分封，入巴蜀、汉中为汉王。

刘邦因一时急躁气恼而作的错误决策，就这样被否定了。这一决策的前前后后，张良也都在场。不过，既然樊哙、周勃、灌婴都表示反对，萧何也说话了，而且萧何的分析很透彻，张良当然就不再多费唇舌。

张良对项羽分封以后天下大势的变化趋势、对刘邦未来一段时期的策略都早已有自己的谋划。

在刘邦放弃错误决策，决意去巴蜀、汉中就国为汉王后，张良才就去巴蜀、汉中前后的基本策略问题找刘邦细细商议。张良说："大王，那天您动怒要与项羽决战，大家都劝您，尤其是萧何的话，是很有道理的。当时，我相信您会很快接受萧何的意见，现在果然如此，您决定了赴巴蜀、汉中为王。不过，我还希望您在思想上高度重视现阶段敌我力量悬殊的特点，要从这一点出发，来确定我们入蜀前后所有的行动方针和政策。入蜀以后，一方面，如萧何所说，要养其民以致贤人，励精图治，发展自己；另一方面，一定要窥伺时机，还定三秦。"

张良还跟刘邦谈到一些具体的安排。他提出，经营巴蜀，养民致贤，萧何足以胜任。自己则暂时与刘邦分手，去故国韩地，表面仍跟随韩王成，实则监视项羽东归以后东方形势的演变，担负起窥伺时机的任务。

刘邦也感到巴蜀地处偏远，消息闭塞，需要得力助手赴东方了解、掌握时局的变化，而经营与建设后方，又确系萧何所擅长，便同意了张良的建议。

不过，张良此行既然是追随韩王，仍做他的司徒，而刘邦是去巴蜀做汉王，也就不便再封张良官职。为了表示对张良自下邳相会以来追随自己、运筹帷幄、屡建奇功的感激和酬谢之情，刘邦赐给张良黄金百镒、宝珠二斗。

张良从旧的富贵人家走出，他志在反抗暴秦，追求昔日自己在淮阳学礼时抱定的社会理想，视千金如粪土。对刘邦的赐予，本想婉言推辞，但想到自己的好友项伯，就接受了，他将这些黄金珠宝全部转送给了项伯。刘邦见张良如此，索性又添了些礼物让张良赠给项伯，借此机会，通过项伯又从项羽那里得到汉中更多的地盘。

汉元年（前206）四月，跟随项羽入关的各路诸侯都接受封爵，从咸阳项羽军的旌麾之下分赴各自的封国。项羽特意拨士卒三万归刘邦统领，各路诸侯中仰慕汉王刘邦、愿跟随他西入巴蜀、汉中的，也有数万人。大队人马一路登程，从杜南入蚀中。

张良跟随西行的队伍，一直送刘邦到了褒中。在褒中，张良来到刘邦帐中辞行。他再次提醒刘邦不要忘记目前敌我力量悬殊的特点，张良指出：在汉中乃至将来还定三秦的同时，要尽量麻痹项羽，避免与强敌项羽军事对抗。此次分封，项羽与东方田荣、彭越等已有矛盾，我们应利用这个矛盾的空隙发展。

为了麻痹项羽，让项羽放心，不把矛头对准刘邦，张良又献上一计：把入蜀途经的栈道烧毁。这样，能够令项羽感到刘邦没有率军再回关中和关东的打算，同时也可减少人家袭击巴蜀的机会。另外，还定三秦，出巴蜀、汉中，也一定要走间道，出奇兵。那时可修栈道以掩盖大军的真正战略企图……

刘邦听着张良的密计，禁不住连连称好。他想起平日听张良谈用兵，常提起《太公兵法》的一段话："非计策无以决嫌定疑，非谲奇无以破奸息寇，非阴谋无以成功。"又想起彭城之别，张良分析形势，谋划发展方略；西征途中，轻取峣关；咸阳宫里，忠言直谏，在危机中挽救了义军；鸿门宴上，机智果断，智斗项羽、范增……在刘邦眼中，张子房简直是一部活的兵书。他看上去是如此文弱，有几人能领略得到他的宏伟抱负、高瞻远瞩的政治眼光、神奇莫测的指挥艺术？加之，他的为人品格又是如此高洁，真是世上罕有的奇特人物，是上天对自己的赐予！现在，他为自己一一规划了进入巴蜀、汉中，乃至还定三秦的具体细节后，又要离别东去了……

最后，还是张良起身告辞说："送君千里，终有一别。但我看关东时局，不久即会有变，我们后会有期！"

说完，张良即拜别刘邦而去。

张良走后，刘邦率大队人马出褒中继续向巴蜀行进。他果然令人待大军过后将所过栈道全部烧毁。

不料这却引起不明内情的将士的不满。刘邦军中有不少关东来的将士，他们原以为进入关中、破秦之后，或许可以回家，现在不但回不了关东，还得越走越远，随刘邦去巴蜀边远之地。刘邦居然又把东归的栈道也烧毁！于是不少人开小差溜了。

大军到了南郑，上上下下忙于军队整顿、驻扎，忙于建立大汉政权，真是千头万绪。但关东来的士卒仍然不安心，军营中时时传出关东人思乡的歌谣，开小差的现象也是屡禁不止。而且逃走的不只士卒，还有将领。到南郑后，发现不辞而别的将领竟有数十人。

一天，突然有人来报告说：萧何丞相今天也走了，不知去向。

刘邦一听，大惊失色。

谁都知道，萧何是汉王刘邦的深交。而且，他与张良，堪称刘邦的左右手。大军进驻咸阳，诸将争分金帛财物，独有萧何入秦丞相府搜集秦朝的律令图书，妥善保存。

按出发来南郑前的部署：萧何随刘邦来巴蜀养民致贤，准备还定三秦；张良在关东窥伺时局发展。现在，张良不在身边，萧何也走了，岂不一切都完了？因此，刘邦控制不住自己，大发雷霆，命令手下赶紧追查。

但是，一天过去了，连派出去追查的人都不敢来回命。

晚上，刘邦无法入睡。脑子里想的就只有萧何和张良，他们现在都在哪里？刘邦越想越想不通：当初在咸阳，项羽封自己为汉王，自己一气之下，要发兵与项羽拼，萧何来劝说自己，不是他说"天汉，天汉"，汉中这个地名很吉利，是上天的赐予，"天予不取，反受其咎"吗？现在，为何连他萧何也往关东跑呢？而且，居然还不辞而别！

第二天，又过去了半天。到下午，萧何居然奇迹般地出现在刘邦面前。

刘邦看清了真是萧何，又怒又喜，骂道："萧何，我刘邦什么地方对你不住，你要不辞而别？！"

萧何回答："臣不敢亡走，臣是去追亡走之人。"

刘邦问："你去追谁？"

萧何说："追韩信。"

刘邦又怒了，说："来南部以后，亡走的将领都有数十人，不见你追过谁，现在你说是去追韩信，不明明是欺骗我刘邦吗？！"

萧何说："您说的已亡走的那些将领，他们走了不足为惜，很容易重新罗致。至于韩信其人，则是举国无双的军事家。大王您若是情愿长此以往称王于汉中，您可以不用韩信，让他亡走东去，但如果您立志要争夺天下，那么，没有人能代替韩信来帮助您达到目的。所以，我才不顾一切，追回韩信。现在，就看您如何决策：是称王汉中，还是要争夺天下？"

刘邦说："我当然是志在出兵关东、争夺天下，我哪会甘心郁郁乎久久地屈居汉中、巴蜀呢？"

萧何说："大王果真决计争夺关东，则还有个能不能大胆任用韩信的问题。若能大胆破格用他，他会留下来。否则，我今天虽已追回，明日他仍会亡去。"

刘邦见萧何如此看重韩信，便开始反省自己。记得，是滕公向自己推荐韩信的，当时是给他做了个治粟都尉。看来是大材小用了。于是向萧何表态，"我任命他为将军吧！"

萧何仍不以为然，说："只让他做个将军，他不会留下来的。"

到这时，刘邦已完全听萧何的了，他说："那就让他做大将吧！"

萧何说："这就好了。"

刘邦便立即下令召韩信进宫，要拜他为大将。

萧何却阻止说："大王您平素待手下也太轻慢无礼节了。如今您是拜择大将，难道能像招呼小孩一样随便么？要这样，韩信肯定又要离去了。大王倘若真心决定要拜韩信为大将，您应先择吉日，预设坛场，到时则斋戒具礼。这才算是拜大将啊！"

既要拜大将，斋戒具礼，也无不可。刘邦其实是不计较的，当然答应了萧何。

准备拜大将的消息传了出去，众将领中好些以为大将头衔会落到自己头上，都心中暗喜。待到吉日斋戒具礼，人们万万没有料到，这个大将竟是昔日不知名的治粟都尉，全军上下，莫不惊讶。却见汉王待之以前所未有的礼遇，众人当然也就认了。

其实刘邦也只是信赖萧何，到底眼下这位大将本领如何，却实在没有领教过。

举行拜大将礼后，韩信拜谢刘邦。刘邦一面命韩信在自己身旁坐下，一面问他："丞相一再向我举荐韩将军，所以我今天用格外隆重的礼节，拜将军为我军大将，不知将军有些什么计策方略可以指教寡人？"

韩信再次谢过后，便问刘邦：

"现今大王一心要向东方发展，争权天下，您的对手岂非项王吗？"

刘邦回答："是的。"

韩信接着问："那么，大王您自己估量，在勇悍仁强方面能与项王比吗？"

刘邦沉默了。很久，刘邦才回答说："我不如他。"

韩信见刘邦有勇气承认自己的不是，便拜贺刘邦说：

"在这方面，臣韩信也认为大王比不过项王。不过，臣曾是项王军中将士，对项王的为人颇有了解。项王这个人，气势威武逼人，发起怒来，千人皆废，却不能任用贤人良将，这只不过是匹夫之勇罢了。平时待人，项王似乎也恭敬慈爱，说话和和气气。遇到部属有严重一点的疾病时，往往会涕泣，亲自赐予或侍候饮食。但如果部将有大功，应当加封爵位，他却不舍得授予封爵。这叫作有妇人之仁。现在项王虽然称霸天下，以诸侯为臣，但是他放弃关中不居，以彭城为都，说明他没有宏大的政治抱负。他违背义帝之约，以亲近与否来分封诸王，各路诸侯愤愤不平。项羽自己要回都彭城，借口古代帝王，地方千里，必居上游，将义帝迁逐到江南。各路诸侯也效法项王，均将旧王驱逐，自己占据有利地区称王。这必令关东局势动荡不安。项王兴兵以来，所过之处，无不残破，灭绝人性，天下多有怨恨，百姓都不亲附。只不过是由于目前，他的势力最强，人们慑于他的实力，不敢反抗。所以现在项王表面上虽称霸，实际则已失去天下人心，他的强大是一时的、表面的，很容易由强而弱，转为弱势。"

韩信一口气分析了项羽的强弱处及其特点后，又转向刘邦：

"大王起兵以来，与项羽不得人心的做法刚好是针锋相对。如此，若大王能反其道而行之，善用天下武勇之士，何所不诛？以天下的城邑分封给真正的功臣，何所不服？以日夜盼望打回故乡，东归心切的义军东征，有何不可摧散之敌？至于关中地区，三秦王身为秦将，多年来他们所率领的秦地子弟被杀身亡的不可胜计。河北巨鹿之战失败后，三秦王又蒙骗三秦子弟兵投降诸侯军队。在新安一地，项王就阴谋坑杀秦军降卒二十余万，秦军中唯有章邯、司马欣、董翳三秦王得以免死。关中秦人父兄对这三秦王怨恨之心，痛入骨髓。现在项王以强力压人，硬把这三人强加于三秦人民，封他们为王。秦地人民是不喜欢这三个人的。而大王您统率大军进武关，军纪严明，秋毫无所害。入咸阳后，您又一举废除秦朝苛法，与秦民约法三章，广大秦地百姓没有人不盼望大王您做秦王的。还有，当初在彭城，楚怀王与诸侯有约在先，按约大王您应当称王关中。这一点，关中父老兄弟无人不晓。而后，大王被迫放弃关中，西入汉中、巴蜀，秦地百姓对此没有人不愤愤不平的。如此，大王若能举兵东向，三秦定可传檄而定！"

韩信的这番"计策"话虽很长，但分析敌我情况透彻全面。自从张良在褒中离别东去，刘邦已经有好几个月像在黄昏黑夜中生活。尤其是面对将士思乡亡走，军心不稳，令刘邦极为烦恼。现在听韩信一番宏论，顿时觉得张良去后自己的失落感有所弥补。这位前治粟都尉竟有如此眼光，无怪萧何丞相不惜代价举荐他！

于是刘邦听从韩信之计，令韩信部署诸将，择定汉元年（前206）八月出师东征。当然，东征出师的方略，早已由张良拟定，叫作明修栈道，暗度陈仓。不过，刘邦还是召来韩信，听取他的意见，谁知韩信的计划与张良的谋略完全相合。

为此，韩信很快派了工兵、民夫修复以前被烧毁的栈道。

栈道建成，本来非朝夕数月之功。现一经烧毁，要重新修复让大军通行，谈何容易。因而刘邦备战出兵的消息传到关中章邯那里，章邯权当儿戏，丝毫没有引起警戒，当然就更不会惊动项羽了。

到了八月，刘邦命萧何留守汉中，镇抚百姓，收取巴蜀租赋，以补给军队；命将军曹参统率郎中樊哙领兵数万为前锋，自己则亲率大将韩信、将军周勃、太仆夏侯婴、中谒者灌婴等统兵约十万人东进。大军从故道抵陈仓（今陕西宝鸡），章邯慌忙领兵数万赴陈仓截击汉军，在陈仓被汉军打得大败。章邯军逃往好峙（今陕西乾县），又被打败。章邯再逃到废丘（今陕西兴平）。

刘邦军一面围废丘；一面扩大战果，再向东夺取咸阳，同时派遣诸将分兵略取陇西、北地、上郡。为了有利于出关东进，又令将军薛欧、王吸出武关，进驻南阳，与当地王陵的军队联成一体，其声威直逼彭城。

第十二章 🌀 彭城之战

这时，彭城及整个关东的形势都有了很大变化。

项羽开始是将义帝由彭城徙至长沙郴县，但在义帝赴郴县的途中，项羽又暗中令衡山临江王将义帝杀死。

咸阳分封时，项羽曾封韩王成，让他以阳翟故都为都城。后来，项羽想，韩王成没有军功，又不让他去阳翟称王，将他也带到了彭城。先是废了他的韩王王位，改称为侯，后来则派人将他杀了。

项羽封齐将田都为齐王，将原来的齐王田市改封为胶东王，齐国原来的丞相田荣没得到封赏。田荣不服，领兵击田都，田都只好退回楚地向项羽求援。田市不敢违抗项羽，从齐都临淄赴即墨做胶东王。田荣引兵到即墨，击杀田市，自立为齐王。

项羽在咸阳分封十八王，其中也没有彭越。田荣授彭越为将军，令彭越在梁地打起反楚的旗帜。彭越手下有万余人的部队，他接收田荣的将印，引兵击杀济北王田安。于是田荣兼并了田安、田市，赶走田都，称王于三齐之地。

在赵国故地，陈余、张耳原为刎颈之交，两人共同辅助武臣，建立赵国。武臣死，又共立赵歇为赵王。巨鹿之战，两人间出现裂痕。巨鹿之战后，张耳随项羽入关，项羽封张耳为常山王。陈余未能随项羽入关，项羽以当时陈余所占据之地南皮旁三县封陈余为侯。陈余很气愤，说："张耳与我，反秦的功劳相当，如今张耳为王，我为侯，项羽这人太不公平。"

听说齐国田荣反叛楚霸王，称王三齐之地，陈余就派人对田荣说："项羽主宰天下，太不公平。他将好地盘封给他的将领，把不好的地方封给诸侯王。还把赵王歇徙封到代地为王。我愿以南皮投靠齐王，请齐王借给我兵马恢复赵国。"田荣想在赵地培植反楚力量，于是借兵给陈余。陈余因此击败张耳，从代地迎回赵王歇，恢复他的赵王王位。张耳被击败，投入了刘邦一方。

这时，刘邦进一步向东扩展，已招降了塞王司马欣、翟王董翳，完成了还定三秦的战略步骤。

项羽早已获悉齐国、赵国反叛自己，现又听说刘邦很快即兼并了三秦之地，大怒，立即派故吴令郑昌为韩王，抵挡刘邦，派萧公角等击彭越。但萧公角很快被彭越击败。

看来要亲自出马了。但是先击刘邦，还是先亲自讨伐齐国？项羽正犹豫不决，军吏送上一封信。

信是张良写的，张良在信中说："汉王这次进击三秦，目的只是取得关中，实践盟约，不敢有东进的野心。而现在齐国、赵国联手反楚志在亡楚，齐国、赵国与彭城近在咫尺，不可掉以轻心。"

信中，张良还附上齐国田荣与梁地的彭越策划反楚的来往信函。

张良的信为刘邦还定三秦作了主动合理的解释，令项羽对刘邦的怒气顿时消散不少。项羽生性豪爽粗犷，吃软不吃硬。现在，彭越在齐国的支持下，竟敢击败自己派去的萧公角将军，刘邦却来人解释沟通，相比之下，我项羽不打齐国打谁？

对项羽这个人，张良是看得很透的。当初，项羽驻军鸿门，要向灞上的刘邦军发起攻击，可谓箭在弦上，千钧一发。当项伯告知张良，张良当机立断，利用项伯的关系，并陪同刘邦亲自去鸿门向项羽好言解释谢罪，以柔克刚，从而化解了危机。现在张良可说是故技重演，再加上张良附上他暗中弄到手的田荣、彭越的往来密函，更激起项羽对田荣、彭越的怒火，把刘邦丢到了脑后，下令向九江王英布征兵，北上伐齐。

九江王的部队很快就调来彭城，但只有几千人马，九江王英布本人也未来，说是有病在身，无法奉命亲自前来。

英布是项羽手下最得力的猛将。当初他追随项梁，迎战秦嘉，战绩卓著。巨鹿之役，又是英布一马当先，渡河痛击秦军，以少胜众，立下汗马功劳，所以项羽才封他为九江王。而今，项羽有战事征他，他竟然借故推脱，令项羽又是气恼至极。

汉二年（前205）冬，项羽亲自率大军北征田荣，与田荣会战于城阳（今山东莒县）。田荣败走平原，被平原的百姓杀死。项羽坑杀田荣的降卒，同时长驱直入，焚烧齐国的城池房屋，系虏齐国的老弱妇女，一直烧杀抢劫到北海。齐国人民忍无可忍，起而反抗，在田荣的弟弟田横身边聚起数万人的队伍，反攻项羽的楚军，占领城阳，项羽连续强攻城阳，无法攻下。楚军陷入了齐国战场。

张良将项羽楚军调到齐国战场后，自己再次离开韩国故土，抄小路入关中，回到刘邦身边。刘邦见张良安全返回，立即下令设宴款待，并补封张良为成信侯，以便筹划下一阶段的对楚战争。

张良回到关中汉营，立即与萧何一道，辅助刘邦，抓住项羽被牵制在齐国战场的大好时机，一面加强关中的巩固建设，一面向东扩张军事力量，创造包围乃至进攻彭城的态势。

汉二年十一月，刘邦、张良、萧何等组织力量，迁都栎阳，以便于统筹关东的对楚战争。

同时，汉王宣布招降政策，带领一万人或以一郡地方来降的，封为万户侯；部署关中守备，命周勃守峣关、武关，并修缮河上关塞。还宣布，将秦朝的皇家苑囿园池分给百姓耕种，以增加粮食生产。

汉二年正月，宣布大赦罪人。

二月，令民废除秦社稷，立汉社稷，赐百姓爵位，令有罪者得以用爵位抵刑；规定巴蜀、汉中百姓服军事劳役的，免交租税二年，关中百姓新从军的，免去其家中租税一年。令各地选举百姓中年满五十、有德行、能为百姓表率、带头做善事的为三老，每乡一人；县则从乡三老中选出一人为县三老。让县三老协助县令、县丞、县尉教导地方百姓，安定地方。为此，免除县三老的徭役，并由政府在每年十月赐之酒肉。

在军事方面，这期间，刘邦亲自率军出函谷关，到陕（今河南陕州），安抚关外百姓。河南王申阳归降，汉置河南郡。又派韩太尉信进击项羽派来韩地拒汉兵的郑昌，郑昌投降，刘邦即封韩太尉信为韩王，且因而控制了洛阳附近的有利地形，逼近楚地。

三月，刘邦、张良等率军从临晋（今陕西大荔朝邑东部，黄河西岸，亦名蒲津关）渡黄河，迫降了魏王豹，又攻下朝歌（今河南淇县），俘虏了殷王司马卬，设立河内郡。大军行至修武，有美貌丈夫之称的楚国都尉陈平来归降刘邦，建议刘邦乘项羽陷入齐地之机，进攻彭城。这正与刘邦、张良的战略部署不谋而合。陈平提出进攻彭城的具体方案，这些都令刘邦很欣赏，刘邦当即授陈平为参乘，兼掌监护诸将。

接着，大军渡过平阴津，抵达洛阳。在进驻洛阳的路上，有一老者横道拦住刘邦一行的坐骑。刘邦问其有何见教，老者自称是新城县三老董公，他对刘邦说："有句古话说，顺德者昌，逆德者亡，又有古人说，师出无名，事故不成。所以我说，明其为贼，敌乃可服。现在项羽无道，放逐并杀害了楚怀王，他成了天下百姓眼中之贼。向来争夺天下，有仁者可不用武而天下自服，有义者可不用力而天下自定。大王何不令全军将士为楚怀王素服，告之诸侯，为楚怀王发丧，令天下人知晓项羽放杀怀王。然后东伐项羽，师出有名，无往不胜。如此，真可谓古代三王的盛举了。"

刘邦听了连连称好，说："这次我亲率大军远征，成信侯张良等早有部署。你的这一建议，真令我们的战略计划天衣无缝，水到渠成！"

谢过董公，刘邦下令为义帝发丧，自己按丧礼规定，亲自脱衣袖、哀哭，全军也为义帝哀临三日。又令抄写檄文，派使者遍送诸侯。檄文说：

"天下共立义帝，北面事之。今项羽放杀义帝于江南，大逆无道。寡人亲为义帝发丧，兵皆缟素。悉发关中兵，收河南、河东、河内之士，愿随从诸侯王，南浮江汉以下，讨伐楚国杀义帝的元凶！"

这样，刘邦以讨伐项羽诛杀义帝之罪为号召，很快地召集起三河之士的诸侯兵马，它们是常山王张耳、河南王申阳、韩王信、魏王豹、殷王司马卬的军队。刘邦与张良、夏侯婴、卢绾等率领诸侯军，还有早已归降的司马欣、董翳的军队，浩浩荡荡地由洛阳经雍丘、睢阳杀向彭城。

刘邦几十万大军到达外黄，彭越又率三万士卒响应号召，来归顺刘邦，讨伐项羽。刘邦命彭越继续袭扰梁地，掩护汉军侧背，并拜彭越为魏相国，大军继续杀奔彭城。

楚军主力已倾巢出动随项羽伐齐，彭城守军十分薄弱，哪里抵挡得了刘邦大军？于是刘邦大军毫不费力就占领了楚都彭城。

刘邦此次东征，三月还在栎阳汉宫，从栎阳取道临晋渡河，四月即占领彭城，入主楚宫，一个月时间，局势的变化如此之快，是当初刘邦也不敢想象的。从彭城到关中，现在又从关中回到了彭城。彭城依旧，刘邦则再也不是当年的刘邦了。现在的刘邦，不仅重返彭城，他的军事、政治势力都远非昔日可比了。由于顺应潮流，扶天下之危，除天下之忧，救天下之祸，同时重用张良、萧何一帮谋士，刘邦的队伍在一天天壮大。而相反，项羽则由强而弱，失去了彭城，也肯定会失去天下！

志得意满的刘邦，巡视着西楚霸王的王宫，再也不把项羽放在眼里。楚宫中这些如山的珍宝、如云的美女，许多都是项羽从咸阳带过来的。如果说，当初在咸阳，刘邦把自己浴血战斗夺来的东西忍心拱手送给项羽，是由于自己羽毛未丰，现在，则是物归原主的时候了！

刘邦再也克制不住自己心底的欲望，就在楚宫中住了下来，饮醇酒，抱美人，享受起来。

至于刘邦的军队，尤其是跟随刘邦从彭城到汉中，又从汉中杀回关东的将士，衣锦还乡，梦寐以求，更是置酒高会，彻夜畅饮，忘乎所以。

这时，张良的头脑是清醒的。显然，项羽会立即回师彭城，一场恶战即在眼前。然而，现在的情况太复杂了。全军上下均如此，尤其是刘邦的汉军完全沉浸在似乎是结束了战争、胜利重逢的喜庆之中。张良想，像在咸阳那样，说服了刘邦，又能怎样呢？在这样一个完全失控的情况下，刘邦即使清醒过来，也会束手无策！何况刘邦这次像变了另一个人，他紧闭宫门，说是汉王要休息三天，不见任何人，其实就是拒见张良。这样，张良除了考虑撤退的可能去向外，就只能仰望上天了。

形势很快急转直下。

胶着于齐地战场的项羽听说刘邦五十六万人马伐楚，大发雷霆。立即将齐地战场交给手下将领，自己亲率精兵三万，昼夜兼程，由齐鲁之地出胡陵（今山东鱼台）绕到彭城西部的肖地。清晨，击溃肖地的汉军。紧接着，楚军向东大举进攻彭城。

这时，汉军将士尽情欢乐，毫无戒备，刘邦更是醉生梦死地沉醉在温柔乡里。而项羽的三万楚军，又都是巨鹿之战中所俘获整编的骑兵，其中很多是楼烦骑兵，行动迅速，精勇异常。项羽的这支精锐骑兵集团以迅雷不及掩耳之势扑向乌合之众、放弃戒备的汉军。汉军及诸侯军惊慌失措，四处乱逃。一部分相随被推入谷水泗水，被楚军掩杀的有十余万人。其余汉卒大多向彭城南部的山中夺路而逃，楚军骑兵边杀边追，一直追至灵璧东面的睢水旁，汉军前面就是睢水，于是有的竞渡睢水，有的还想向后另寻逃路。后面楚兵挤压过来，又杀死汉卒十余万人。睢水中漂满汉军被杀被淹的尸体，堵塞水流，睢水为之不流。

慌乱之中，刘邦只带领小股汉军向西北突围，谁知也被楚军追及，团团围住。刘邦指挥将士奋力冲突，楚军却越围越多。幸好这时从西北方向刮来狂风，顿时一片天昏地暗，飞沙走石，到处房屋掀起，树木折断。西北狂风将继续从东南方向赶来围歼刘邦的楚军刮得人仰马翻，自相践踏。包围刘邦汉军的楚军也在黑暗中不辨敌我，一片混乱。

这阵狂风成了刘邦的救星。刘邦很快乘着战场一片混乱，只带随从数十骑死里逃生，继续逃往沛县，想将家中老小带出，再向西逃往下邑。谁知赶到沛县丰邑，家中竟空无一人。

刘邦只好折向西行，在路上遇到自己的两个孩子。刘邦一阵惊喜，将孩子接到自己车上，一同西行。

不料这时又有一股楚军骑兵出现，向刘邦及其随从人马追来。很快就要追上，刘邦急了，恐怕车子过重，跑不过楚骑，竟将孩子推到车下。紧随刘邦的夏侯婴赶快下车将孩子抱上来，刘邦居然再将孩子推下车，这样推了三次，连夏侯婴也火了，责问刘邦："就算是危急，怎么能将亲生孩子丢下？"夏侯婴拼死挟住两个孩子，跃身上马，队伍疾行，才摆脱追兵。

第十三章 下邑决策，决胜千里

　　刘邦一行几十人好不容易到达下邑，这里有刘邦夫人吕后的兄弟吕译率汉军屯驻。刘邦正要策马奔向汉军军营，后面又有几十人马赶到，原来是张良等人从彭城突围而来。

　　刘邦喜出望外，竟不顾几天来的惊恐疲劳，迫不及待地向张良问计。

　　刘邦说："我想放弃函谷关以东的地区，让给豪杰之士。您看，谁能与我共破项羽，得到这大片关东之地？"

　　张良知道，彭城惨败，汉军主力被歼，关东诸侯陈余、魏王豹之流，很快就会背汉向楚。看来刘邦被项羽这次暴风雨般的袭击打得清醒过来了，刚逃离危险就急于要组织新的强有力的反楚联盟。见刘邦这个着急的样子，张良又好气又高兴，便告诉刘邦说：

　　"现在只有三个人，是反楚的中坚力量。

　　"第一个是九江王英布。他是项羽手下最得力的猛将，巨鹿之战，就是他打头阵，渡河击溃秦军的。但是前不久项羽征伐田荣，令他参战，他却假装生病，只派了个将军及几千士卒赴齐助战，项羽当然心中不快。这次我们攻下彭城，英布距彭城很近，却按兵不动，这就加深了他与项羽之间的裂痕。

　　"第二个人是魏相国彭越。此人当时即与齐王田荣联合反楚，手中有数万人马，在梁地也有基础，又投靠过大王，他是一个可以立即加以利用的反楚盟友。

　　"至于我们汉军将领，其中只有韩信一人可以独当一面，担负抗击楚军的重大任务。

"沛公若是决心暂时放弃关东，与楚抗衡，可对这三个人许下承诺，则楚军可以击破。"

刘邦一听，心中豁然开朗。自己虽已拜韩信为大将，但此次东征彭城，却未能用上韩信，是战略上的失策。于是立即派人召韩信来会。同时，又派专使联络彭越。至于争取英布，刘邦感到事关重大，非一般使者可以胜任，有待抓紧时间物色合适人选。

重新作出了重大决策，刘邦心情舒畅，一身轻松，信心又来了。在下邑汉营，刘邦一行只是稍作停留，收集了部分逃散回营的士卒，便取道砀县，西过梁地，向荥阳行进。走到虞县时，刘邦考虑成熟，并找来谒者随何商议，准备派他去淮南游说英布。

五月，刘邦、张良、夏侯婴一行抵达荥阳。

荥阳北据黄河，南依嵩山、伏牛山脉，西通关中，东南则是开阔的平原，地略上易守难攻，且境内的敖山有敖仓，存储有大批粮食。刘邦、张良决定退据此地，收集残部，建立防线。

不久，韩信即奉命从关中率师来会，萧何也在关中重新征集兵员补充荥阳前线。

刘邦又利用秦甲士素必、骆甲，迅速建立一支骑兵队，由灌婴统率。

于是，汉军军势重振，在荥阳以南京、索地区一举歼灭楚军追兵，赢得彭城之役以后的第一个胜仗，为荥阳防线的建立举行了奠基礼。

遏制了楚军的攻势，刘邦即命修筑一条从荥阳到黄河边的甬道，以便从黄河边的敖仓运输粮食来荥阳。

六月，为了巩固后方，刘邦留韩信防守荥阳，自己带周勃、樊哙等回栎阳新都。

回栎阳后，刘邦立其子刘盈为太子，赦免罪人，以安定关中人心。令萧何镇守关中，制定法令，设置郡邑，调查户口，转运粮食、兵员支援荥阳前线。他亲自率周勃、樊哙等攻废丘，引水灌城。废丘秦军终于投降，平定雍地八十余县，置河上、渭南、中地、陇西、上郡。征发关中士卒加强函谷关、峣关、武关等边塞守备。

这时，关中正闹饥荒，米价昂贵，人相食。刘邦下令迁徙关中饥民，让他们就食于巴蜀、汉中，以防止因饥荒引起社会动乱。

八月，关中后方的巩固任务完成，刘邦回到荥阳前线。展开与张良在下邑时即大体商定的击破楚国的战略大计。

还在五月时，魏王豹借口探望母亲的疾病回魏国。但一到魏地，即断绝河口，设兵扼守，宣布反汉联楚。汉军侧背出现危机。为此，刘邦一回荥阳，就派郦食其去争取魏王豹，但没有达到目的。

于是，刘邦封韩信为左丞相，令韩信率曹参、灌婴攻击魏国。

韩信终于可以大显身手了。不过，出发前，他们找去过魏国的郦食其了解对方虚实。他问郦生："魏王起用周叔为大将了吗？"

郦生告诉他说没有，魏国大将现是柏直。

韩信说："一个无能之辈。"他为魏国悲哀。

魏人以重兵布防于蒲坂（今山西永济），塞断临晋交通，阻止汉军渡黄河。韩信调集大量船只、部队于临晋，虚张声势，于临晋敌人守备严密处佯渡。同时暗中派部队利用小口木桶从夏阳（今陕西韩城南）渡过黄河，袭击魏军的后方重镇安邑（今山西夏县南）。魏王豹在惊慌中应战被俘。

韩信平定河东，即派人请汉王增拨三万兵马，以北击燕国、赵国，东击齐国，南绝楚军的粮道，包围楚军。

刘邦立即增派三万人给韩信，并令张耳也去韩信军中协助进击赵国、代国。

韩信很快击破代国。汉三年（前204）十月，东下井陉击赵。

赵王、陈余得知汉军的情报，聚兵二十万于井陉口（今河北井陉东），占据有利地形，立下壁垒，以拒汉军。赵国广武君李左车向赵军统帅成安君陈余献策说：

"汉将韩信虏魏王，擒夏说，现又增兵三万，辅以张耳，乘胜而来，其锋不可挡。但是，千里馈粮，士有饥色。现在通往井陉的道路窄，车骑难继，有数百里。汉军的粮食势必远在数百里之后。请将军拨给我奇兵三万，从小道切断汉军后勤补给，将军深沟高垒据守之。汉军进退失据，我又在后断其粮道，不出十日，即可斩下韩信、张耳的头！"

成安君陈余是个腐儒，他拒绝李左车的建议，说："兵法上讲，什则围之，倍则战。现韩信兵号称数万，其实还不到，加之千里袭我，已经很疲劳了。对这种敌人我都避而不击，以后有强敌来犯，我何以拒之？"

韩信派间谍探知陈余不用李左车的计策，便指挥部队行至井陉口三十里处，停下休息。半夜，选轻骑两千人，每人持一面红旗，走小路到井陉口旁的山间隐蔽下来监视赵军，待赵军倾壁垒之军追逐正面的汉军，即迅速进其壁垒，拔赵军旗，竖汉军旗。天亮，韩信传令：今日破赵军后大会餐！并令一万将士在前，出隘路，背水布阵。赵兵望见汉兵背水设阵，大笑。随后，韩信、张耳的大队人马在军旗的导引下，在军鼓声中向井陉口挺进。

赵军从壁垒中杀出，与韩信军大战。双方混战一阵后，韩信、张耳丢掉旗鼓，退向水边汉军阵营，边走边战。壁垒内其余赵军见汉军败走，倾巢出动追击韩信、张耳，争夺汉军旗鼓。韩信、张耳已退入水边汉军阵中，背水而阵的汉军此时决意死战，赵军无法取胜。

这时，韩信在半夜派出的两千轻骑，已飞快驰入赵军壁内，拔去赵旗，插起两千面汉军军旗。壁外无法取胜的赵军转身想退回自己的壁垒，却见壁垒上汉军军旗招展，以为自己赵国的将领被杀败，顿时大乱而逃。于是汉军乘势夹击，大破赵军，斩陈余，擒赵王歇。

破赵后，韩信虚心向俘虏的赵臣李左车请教破燕之策。李左车建议他先声后实，向燕国摆出进攻的姿态，派人去燕国宣扬汉军的声威，劝其归降。

韩信依计行事，燕国果然归降。

破赵降燕以后，韩信报请刘邦立张耳为赵王，刘邦同意了。韩信、张耳率一部分兵力南下，驻扎小脩武，与驻守成皋的汉军成掎角之势。

刘邦遵循张良的战略意图，从战略的高度重用韩信，结果，仅两个多月，黄河以北三河之地的形势发生了根本性的变化，从而也给荥阳、成皋一线战场以重要影响。

张良关于争取英布归附刘邦以侧击项羽的战略计划，由于英布的老练稳重而进展稍慢。

谒者随何刚到淮南时，淮南王英布不予接见，只安排其太宰与随何周旋。

第一步，随何只有通过太宰挑动英布。

随何对太宰说："淮南王不愿见我随何，一定是以楚为强，以汉为弱。今天我出使淮南，正是要与淮南王分析楚汉形势。淮南王不妨与我见上一面，如果我的分析是对的，那当然正中大王的下怀；如果我的话不对，那么可以将我们使团二十余人处死于淮南街头，表白淮南王背汉与楚的决心，不好吗？"

太宰转告英布，英布即接见随何。

随何进淮南王宫坐定，先问英布："我带来汉王的口信，我们汉王想问您，为何与楚王那么亲近？"

淮南王说："是的，寡人北向而臣事楚王。"

随何说："大王与项王同样位列诸侯，却臣事项王，一定是以楚为强，可以托国。然而，项王伐齐，亲自上阵攻城。大王您本应亲自率领全部淮南大军，为楚军打前锋。您却只发四千人以助楚。臣下对人君应当是这样做的吗？

"之后，汉王进攻彭城，那时项王滞留齐地，大王您理应倾淮南之兵力去救彭城。您却拥万人之众，不派一兵一卒渡过淮河，拱而观看楚汉胜负。您要托国于人，难道可以这样？大王想以向楚的虚名投靠项羽以自重，我以为不足取。"

指出英布与项羽矛盾的严重性，令英布感到向楚已不可能后，随何又分析楚汉的强弱形势，解除英布背楚向汉的顾虑。他接着说：

"大王不反叛楚国，必是以为汉弱小。其实，楚虽强大，天下的人都认为他不义，背弃盟约，杀害义帝。汉王召集诸侯，还守成皋、荥阳，转来巴蜀、汉中的粮食，深沟高垒，分兵扼守要塞。楚军深入敌国八九百里，中间经过梁地，老弱转粮于千里之外。汉军坚守而不动，楚欲战不得，很容易疲劳。退一步，即使楚军胜汉，诸侯兵也会联合起来攻楚。显而易见，楚不如汉。现在大王不与万全的汉联合，而依靠危亡的楚，我深为大王疑惑。

"当然，我不是说淮南之兵就足以亡楚。但大王发兵反叛楚国，项王必受牵制，牵制数月，汉之取天下则可以万无一失了。因而，我恳请大王仗剑归汉,汉王必分封大王,况且淮南,又是大王原有的封地,必加保留。愿大王考虑。"

听了随何的分析,英布对自己的处境及楚汉形势更清楚了,于是表示同意叛楚联汉,但是仍不敢公开。

一天,楚国使者正在淮南王官,急催英布发兵助战。随何闯了进去,对楚国使者说:

"九江王已经归顺汉王,楚国还等什么发兵?"

英布惊愕无言。楚使者起身走后,随何进一步催促英布说:"现在木已成舟,只有杀楚使,不令他归楚,联汉攻楚。"

于是英布杀楚使,起兵攻楚。

楚国不得不分派项声、龙且迎战淮南王。于是,张良争取、联合英布反楚,在楚军南翼开辟新战场,牵制项羽的战略计划开始实现。

英布与楚军项声、龙且的军队打了五十多天,十二月,兵败,英布、随何退走成皋汉军营内。

第十四章

借箸代筹驳郦生

这时，韩信虽已破赵降燕，但屯兵河北小脩武，未能下齐，未造成对楚后方的威胁。梁地彭越也只是以游兵形式小规模地干扰楚军，未能发挥出战略牵制作用。所以刘邦指挥的荥阳、成皋正面战场时时吃紧，敖仓至荥阳的甬道几次被楚军侵夺，荥阳汉军粮食严重缺乏。

形势又严峻起来。刘邦陷入重重忧虑之中。他已经把半年前自己与张良商定的重用韩信，联合彭越、英布，逐渐包围楚国的战略抛到九霄云外，他需要赶快摆脱困境。这时张良在外，他找来郦食其，商议修改原来的战略，谋求削弱楚国的力量。

郦生建议说："历史上商汤伐灭夏桀，仍封其后裔于杞；周武王诛灭商纣王，也封商纣王的后裔于宋。只有到了秦帝才不讲道义，伐灭六诸侯国，令六国诸侯的后裔没有立锥之地。大王如果能重新分封六诸侯国的后代，他们就会争相感戴大王的德义，甘愿做您的臣下。您既行德义，又南面称霸天下，楚国必定乖乖地臣服于您。"

刘邦一听，便同意了郦生的新战略方案，并表示立即实施，他对郦生说："好！我们马上刻印，然后请先生您筹划授予六国诸侯后裔。"

张良在外听说刘邦要分封六国后裔，并已令人铸六国王印，很吃惊。六国王印一旦授出，英布、彭越立即会放弃联汉攻楚的决心，韩信也将无法驾驭。这样，既定战略毁于一旦，还定三秦以来刘邦对楚战争的所有成果完全付诸东流，整个形势会很快逆转！

张良这回真是急了，眼前的情况稍纵即逝、非同小可，张良来不及了解战略变动的前后经过情节，径直赶到咸阳刘邦行宫。

刘邦正在吃饭，张良也顾不得这么多，坐了下来。

刘邦见张良匆匆赶来，自然明白其来意，很不好意思，但也只好放下手中的碗筷，告诉张良说："近日有人献策，削弱楚国的力量。"

接着便把郦生的计策告诉张良，问张良的意见。

张良心中仍有气，责问刘邦："谁给陛下出的这个计？若照此计行事，陛下您的一切都完了！"

刘邦吃了一惊，没想到有这么严重，忙问："为什么？"

张良随手拿过刘邦面前的筷子，说：

"请让我用您的筷子当作算筹，至少我给您指出七八个荒谬之处！

"历史上商汤王、周武王伐灭夏桀、殷纣，之所以封赏夏桀、商纣的后人，是因为商汤王、周武王自信自己有足够的力量控制局势，置夏桀、商纣及其残余势力于死地。如今陛下您呢？您有力量置项羽于死地吗？这是其一。周武王克殷，能赐匾表彰殷贤人商容，亲自拜访殷贤臣箕子表示尊敬，又下令重修遭殷纣王剖心而惨死的殷谏臣比干的坟墓以示悼念。现在的情势，能容许您这样做吗？这是其二。周武王克殷，把储存于钜桥粮仓的粮食以及殷王收藏在鹿台的财宝全部分发给百姓，如今陛下您能做得到吗？这是第三点不可行。周武王克殷以后，将战车改为礼车，将干戈兵器封存倒置起来，表示从此不再用干戈，化干戈为玉帛。今天陛下能否如此？这是第四点不可行。武王克殷以后，战马都全部放到华山南麓，再也不让它们回到战场。现在陛下您能做得到吗？这是第五点不可行。把牛群都放牧于桃林的荒野，不再让它们去运输战争用的粮草、辎重。陛下您能做得到吗？此其第六点不可行。"

张良一口气列举了商汤灭夏、周武王克殷时分封政策的六个方面特定条件，指出这些条件都是刘邦所不具备的。紧接着，张良又从当时刘邦面临的严峻局势，批判所谓的新战略，指明它的严重后果：

"况且当今天下豪杰之士离别自己的亲人故土，跟随陛下您浴血战斗，日夜企盼的，无非是成功之后，得到些分封。现在您却铸印分封六国诸侯的后人。土地、人民都分封了出去，追随您的豪杰志士再也没有分封的希望，他们当然只有回故土追随故主，这样，谁来帮助陛下您夺取天下？这是第七点不可行，陛下您想过没有？第八，现今的楚国，不继续强大，倒也罢了，如果它一旦比现在强大，您分封的六国诸侯必定又会转而跟着它跑，怎么可能仍服从您的指挥？

"所以可以肯定，如果用这个谋略，分封六国之后，陛下的大业会危在旦夕，后果无可挽回！"

刘邦听着，惊出了一身冷汗，竟将含在嘴中的饭一口喷出，大骂郦生："这个腐儒！差点葬送了我的大业！幸好他还没走！"当即吩咐手下人赶快将铸好的六国王印秘密销毁。

一场战略危机终于得以避免。张良联合彭越、英布，依靠、重用韩信，包围楚国的战略重新被肯定。

第十五章

争夺成皋，项羽奔命

　　刘邦重新认识到既定战略方针至关重要，再也不敢动摇、偏离，只是在既定战略方向之下，寻找解决暂时困难的策略。

　　刘邦问陈平："现时这样，天下纷纷，何时能定？"

　　陈平献上离间计说：

　　"项王为人，恭敬爱人，廉节好礼之士多归附他，至于行功赏爵邑，他很吝惜，舍不得。大王相反，谩而少礼，廉节之士不易归附。但大王为人，慷慨大方，不惜高官厚禄赐予有功之臣。现在项王身边，可谓骨鲠之臣的，不过是范增、钟离眜、龙且、周殷数人。大王若能拿出数万斤金，行反间之计，离间其君臣关系，由于项王为人意忌信谗，必然引起他们内讧甚至自相攻杀。汉军乘机举兵而攻之，必能破楚。"

　　刘邦果然交给陈平黄金四万斤。陈平以这些黄金收买间谍，散布谣言说，钟离眜等人担任楚将，屡建奇功，却始终得不到分封，他们想联合汉王，灭项王以分其地。

　　项羽果然起了疑心，不信任钟离眜。有一次，项羽派使者去荥阳汉营，陈平设下圈套：侍者先将太牢盛馔送入，见楚使者，故作惊讶地说："我们以为是亚父范增的使者，原来是项王派来的！"便将上等的太牢盛馔拿出，另换上低劣的食物。使者归楚，报告项羽，项羽果然又怀疑范增。

　　汉王三年（前204）四月，楚军又大举进攻荥阳。刘邦施缓兵之计，请与楚议和，约以荥阳为界，荥阳以西属汉，以东归楚。范增劝项羽加紧攻下荥阳。项羽已经怀疑范增，不听范增的劝告。范增见项羽怀疑自己，气愤离去，未到彭城，背上发痈疮而死。

五月，楚军攻荥阳更急了。汉将军纪信对汉王刘邦说："形势危急，请让我假扮大王，大王则从西门出城！"于是不等天亮，陈平打开荥阳东门，放出两千女子。随后，由纪信乘坐在汉王的龙车中，此车异常华丽，以黄缯为盖里。同时，令使者对楚军喊："我们粮食断绝了，汉王已出城降楚。"楚军见了，纷纷高喊万岁，跑到荥阳东门看汉王出降。而刘邦则带数十骑从荥阳西门逃往成皋，留下周苛、魏豹、枞公守荥阳。

项羽烧死伪装汉王的纪信，急追刘邦至成皋。刘邦西走关中，楚军夺占成皋。

刘邦在关中收得部分成员，企图再次东进，收复成皋。一位姓辕的儒生对刘邦说：

"汉军与楚军已在荥阳对抗了很久，汉军常常陷入被动困境。建议君王率兵向南出武关，项王必定也会引兵南走。楚军南来后，大王您深壁不战，可以令荥阳、成皋战线的汉军得到短暂的休息。同时，令韩信等联燕齐以攻楚，这时君王再返回荥阳。这样一来，楚军几面受攻，力量分散。汉军得到休息之后，再与它交战，则必定破楚。"

在刘邦看来，南出武关，令韩信联齐燕的建议，前一部分可以而且应当立即采纳，后一部分一时还有难处。但最重要的，倒是辕生的这一建议与张良的战略思想很吻合，它再一次提醒刘邦无论面临何种困难处境，仍要保持清醒的战略头脑。

是的，诚如辕生所说，这段战争，刘邦陷入荥阳战场不能自拔，头脑越来越糊涂，他想的就是如何摆脱眼前困境。张良的一套战略，被他忘得差不多，他甚至想封六国之后，幸好被张良赶来制止。不过近几个月来，他仍然没有积极地贯彻张良的战略，没有从被动局面中解脱出来，而且照此下去，会越来越糟糕。

因而，刘邦决定立即采纳辕生的建议，南出武关，将项羽从荥阳、成皋吸引过来。同时，以此为契机，全面贯彻张良的战略方针：令英布去淮南重新组织反楚力量；令彭越渡睢水袭击楚军后方。

于是，刘邦率军出武关，进军至宛城（今河南南阳）、叶城（今河南叶县）间。英布也很快去淮南收集人马，从楚军手中夺回几县。

项羽见刘邦、英布向自己的南翼运动、进攻，便留终公防守成皋，自己率主力南下迎战汉军。

待项羽大军被吸引过来，刘邦却坚壁不战。

这时，原来只是在梁地打游击战的彭越按刘邦的部署渡过睢水，向楚军的后方大举进攻，打败楚军后方主力项声与薛公的部队，攻占下邳（今江苏邳州），威胁楚都彭城。

项羽率军来南线宛、叶地区尚未找到与刘邦交战的机会，听说下邳失守，彭城危急，又匆匆率军东向攻打彭越。

整个战争全局形势终于大大改观：刘邦将项羽调到南线，又从南线调到东线，掌握了战争全局的主动权。

刘邦见项羽的主力东去，急忙率大军及英布的九江兵北攻楚军终公的军队，轻易地夺回了成皋。

六月，项羽击破彭越军，得知汉军夺回了成皋，又引兵西向，竭其全力，攻破荥阳，活捉汉将周苛。项羽想争取周苛以补充自己的力量，对周苛说："您如果统率部队为我楚国作战，我封您为上将军，食邑三万户。"

周苛却骂道："你还不赶快投降汉王，很快就会被汉军活捉！你根本不是汉王的敌手！休想打得过汉王！"

项羽又露出粗暴的一面，烹杀了周苛、枞公，进而包围成皋。

刘邦担心陷入困境，独自一人由夏侯婴驾车急忙从成皋的北门逃出。他北渡黄河，在小脩武睡了一晚，天一亮就自称是使者要见韩信，得以驰入韩信、张耳军营。然后径直去韩信内帐，收得兵符、将印，就召集将领，亲自部署任务。

韩信和张耳起床以后才知道刘邦驾到，大惊失色，刘邦已收回了兵符、将印，亲自调兵遣将。

刘邦令张耳北回赵地自行收集兵员，拜韩信为相国，令其在赵地征集兵员南下进攻齐国。

刘邦收回韩信、张耳留在小脩武的大军，声势复振。

八月，刘邦率大军准备渡黄河与项羽军再战。经郎中郑忠提醒，派卢绾、刘贾率两万士卒，数百骑兵，从朝歌附近渡河到白马津，再向西南深入楚地，协助彭越烧毁楚军所蓄军粮仓储。彭越等于燕郭西大败楚军，攻下睢阳、外黄十七座城池，截断了成皋楚军的补给及其与彭城间的联络，有力地威胁楚军后方。

项羽不得不停止对巩县汉军的攻势，再次回师东击彭越。

九月，项羽率军东去时，留大司马曹咎防守成皋，临行时告诫他：

"一定要守住成皋！无论汉王如何挑战，都不用理睬，千万不要出战。你只需守住成皋，不让汉军从巩县东进就大功告成。你坚守十五日，我必定击败彭越，再回成皋。"

汉王刘邦见楚军东调，于汉四年（前203）十月再度反攻成皋。

开始阶段，成皋守军曹咎遵照项羽的嘱咐，坚守不出。但过几天，曹咎经不起汉军的一再辱骂、挑战，终于率部出击渡汜水。在曹咎军一半人马渡过汜水时，汉军出兵截击，大破楚军，曹咎及司马欣自杀。

汉军再次收复成皋，乘胜推进到广武（在荥阳东北面），并包围了钟离昧统率的楚军。

第十六章 广武对阵，齐地告捷

此时，在东部战线，项羽先后收复陈留、外黄，击败彭越军，东至睢阳。

在睢阳，项羽得知曹咎兵败自杀，成皋失守，立即引兵西向。这时汉军正于荥阳东部包围钟离眛统率的楚军，见项羽军到了，汉军惧怕，只有撤除包围，占据广武的险要地势驻扎下来。项羽也在广武驻下，与汉军对垒。

早在汉王三年（前204）四月彭城大反击时，楚军就意外地捕获刘邦的父亲刘太公，并扣留在楚国。现在，楚、汉两军对阵广武，项羽想，这个人质可以用得着了。他令人将太公带出，推到阵前，放到一个高案几上，喊话道："刘邦听着！你若再不投降，我便要烹食你的老父了！"

那边阵前刘邦急了，一时无话可答。旁边张良提醒他说："大王不必急。这是项羽设计诱我们出降。且大王与项伯结为姻亲，项羽真要动手，项伯也会出面谏阻。"

一经提醒，刘邦便马上答道："我刘邦与你项羽当初一起北面受命于怀王，相约为兄弟，我的父亲也就是你的父亲。如果你一定要烹食自己的父亲，那请你也分给我一碗肉羹。"

项羽一听，大怒，想杀太公。果然项伯在旁劝阻说："天下的事情很难说，还是不要做得过分好，而且打天下的人是不顾家的。你杀了太公没有益处，却只会增加仇恨。"项羽只好听从了项伯的劝告。

后来，项羽又派使者向汉王挑战说："现在天下汹汹，百姓不宁，无非是为了我们两人互不相让，我愿向你挑战，我们之间一决雌雄，以免天下的父子兄弟都白白为我们弄得疲惫不堪。"

谁知刘邦笑着回答使者："我情愿斗智，不想斗力。"

项羽无计可施，又令几名壮士出营挑战。汉军营中出来一位叫楼烦的射手应战，只几个回合，楚军壮士都被楼烦射杀。

项羽大怒，亲自披甲持戟挑战。楼烦又想射箭，项羽两只铜铃大眼一瞪，大喝一声，竟将楼烦吓呆了，楼烦目不能视，手不能射，逃入营垒，再也不敢出去。

刘邦见楼烦吓成这副模样，也吃了一惊，更不敢与项羽正面斗力，只想消耗对方，疲劳对方，不过又不能示弱，于是亲自出营与项羽对话。项羽见刘邦出来，又挑衅说："刘邦，有本事你我亲斗几回合！为何总不敢应战？"

刘邦答道："项羽，我率天下诸侯和义兵，诛伐残贼，只需令刑余罪人进击你，无须我亲自动手。你且听我宣布你的十大罪状吧！你的第一大罪状是负约。当初我与你同时受命于怀王，约好先定关中者王，你却负约将我逼到巴蜀、汉中。第二大罪，你矫杀卿子冠军，自处尊位。第三大罪，救赵以后，你不复命，却劫持诸侯入关。第四大罪，怀王指示入秦以后不得暴掠，你烧秦宫室，抢走财宝。第五大罪，杀死已投降的秦王子婴。第六大罪，以欺诈手段坑杀秦子弟二十万人于新安。第七大罪，将好地盘分封给自己的将领，而放逐、迁徙原诸侯王，令各诸侯国争斗不休。第八大罪，将义帝逐出彭城，自占彭城为都，夺韩王之地，又占梁楚之地为王。第九大罪，派人暗杀义帝于江南。第十大罪，为人臣而杀其主，杀害已降，为政不公，主约不信，大逆无道，天理不容！"

项羽大怒，伏弩射中刘邦，并乘势冲杀过来。

刘邦胸部中箭，怕士气受挫，用手摸脚，嚷道："贼人射中我的脚趾了！"

回营后，刘邦伤口疼痛不已，卧床不起。张良仍担心楚军乘势进攻，劝刘邦勉强起来慰劳看望将士，以安定军心，然后，才驰向成皋。

这期间，东线战场形势变化很大。

在梁地，彭越屡次袭击楚军，断绝广武一线楚军的粮食供给。

齐地形势的发展，对楚军的威胁更大。

本来，韩信破赵降燕，东方的齐国仍然依附楚国，令楚国在大后方无后顾之忧。

七月，刘邦在脩武拜韩信为相国，令韩信征兵攻齐。又派郦食其说降齐王。十月，韩信听从蒯通的建议，乘齐王无备，袭破历下，进占临淄，齐军败退高密，向楚国求救。项羽派龙且率军二十万救齐，与齐军会合于高密。

楚军中有人向龙且建议深壁不战，同时让齐王召集沦亡的齐国各地人民反汉，困扰、战胜汉军。但龙且早存轻敌之心，急于与汉军决战。

汉四年（前203）十一月，齐楚联军与韩信军夹潍水布成阵势。韩信暗中派出万人，用囊盛沙，乘夜到上游堵住潍水水流。天亮，韩信率主力进攻龙且，又假装败走。龙且果然大喜，说："我早知韩信胆小！"令楚军渡潍水追击韩信。韩信令上游汉军撤去沙囊放水，奔泻而来的潍水将楚军冲乱，韩信挥师反击，杀龙且，俘虏齐王田广，平定齐地。

韩信定齐以后，名闻天下。他派人致函刘邦说："齐人伪诈多变，是个反复无常、难以控制的国家，而且又南与楚国为邻，如果不设立一个名义上的齐王，局势难以安定。现在我的权力太小，仅是汉国的一个相国，不足以安定局面，请大王立我为假齐王。"

这时刘邦才养好伤，从关中栎阳返回广武军营，拆开使者送来的书函，见是韩信要求封他为王，大怒，骂道："我如今被困于广武，日夜盼他韩信来援助我，他却想自立为王！"

后边的张良、陈平见刘邦骂韩信，非同小可，慌忙从刘邦身后轻轻地碰刘邦的脚，小声对他说："现今汉军困于广武，您能禁止韩信自立为王吗？不如依他，好好待他，令他守住齐地，否则，立刻会发生变故！"

刘邦马上领会了张良、陈平的意图，转口骂道："大丈夫平定诸侯，立下大功，不妨就做真王，何必要做什么假王！"

骂完，当场派张良为特使，前往临淄封韩信为齐王，并征派韩信的军队进攻楚国。

汉王四年（前203）二月，韩信受封齐王，准备举兵攻楚，楚国使者武涉来见韩信。原来，得知韩信破齐，龙且战死，项羽大为恐惧，也企图争取韩信背汉联楚，便派了武涉来游说韩信。

武涉对韩信说："足下现在虽把汉王看作厚交，为他尽力用兵，但终究你必为汉王所擒。今天你之所以一时还未遭厄运，仅仅是由于项王还在。如果项王被灭，下一个轮到的就是您韩信。您何不与楚联合，称王于齐，三分天下？放弃今天的机会，一个心眼追随汉王击楚，难道是明智者的决策？"

武涉的眼光真可谓锐利。然而他无法抵消刘邦、张良、萧何等给予韩信极大的感情与政治投资，无法抹去项羽在韩信心中的恶劣印象。而且，武涉也来晚了一步。张良作为刘邦的特使，先行一步，正式封韩信为齐王，韩信称王的欲望得到了完全的满足。

很自然，韩信谢绝了武涉，他说："我曾在项王军中多年，官不过郎中，位不过执戟，言不听，策不从，所以我才背楚归汉。汉王授我上将军印，拨给数万之兵，解衣衣我，推食食我，言听计从，令我得以有今日。人家如此亲信我，我若背叛他，必招不祥。请代韩信谢项王！"

韩信谢绝了武涉，身边的谋士蒯通又来劝说他。

蒯通开始时不便直言，只是说："我曾学过相人之术。我看您的面相，将来不过封侯，而且危而不安。我看您的背相，则贵不可言。"

韩信问："为什么？"

蒯通示意韩信到一个没有旁人的地方，才明白地进言道：

"天下豪杰初起，忧在亡秦。而后刘、项相争，人民肝脑涂地。汉王败荥阳，伤成皋，还走宛、叶之间，智勇俱困。项羽也兵困京、索之间，锐气挫于险塞，粮食尽于内藏。而今，刘、项两王都悬命于您，您为汉则汉胜，与楚则楚强，我为您考虑，您何不三分天下，鼎足而立？"

韩信说："汉王对我有厚爱，我可以见利而背恩吗？"

蒯通说："当初常山王张耳、成安君陈余也曾为刎颈之交，巨鹿之战，两人不和，常山王投汉，借兵东下，与陈余战于鄗北，陈余死于泜水之南。可见人心难测，世事多变。还有，历史上越国大夫种辅佐国君勾践称霸，立功名而身死。以交友言之，没人比得过张耳、陈余，以忠臣言之，没有人比得过越大夫种，这两例都未得善终。我为您深深地担忧！您现在挟不赏之功，戴震主之威，涉西河，虏魏王，擒夏说，下井陉，诛陈余，胁燕定齐，摧楚兵，斩龙且，势在人臣之位，而有高天下之名，您其实是很危险的啊！"

蒯通一番话，与武涉的游说一样，精辟之至，而且真心一片，诚恳之至。

但这时韩信心里想的仍是几年来刘邦对自己的器重和赏赐。他当然不知道，是张良在下邑对策时，确立了他在刘邦反楚战争中独一无二的地位，从而他才得以出兵河北，建功立业。他也不知道，刘邦曾铸成六国王印，把他韩信置于脑后。他更不知道，读到他请封假王的书函时，刘邦要破口大骂，被张良劝止……

总之，从武涉到蒯通，都没有改变韩信。韩信终于没有反汉归楚。刘邦的反楚斗争大业在静悄悄中又经受住了两次极为严峻的考验，危机过去了。

汉王四年（前203）七月，刘邦封英布为淮南王。又下令，军士不幸死亡的，上司要为他做衣衾而敛尸于棺，转送到死亡军士的家中。这一政策大得人心。

这时，项羽才逐渐感到自己失道寡助，终归斗不过刘邦。加之彭越的骚扰，军粮供应日益吃紧，韩信、樊哙从东面进击楚国，后方形势吃紧，项羽心中充满焦虑和担忧。

不过刘邦屯兵广武，旷日持久，也已疲惫。同时，刘邦的父亲、妻子一直作为人质被扣留于楚军中，随时有不测的可能。于是刘邦派人与项羽谈判，项羽与刘邦约定，中分天下，分割鸿沟以西地区归汉，以东地区属楚，项羽送还刘邦的父亲、妻子。从此罢战休兵。

双方同意后，项羽即放出刘邦的父亲、妻子，于九月向东撤兵。

第十七章 强敌败亡，功成身退

刘邦接回父亲和妻子，见项羽军队照约东撤也准备向西撤兵。

张良、陈平却劝阻刘邦说："眼下汉军已占有大半天下，而各地诸侯也归附于汉。楚国方面，士卒疲惫，军粮殆尽。这正是上天要灭亡楚国的时候了，如果我们不因顺这一天赐良机，一鼓作气攻取楚国，正是所谓养虎遗患，祸害无穷！"

刘邦又听从了张良的意见。

汉五年（前202）十月，刘邦通知彭越、韩信率军会师固陵（今河南淮阳西北），共击楚军。自己亲率大军追击楚军至阳夏（今河南太康）南部，再进至固陵，却未见韩信、彭越军队前来参战，结果被楚军打得大败。汉军只得退入壁垒，开挖壕沟以自守。

这次固陵之败，完全是由于韩信、彭越未能出兵。韩信、彭越为何公然抗命不出兵赴固陵？刘邦迷惑不解。而且，问题显然不只是影响此次固陵之役，韩信和彭越的一举一动，都牵动全局，甚至足以令整个形势面目全非！

怎么办？像这种令人心烦头痛的问题，刘邦只有求助张良。刘邦问张良："现在，诸侯不从命，怎么办？"

张良果然早有对策。他说："大王，还记得《太公兵法》的一句话吗？夫主将之法，务揽英雄之心，赏禄有功，通志于众。现在，破楚在即，韩信、彭越都没有见到增加封地的好处，他们不出兵固陵，是不足为怪的。大王若肯与他们共有天下之地，割而封之，他们则会立即赶来。"

接着，张良作简要的分析与对策："齐王韩信之立，是他自己向大王提出要求，并非大王主动授予。所以韩信虽做了齐王，心中并不踏实。平定梁地，本是依仗的彭越，是彭越的功劳，但当初大王因魏王豹是魏咎从弟，是真正的魏王后代，只拜彭越为魏相国，以魏豹为王。而今魏豹已死亡，彭越自然也想称王，可大王迟迟不予分封。现大王可封彭越为梁王，把睢阳（今河南商丘南）以北到谷城（今山东东阿）一片地方封给他，再把陈以东直到沿海封给韩信。韩信的家在楚地，他内心很想再得到自己故土的城邑。如果能把这两个地方拿出来封给这两个人，令他们各自为战，攻打楚国，就很容易打败楚国了。"

刘邦依张良的对策，再派使者封王加地，果然，韩信、彭越很快地引兵来会。

刘邦又派刘贾率军入楚，包围寿春，诱降楚国大司马周殷。周殷叛楚，举九江兵迎英布，随刘贾北上与汉军、齐梁诸侯军会师以合围项羽。

这时，彭越军从北面南下，刘邦汉军主力在项羽军西面，周殷叛楚，与英布、刘贾从淮南北上，东面则有韩信军由城阳西进，进占了彭城。项羽见自己有被包围的危险，向彭城方向撤退，但为时已晚。彭城被占，又转向垓下方向往东南撤。

十二月，刘邦调集韩信、彭越、英布、刘贾各路军队四十多万人，将项羽军包围于垓下。楚军只有十万人，陷入重重包围之中，军粮断绝，屡战不胜。

入夜，项羽在帐中听到楚军营外四面楚歌，大惊：汉军已完全占据了楚地！否则汉军中哪有这么多楚人？他已无法休息，干脆起身。

此时的项羽，心情无限悲凉，忆往昔，他叱咤风云，威震天下。曾几何时，已是英雄末路！不过，项羽并不沮丧。他从来没有把刘邦和那班无能之辈的诸侯、将军放在眼里。"此天亡我，非战之罪也。"

这时，项羽最宠爱的美人虞姬烫热了酒过来侍候他，却触起他心底的愁思。项羽一生最钟情的，第一是自己的坐骑乌骓马，第二是虞美人。这次垓下被围，看来是凶多吉少。心中实在不忍割舍这美人和战马。想到这一层，项羽将酒一饮而光，慷慨悲歌道：

"力拔山兮气盖世，时不利兮骓不逝！

骓不逝兮可奈何，虞兮虞兮奈若何！"

项羽悲歌，美人虞姬在一旁应和。壮烈之情，令左右皆泣，不忍仰视。项羽自己也禁不住泪下数行。

美人虞姬和罢，自刎而亡。

项羽诀别美人，翻身上马，带领八百骑士，连夜冲出重围。

天亮了，汉军才发觉项羽已突围，令灌婴领五千骑追击。

项羽在前，率骑士飞驰，渡过淮河后，跟上来的只有百余骑。

百余骑奔至阴陵，迷失了方向，问一农夫，农夫骗他们说向左，于是百余骑向左陷于大泽之中，被灌婴追了上来。

项羽又往东，到了东城（今安徽定远东南），环顾左右，只剩下二十八骑，追兵却是黑压压的一大片。

项羽自知已无法脱身，对骑士们说："我起兵至今已八年，身经七十余战。所当者破，所击者服，未曾败北，得以称霸天下。然而今天终于被困于此，此天亡我，非作战之过失！今天我已必死，但在死前我仍要三胜敌军，斩敌将，砍敌旗，然后死。令诸位知道是天亡我，而非我用兵不当。"

说完项羽指挥二十八骑以小山为依托，布成向外的圆阵，与包围过来的数千汉军骑兵对峙。

项羽对手下骑士说："看我为你们斩它一个汉将！"便指挥骑士们四面骑驰而下，到山的东坡会合。只见项羽大喝一声冲了下去，汉军望风披靡，眨眼间一汉将被杀。

汉军的另一将领杨喜去追项羽，项羽只回头厉声一吼，杨喜人马俱惊，逃到了数里之外。

楚骑很快会合于山东坡的三个地方，汉军不知哪一处有项羽，分别包围了三处楚骑。项羽又斩杀汉军一都尉，杀数十百人，将楚骑聚集起来，只战死二骑。项羽这时问骑士们："如何？"

骑士们喊道："丝毫不差！"

于是项羽又引骑士们往东，想渡乌江。乌江亭长驾船来接项羽，对项羽说："江东虽小，地方千里，民众数十万，完全可以称王。大王快些渡河，现乌江上仅有我一只船，汉军追上，也没办法渡江。"

项羽笑了，说："天要亡我，渡河有什么用？我项籍率江东子弟八千人渡河西进，今天没有一个人随我回去，纵然江东父兄怜惜我拥我为王，我哪有面目见他们？纵使他们不说出，项籍我难道不问心有愧！"

随后，项羽又抚摸自己心爱的战马对亭长说："我知道您是长者，情义难忘。我骑此战马五年，所向无敌，一日千里，我不忍杀它，把它赐给您。"

说完，令楚骑们放了马，与汉军短兵相接。

项羽又杀死汉军数百人，自己也有十余处受伤。看到眼前汉军将领吕马童面熟，对他说："你不是与我相识吗？"

吕马童不敢正视项羽，对王翳说："这位就是项王。"

项羽说："听说汉王以千金和封邑万户求购我的头，我就给你吧。"于是横剑自刎。

中国历史上最伟大的悲剧英雄——项羽走完了自己史诗般的生命历程。

项羽说，此天亡我，非战之罪。的确，在战场上，项羽所向披靡，勇不可挡。乌江自刎，非战之罪。不过，文明却抛弃了他、嘲弄了他，要求摆脱迷惘、偏失，走向新时代的文明选择了刘邦，选择了张良、萧何……

张良起义之初在下邳与刘邦义军相遇后，屡次与刘邦谈《太公兵法》，很受刘邦欣赏，那时，张良说过："恐怕是上天安排刘邦与我合作吧！"

项羽、张良所说的天，应该看成是文明。是文明发展的要求悄悄地影响着他们事业的成败，悄悄地走进他们的人生。

就人生而言，悲剧英雄项羽的一生可以说是一气呵成，完美无缺。然而对当时的文明而言，他就不足取了。

其实，岂止是项羽，高度崇尚法家政治学、法学工具理性的秦始皇也没有能够按他的个人意志塑造文明。秦始皇统一文字，修驰道，定法律，五次南巡，为新文明准备了条件。但是，秦始皇将法家工具理性推到一个极端，把其他一切理性、非理性学说尤其是伦理理性学说一概抹杀。他无止境地使用高压，大兴土木，大事远征，令当时的"田租、口赋、盐铁之利，二十倍于古"，力役"三十倍于古"。人民不堪忍受，他则施加严刑。文明迷惘了。

转型中的文明失去了它的本旨：伦理理性。它开始全面反思自己，调整自己，它期待着整治。

于是，社会动荡起来，陈胜、吴广起来了，刘邦起来了，项羽起来了，张良起来了。按照自己的需要，文明抛弃了项羽、陈胜、吴广等选择了刘邦、张良。

虽然张良说："沛公殆天授。"然而曾经学礼淮阳的张良对此时的天意，对文明发展的趋向，却是了解的，是自觉的。

张良见刘邦，屡次向刘邦讲述《太公兵法》的内容，而《太公兵法》正是一部以儒家道德伦理理性为其理论背景的兵法书，它有很浓的儒学理论色彩。《太公兵法·上略》陈述礼法赏罚之事。《中略》陈述德行的差别。而《下略》更是明道德而察安危，即用儒学阐明盛衰之根源，审查治国之纲纪。

所以，当刘邦大军开进咸阳，刘邦入主秦宫以后，迷恋于数以千计的美女以及宫室帷帐狗马重宝时，张良劝谏刘邦，结果，刘邦立即还军灞上，与秦民约法三章。

刘邦与秦民约法，既是与天下百姓立约，也是与文明立约。刘邦的约法三章，已预示着文明已摆脱迷惘，走向新时代。

汉王五年（前202）十二月击败项羽，二月，刘邦于汜水南面郊天祭地，即皇帝位。随后，西都洛阳。

刘邦即帝位后，继续约法三章的政治方向，制定一系列政策纠正文明的偏失：将以饥饿自卖为奴婢的人，一律免为庶人；限制商人对农民的兼并，加倍征收他们的算赋；减轻田租，十五税一；命萧何制定较秦法缓和得多的九章律，代替临时颁行的约法三章等。

为了寻求新文明的理论基础，刘邦进一步命陆贾著书论说秦失去天下的原因。

陆贾是吸收了道家、法家思想的儒学学者，他的理论见解与张良、郦食其等是相通的，因而，他逐渐也为刘邦所接纳。

　　陆贾奉刘邦之命编著的《新语》在理论上提出要"修父子之礼以及君臣之序"，提出以道德为上，以仁义为本。陆贾说，圣明的君主应从本身的俭约做起，减轻人民的负担，同时设刑不厌其轻，为德不厌其重。至于仁义之道，贯穿于家庭、社会、国家政治生活的各个方面，应当用仁义之道来改造整个文明的社会生活。这就首先要求国君以仁义统治天下。

　　为此，陆贾具体地强调尚贤和教化的政策。他说，圣明的君主以贤者为自己的拐杖。他总结秦亡的教训说，秦朝是以赵高、李斯为拐杖，所以覆灭了。陆贾又说，法令是用以诛恶的，不是用以劝善的，劝善要靠教化。

　　刚即帝位时，刘邦还曾在洛阳南宫的一次酒宴上与群臣讨论楚汉之争的得失教训。刘邦问大家："我想请你们回答我一个问题，今天我之所以能争得天下，而项羽之所以失去天下，是什么原因？各位大臣将领的功德通于王室，不妨直言。"

　　这时，高起和王陵出来回答说："陛下待人随便，不讲礼节甚至侮辱人，项羽却仁和敬人，然而陛下派人攻城略地，所攻略下的城池地盘，陛下很慷慨地赐给攻城略地的功臣，与天下同利。项羽嫉贤妒能，对有功者害之，对贤者怀疑之。部将打了胜仗，项羽不赏其功，部下夺过一地，项羽不与之共享其利，所以，项羽失去了天下。"

　　刘邦却认为高起、王陵的回答是只知其一，不知其二。刘邦很得意自己有以张良为首的三个得力的助手，他说："运筹帷幄之中，决胜千里之外，我不如张子房先生；安定后方，安抚百姓，保证供给军饷，不绝粮道，我不如萧何；统率百万大军，战必胜，攻必取，我不如韩信。张良、萧何、韩信都是人中之杰，我能善加任用。这才是我取得天下的原因。反观项羽，他只有范增一个谋士，还不能善待之，项羽当然会被我打败。"

现在看来，刘邦战胜项羽，基本的因素是他代表了文明进步；而另一方面，张良、萧何等，主要是张良，为他时刻把握住政治方向，并运筹政治、军事战略，乃至一些具体策略，他才能一步步战胜项羽。

楚汉战争结束后，在新文明的建设方面，刘邦仍依仗张良。不过在新时期，文明的方向已稳定，张良的谋略只关涉一些重大的具体问题。

汉六年（前201）分封功臣。张良从不单独带兵打仗，刘邦不顾群臣争封，封张良三万户，由他本人在齐国地区挑选。

张良何曾在乎利禄？他婉转地答谢刘邦说："当年臣下在下邳起事，得幸与皇上相会于去留邑的路上，这是上天把臣下我授给陛下，以辅佐陛下为民除暴解危。此后，陛下采纳臣下的计谋，幸而不时起了作用，如陛下因此要分封臣下，那就将我与陛下第一次相会的地方，也就是留邑，封给臣下，臣下就心满意足了。封三万户，臣哪里敢当？"

刘邦是了解张良为人的。照张良的意思，刘邦便封留邑给张良，称留侯。

但是，随后刘邦才封了二十余人，就无法分封下去了，大家都为分封争吵不休。

有一天，刘邦与张良在洛阳南宫旁漫步，远远地看见一些将领三五成群地聚在一起商量什么。刘邦问张良："看那些人那么神秘，在干什么？"

张良对此时将领们的心态了如指掌，他回答道："陛下还没注意吗？他们是想谋反啊！"

刘邦有些惊讶，问："现在天下开始安定，为什么要谋反？"

张良于是停住脚步，对刘邦分析说："在起事反秦之初，陛下您与这帮将领一样是一般百姓，出身低微。如今您做了天子，您所分封的是像萧何、曹参那帮亲人故旧，所诛杀的都是平生仇怨之人。这段日子军吏在核对功绩，可以肯定，天下虽大，也不足以令所有将士都得到分封。这些人半生戎马，流血流汗，不一定轮得到分赏，却说不定偶尔因什么小过错而被陛下诛杀，于是就相聚谋反了。"

刘邦又问怎么办。张良反问刘邦："群臣上下，人人都知道的，您生平最讨厌的人是谁？"

刘邦说："那就算雍齿了。雍齿与我积怨很深，他屡次当众窘辱我。我真想杀了他，只是由于他也有不少功劳，不忍杀。"

张良马上接着说："请陛下立即先封雍齿。这就是做给群臣看，让他们看到您先封您自己最讨厌的一个功臣，那么，其他因为有些小的过失而惧怕您疑心诛杀的人，就会放心了。"

刘邦当然立即降旨设宴，宣布封雍齿为什邡侯，并令丞相御史尽快办理定功行封手续。宴会散后，群臣心情轻松多了，大家都高兴地说："雍齿都被皇上分封为侯，我们不用那么紧张了！"

分封完毕，在建都的问题上，刘邦也是依靠张良决策的。

当时，有一名戍卒叫娄敬，他移戍陇西路过洛阳时，通过虞将军的引见面谒刘邦，劝说刘邦迁离洛阳，定都关中。

刘邦先是召集群臣商议。群臣多数是关东人，当然不愿离开洛阳去关中，他们都说：洛阳东有成皋，西有崤山和渑池隘道，背倚黄河向洛水，同样险固足恃，无须定都关中。而且周朝建都洛阳，国运有数百年之久；秦朝建都关中只传两世即灭亡，孰利孰弊，不是很明显？

遇到这种情况，刘邦只好找张良。

张良对刘邦分析说："洛阳诚然东有成皋，西有崤渑，背河向洛，有险固之处，但洛阳地区地域太狭小，方园不过数百里，而且土地贫瘠，出产不多，又四面受敌，不适合作为都城。关中地区，左有崤山、函谷关天险，右有陇蜀的塞隘；中部平原，沃野千里；南面的巴蜀地区资源丰富，北面适于畜牧。西面、南面、北面都是天然的屏障，只需少量军队便可固守，只有东部面对诸侯，所受军事威胁也小。在诸侯安定的时期，诸侯的粮食物品可沿黄河、渭水大量供给关中京师。一旦诸侯有变，关中军粮充足，可以顺流而下，提供军输。所以，关中地区，可以说是金城千里，天府之国。娄敬建议定都关中是对的。"

张良看问题，总具有全局的、战略的眼光。他的每一次分析都全面透彻，堪称完美无缺，这是刘邦的属下乃至刘邦都远远不及的。听完张良的意见，刘邦心中的疑虑尽消，即行下令建都长安。

实际上，张良肯定娄敬建都长安的建议，对稳定初生的汉政权，确有战略意义。因为，刘邦先后分封了许多诸侯王，即楚王韩信、淮南王英布、梁王彭越、赵王张敖、韩王信、衡山王吴芮、闽越王无诸、南越王赵佗等。这些诸侯王中，除吴芮、无诸、赵佗在本国起保境安民的作用外，其余诸王都拥有强大的兵力，各据一方，可与朝廷分庭抗礼。而刘邦也以这些诸侯王的势力为心腹之患，并用了七年的时间，处心积虑地将他们一一剪灭。

"高鸟死，良弓藏，敌国灭，谋臣亡。"这是《太公兵法》里的话。韩信是听人说起的。不过韩信的悟性毕竟太差，没有引起重视。他自恃有功，受封楚王，无论去何地，都兴师陈兵，威风凛凛，没有把朝廷放在眼里。待到刘邦伪游云梦，将他捆缚于后车时，他才感慨地说："果然如人所说，狡兔死，走狗烹！"至于韩信后来联络陈豨谋反，被吕后斩杀，就更显得他智谋不足了。

刘邦即位皇帝以后，不仅那些中途进入其阵营、关系较疏的将领如韩信、英布、彭越遭了厄运，身亡族灭，就连那些与其关系密切的人也免不了被关、遭捕。

只有张良例外。张良不仅在功臣中受人敬仰，与人无忤。在刘邦心中，也是一个一尘不染、超然洒脱的人物。因而在中国历史上，张良也成为一个全始全终的有神秘色彩的人物。

张良的一生为何能如此完美？首先，恐怕是由于他有远大理想。张良热爱自己的祖国和人民，在淮阳学礼，他就认同儒学理性学说，深明"盛衰之根源，治国之纲纪"。其次，应与他的智慧有关。

张良的知识结构很完美。他的社会理想、文明追求来自儒学；他的战略理论来自兵家；他赏罚严明的精神来自法家；而他超脱的人生态度则来自道家。像这样，对前人丰富多彩的文化遗产能兼收并蓄、取其所需、善加运用的，张良是第一人。

老子说，"道者无为而无不为"（《道德经》三十七章），"反者，道之助，弱者，道之用"（《道德经》四十章），"柔弱胜刚强"（《道德经》三十六章），"功成而弗居"（《道德经》二章），"功成，名遂，身退"（《道德经》九章）。张良的人生处世艺术可以说是对老子思想的绝妙的注释。

自从随刘邦迁都长安，张良即告病不问政事。他还解释说："先祖先父都曾经是韩国的宰相，祖国被灭后，我散尽万贯家财，为国人报仇。现在凭三寸不烂之舌，居然成为帝王的左右，受封万户，位为列侯。对一个士人来说，算是走到了巅峰，应该知足了。从此以后，我要舍弃一切世俗事务，悠然适意地追随赤松子修道。"

以后，他真的很少出门，一心在家练习导引、辟谷之术，独自享受着怡然自得的人生。

张良不仅有高明的处世策略，还有卓越的生活艺术。不过，即如张良，要超脱俗尘，寻回自我，也绝非易事。

汉王七年（前200），由于太子的废立问题，张良又被劫入他一心回避的政治。

这一年前后，刘邦一心想废太子刘盈，改立自己宠爱的戚夫人所生的儿子赵王如意为太子。大臣们极力反对，没有效果。刘盈的母亲吕后很焦急，不知道怎么办。

这时，有人提醒吕后说："留侯子房先生足智多谋，皇上对他言听计从。"吕后便派了自己的兄弟吕泽专程找张良求教。

张良是宣称不见任何人的。吕泽只好强行闯入张良的庭院。见张良在练功，急切的吕泽也不讲客套，劈头就说："先生常常为皇上谋划，现在皇上要改立太子，您难道可以高枕而卧？"

张良马上揭示问题的要害："过去我幸而能为皇上谋划，而且得到皇上采纳，是由于那时皇上常常处于急困之中。现在天下安定，皇上是出于感情想改立太子，骨肉之间的事，就是有一百个张良去劝说皇上，也不会有效果！"

吕泽仍然赖着要张良替他出主意。张良见他近于哀求，于是说："其实，这件事真是无法以口舌雄辩去解决的。这样吧。我知道有四位隐士，年岁都很大了，皇上对他们极为尊敬，好几次请他们出来任职，他们都因为皇上怠慢士人，逃匿山中，不愿出山做官。然而皇上仍然敬重他们。现在，您若能不吝惜金玉璧帛，派说客带上太子的亲笔信函，以谦卑的言辞、上等车马去迎请四隐士，他们应该会来。等请了四隐士来，找个机会带他们上朝，令皇上见到他们，则会对太子有些帮助。"

吕泽回去告诉吕后，吕后于是令吕泽按张良的计策迎来了四隐士即商山四皓，就让他们住在吕泽的府上。

汉十一年（前196）吕后诛杀韩信，刘邦杀梁王彭越，英布恐惧，起而谋反。刘邦有病，准备派太子刘盈率兵攻打英布。商山四皓商量：吕泽请我们来，是求我们巩固太子的地位，让太子统率军队击英布很危险。四人便向吕泽献策说："这次皇上令太子统兵打仗，如果打了胜仗有功，对将来继承皇位并没有益处，万一打了败仗，则太子从此受祸。再说，这次随太子出征的诸将领，都是曾追随皇上打天下的猛将，现在让太子去统率他们，这就无异于让羊去统率狼，狼能听命于羊吗？如此，可以肯定太子将兵，会无功而归。眼下戚夫人又十分得宠，她带着她的儿子赵王如意日夜侍候在皇上身边，皇上早就想废刘盈，立赵王如意。太子刘盈出征，如果无功而归，他的地位还能保得住吗？"

吕泽一听，急了，连忙问："那怎么办？"

商山四皓出主意说："您何不赶快请吕后找机会向皇上哭诉，就说英布是天下猛将，善用兵，而随征将领又是陛下过去平等相看的故旧，是太子的长辈功臣，让太子去统率他们，他们不会听任太子指挥。而且让英布得知内情，更会无所畏惧，气焰会更加嚣张。陛下虽然龙体欠安，但只要准备充分，抱病督军，诸将不敢不尽力。皇上虽然在病中，但吕后去哭诉，为妻子考虑，也会忍受病痛，亲自出征。"

按四位隐士的主意，吕泽连夜见吕后。吕后即向刘邦哭诉。

刘邦果然亲自率军东征英布。群臣据守长安的都送刘邦大军到灞上。

张良在病中，也强打精神送刘邦到曲邮，对刘邦说："我本应随陛下出征，但病得很厉害，无法去了。此次征战，楚人剽悍，陛下宜以智取，不宜硬拼。请陛下千万珍重。"接着，借这个机会，张良劝说刘邦令太子为将军，监领关中所有军队。

刘邦即下手诏，以太子为将军监关中兵。又对张良说："叔孙通做太子太傅，恐怕还不行。我此次出征，还烦你抱病助叔孙通，做太子少傅。"

汉十二年（前195），刘邦攻破英布兵回长安。随着病势的加重，刘邦更急于要改立太子。已经做了太子少傅的张良去劝刘邦，刘邦一反往常，听不进去了。张良只好托病回家，因此更不再过问朝中事。

太子太傅叔孙通则引经据典，拼命强谏。刘邦表面应承，内心仍准备改立太子。

一天，刘邦在宫中举行宴会。饮酒时，太子刘盈前来侍候，身后跟着进来四位须发皆白、神态飘逸的老者。刘邦一看，很是奇怪，就问："这几位老先生是谁？"

商山四皓见刘邦问话，当即回答："臣等四人是商山四皓。"

刘邦听了他们的名字，再一一看过四人，更是大为惊讶，说："我三番五次敦请你们出山，你们避开我、回绝我，如今你们为何竟不请自来，追随我的儿子？！"

四人回答说："陛下轻视士人，又喜欢骂人，我们忍受不了轻蔑侮辱，所以不敢应召，宁愿避居深山。如今听说太子仁义孝顺，待人和气，敬爱士人，天下人莫不愿追随太子，延颈愿为太子去死。所以我们相约前来。"

刘邦万万没料到隐居商山的四位名士会前来投效太子刘盈，又想起元老大臣，尤其是张良，都反对自己改立太子，感到事情已至难以改易的地步，便对商山四皓表示："既然如此，就烦四位老先生好好照顾调护太子吧！"

宴会结束，商山四皓随太子谢宴而出。刘邦看四皓走远了，才召戚夫人到跟前，指着四位长者的背影说："我一直准备改立太子，但您看，太子有那四位长者辅佐，羽翼已成，势难改动了。吕氏真会主宰长安宫了！"

戚夫人泣涕，刘邦爱怜戚夫人，但对吕氏和太子已无可奈何。这时群臣早已散尽，刘邦心头伤感，叫戚夫人跳楚地舞，自己跟着唱起忧伤的楚歌：

> 鸿鹄高飞，一举千里。
> 羽翮已就，横绝四海。
> 横绝四海，又可奈何！
> 虽有矰缴，尚安所施！

改立太子的风波过去后，张良干脆离开长安，告病还乡，隐居于屯留县东北的白云山中。

还在少年的时候，张良就知道这里有他家族的祖业田地房产。以后，韩国国土一再被秦侵占，加之反秦战争，戎马匆匆，张良哪有机会故地重游？

现在好了，张良终于回到了自己深深依恋的山山水水之中。白云山啊白云山，这里松柏苍翠，风景幽静美丽。张良回来了，他住下来，白天与潺潺流水对话，随悠悠白云飘浮，入夜，则融于幽深莫测的大自然之中。

惠帝（刘盈）即位后六年（前189），张良去世了。向他默默致哀的是蓝天白云，随他逝去的是一块黄石。

当年，张良在下邳桥上接受黄石公赠书，老人对他说："十三年后，你可去济北谷城山下，如见有黄石，那就算是我了。"

十三年后，张良告别长安，寻访济北的谷城山，果然在山下找得黄石，便拾回屯留，珍藏在身边，一直到逝世。

张良的一生，也与黄石、黄石老人一样，充满传奇色彩。他逝世以后，葬于何地，后人也众说纷纭。现今徐州沛县的东面、河南兰考县城西、山西临汾、河南洛阳牌楼堡、山西屯留县兴旺村等许多地方，都有张良墓。坟墓上萋萋芳草和远远近近张良庙、留侯庙内的郁郁松柏，无不在千年的风雨中诉说着这位"运筹帷幄之中，决胜千里之外"的伟大战略家的种种神奇。

张良生平大事年表

公元前 356 年（秦孝公六年，韩昭侯七年）

秦国用商鞅变法，国力日益强盛，但法家学说与秦文明有明显的偏失。

公元前 250 年（韩悼惠王二十三年） 1 岁

张良诞生。张良的祖父开地，相韩昭侯、韩宣惠王、韩襄哀王；父亲张平，相韩釐王、韩悼惠王，所谓"五世相韩"。张良出生不久，父亲张平病逝。母亲承受不起这一打击也告别人世。

公元前 230 年（秦王政十七年，韩王安九年） 21 岁

秦灭韩，建颍川郡，虏韩王安。张良有家僮三百人，弟死不葬，悉以家财求客刺秦王，为韩国报仇。

公元前 221 年（秦始皇二十六年） 30 岁

秦始皇统一中国。古代文明得以迅速拓展，但秦文明与理性的偏失也达到极点。

公元前 218 年（秦始皇二十九年） 33 岁

秦始皇巡游至博浪沙，早已预谋埋伏好的张良和另一勇士锥击秦始皇，但误中副车。秦始皇大怒，大索天下。张良更改姓名，亡匿下邳。

隐居下邳期间，张良遇黄石公，黄石公授张良《太公兵法》。

公元前 210 年（秦始皇三十七年） 41 岁

秦始皇卒。

公元前 209 年（秦二世元年） 42 岁

七月，陈胜、吴广率戍卒在大泽乡起义，反抗暴秦（半年后失败）。刘邦、项梁等也分别于沛、吴等地起义。

公元前 208 年（秦二世二年） 43 岁

张良聚少年百余人起义，在留邑遇刘邦义军，与刘邦论《太公兵法》，刘邦常用其策。从此，张良辅佐刘邦，反抗暴政，匡正文明。

刘邦、项梁共立楚怀王。张良西略韩地。项梁战死。

公元前 207 年（秦二世三年） 44 岁

刘邦进军关中，张良引兵从刘邦，献策降南阳郡守，取宛城、破峣关，大军进入秦都咸阳。张良劝刘邦还军灞上，与秦民约法三章。项羽大军至鸿门，欲击刘邦军。张良分析刘项力量对比，劝刘邦采取忍让政策，随刘邦赴鸿门宴，化解危机。

公元前 206 年（汉元年） 45 岁

四月，刘邦赴巴蜀、汉中为汉王，张良献策烧绝栈道，辞别刘邦归韩。

八月，刘邦用张良、韩信计，明修栈道，暗度陈仓，还定三秦。张良给项羽写信，掩盖刘邦东进的战略意图。项羽北向击齐。

公元前 205 年（汉二年） 46 岁

张良自韩地归汉。刘邦降河南王申阳、魏王豹、虏殷王卬，置河南郡、河内郡，收三河士，率诸侯兵攻入楚都彭城。

入彭城后，刘邦收美人货赂，置酒高会。项羽以精骑反攻，汉军大败。

刘邦兵败至下邑，向张良问计。张良与刘邦决策：联合九江王英布以及彭越，重用韩信。随即派人游说英布，联合彭越，并以韩信为左丞相。

九月，韩信定魏地，置河东郡、太原郡、上党郡。十月（汉三年），韩信虏赵王，置常山郡、代郡。

公元前204年（汉三年）47岁

项羽围困刘邦于荥阳，刘邦忧恐，拟放弃下邑战略决策，代之以郦生"复立六国之后"的战略方针。张良借箸代筹驳郦生战略，说服刘邦坚持联合英布、彭越，重用韩信的既定战略方针。刘邦醒悟。

成皋争夺战中，由于坚持张良的战略方针，令彭越渡睢水击楚，使项羽军往来成皋与梁地，疲于奔命，而刘邦又收得韩信军，军势不减。形势向有利于汉军方向转化。

公元前203年（汉四年）48岁

刘邦与项羽军于广武对阵。韩信破齐，请封为齐地假王。刘邦怒。张良献计立韩信为齐王，稳定战略大局。韩信击楚。

楚汉相约以鸿沟为界，中分天下，张良、陈平建议毁和约，击项羽。刘邦率军击楚。

公元前202年（汉五年）49岁

刘邦约韩信、彭越击楚，韩信、彭越不会。汉军大败。刘邦向张良问计。张良献策割睢阳以北至谷城封彭越为王，割楚地封韩信。韩信、彭越果然引兵会合刘邦等大军，与项羽决战垓下。项羽乌江自刎。刘邦即皇帝位。

公元前 201 年（汉六年） 50 岁

刘邦以张良"运筹策帷幄中，决胜千里外"，封其自择齐地三万户，张良婉谢，请封初遇刘邦之地留邑。刘邦封张良为留侯。

张良献策封雍齿，化解矛盾。

汉朝建立以后，采取减轻田租、十五税一等一系列措施，使文明走出误区。刘邦过鲁，以太牢祠孔子，标志理性的偏失也开始得到纠正。

此后，张良"愿弃人间事，欲从赤松子游"。学仙道，回归自然。

公元前 195 年（汉十二年） 56 岁

刘邦卒，刘盈（惠帝）即位。

公元前 189 年（汉惠帝六年） 62 岁

张良卒。